美国立法程序导论

韩平 著

厦门大学出版社 国家一级出版社
XIAMEN UNIVERSITY PRESS 全国百佳图书出版单位

图书在版编目(CIP)数据

美国立法程序导论/韩平著.—厦门:厦门大学出版社,2022.1
ISBN 978-7-5615-8327-2

Ⅰ.①美… Ⅱ.①韩… Ⅲ.①议会—立法—程序—美国 Ⅳ.①D971.2

中国版本图书馆 CIP 数据核字(2008)第 093950 号

出 版 人 郑文礼
责任编辑 郑晓曦

出版发行 厦门大学出版社
社　　址 厦门市软件园二期望海路 39 号
邮政编码 361008
总　　机 0592-2181111　0592-2181406(传真)
营销中心 0592-2184458　0592-2181365
网　　址 http://www.xmupress.com
邮　　箱 xmup@xmupress.com
印　　刷 厦门市明亮彩印有限公司

开本 720 mm×1 020 mm　1/16
印张 15.25
插页 2
字数 250 千字
版次 2022 年 1 月第 1 版
印次 2022 年 1 月第 1 次印刷
定价 78.00 元

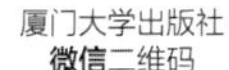
厦门大学出版社
微信二维码

厦门大学出版社
微博二维码

前 言

美国法来源于英国法，又根据美国政治、经济和文化特点作了较多的改变。美国建国初期就制定了成文的联邦宪法，但联邦和各州都自成法律体系。联邦除在国防、外交和州际商业等方面外，无统一的立法权；刑事和民商事方面的立法权基本上属于各州。立法决策很大程度地影响着公共福祉和市民生活。全民利益是否能得到保护，也是基于这些决策者的独立性以及决策结果。正确地适用程序规则，能避免冲突、混乱、争议，从而使公共机构的工作效率得到提高，工作环境得到改善。1984 年，美国立法办事员和立法秘书社团，[①] 在州立法机构全国会议的要求下，[②]制定了《梅森立法程序手册》。1991 年，新组建的美国立法办事员和立法秘书社团《梅森立法程序手册》编委会开始进行 2000 年修订版的编纂工作。议会是制定权威的社会决策的机构之一。宪法、法律和习惯要求议会与总统或州长、法院、行政机关、政党，有时甚至是公众共享权力和责任。这些机构与议会的关系受到时机、境遇和领导者等因素的影响。立法过程绝不只是一个将不成熟的想法转变为一部严肃法律的过程，它在本质上集中体现了为争取政治、经济

---

① 美国立法办事员和立法秘书社团(ASLCS)，是 NCSL 最早的职员部门，设立于 1943 年。其议员包括议院主管官员、从事立法工作的人员、州立法机构中的程序管理人员。其主要目的是，提高州立法机构的管理效率和议事效率，制定有利于发挥立法功能的程序，提高办事员、秘书及办公室其他人员的技能和专业水平，提供办事员和秘书聚会交流的场所和机会。

② 州立法机构的全国会议(NCSL)于 1975 年得以设立。该会议坚信，立法工作是民主政体最具价值工作。NCSL 得到两党的支持，致力于为法律制定者和全国 50 个州的议员服务，包括其中各协会团体。NCSL 的任务是，提高立法机构的工作质量和工作效率，促成各州之间的交流与合作，确保立法机构在立法体系中发出有力且具有凝聚力的声音。会议在丹佛、科罗拉多、华盛顿均设有办公室。

和社会利益进行的决定性斗争。[①]议会编委会对广泛的州立法活动进行了细致分类，对多年来程序理论发展中产生的问题进行了经验总结。修订版包含了法院判决的更新和规则的更新，以反映立法功能中的技术变化。美国大多数州议院将《梅森立法程序手册》作为权威 。州议会之所以推崇《梅森立法程序手册》主要是因为该手册是为了议会工作的人或与议会工作相关的人编写的，可以说是“量身订做”，因此更加适用于议会的议事环境，也更加容易被议员所接受和使用。此外，该手册不但告诉议员在特定环境下该怎么做，而且还讲述为什么要这样做。本书以《梅森立法程序手册》为视角，旨在给关心立法程序规则或对它感兴趣的读者提供一些方便。

① 国会不仅引导而且遵从公共意见。参见 Anne N. Costain 和 Steven Majstorovic 关于国会和妇女权利的公众意见的关系的研究，“Congress, Social Movements and Public Opinion: Multiple Origins of Women's Rights Legislation”, *Political Research Quarterly*, XLVII, March 1994, p. 111.

目 录

导 言

美国是一个实行立法、行政、司法“三权分立”的国家。三个方面各成体系，相互牵制，关系错综复杂。美国的“三权分立”是从独立开始，集中了英、法等国的经验形成的。美国政府分为三大部门——以总统为首的行政部门；由众、参两院组成的国会是立法部门；以最高法院为首的司法部门。议会各主要部门被赋予的一定量的政治权力是根据人和形势的不同而变化的。委员会、委员会主席、有资历的领导人、议院的官员、地区代言人和负责意识形态的发言人、机构代理人等各方力量在行使议会权力方面相互竞争、相互合作。[①] 行政机构和私人组织利用议会外部和议会内部的优势为议会提供了不同程度的内容和推动力。美国州议会的发展是一个辩证的过程。早期州议会受到重视，19 世纪中后期却受到了一些限制甚至轻视，直至 20 世纪 50 年代又再次引起人们的重视。州议会恢复活力有助于回应走向城市化的美国社会出现的各种问题，同时也进一步推动了州议会的改革。州议会会期有所延长，许多州议会将两年召开一次会议改为一年召开一次会议。州议会议员的薪酬也有了较大幅度的提高，辅助人员的专业性也逐步提高。现阶段，州议会在美国政治和社会活动中所产生的影响，较之 20 世纪 60 年代以前，已经显著提高。州议会最基本和最主要的权力就是立法权。从某种意义上说，州议会的立法范围甚至比联邦议会的立法范围更加广泛。

州议会的议事程序具有诸多特点，包括：议长亲自保护程序；给予议员充分机会表达意见；程序能够充分体现“制衡原则”。美国立法程序主要遵循一系列原则，这些原则构成议院规则的基础。由于议会法是根据原则作出的思考和决定，而不是根据僵化的、强调技术细节的规则作出的思考和决

① 每一个常设委员会均在其管辖权限内审查议案。设立常设委员会的依据是参议院和众议院的有关规则。常设委员会的变动必须经各自议院的决议进行。

定，因此从本质上说议会法应该是符合逻辑又简单明了的。美国任何立法审议机构均需遵守宪法和法律所规定的适用于该机构的规则，包括成文法、法院决定、基本法律原则。这些规则和原则，无论是否被机构选择采纳，都将在群体决策过程中予以适用。[①] 违反这些规则和原则，将导致所作决定和所采取行动无效。

如果宪法、成文法或其他高级别权威规则未加限制，则任何组织都可以通过大多数票数支持的方式，自行选择适用于议院程序的规则。通过大多数票数支持的方式，机构也可以在任何时候更改、暂停、废除其自选规则。违反自选规则，并不导致机构的行为无效。对议员应一视同仁、平等保护。[②] 多数派和少数派的权利均应受到保护。

美国立法决策过程中，常见有如下十条适用于群体决策的规则。

1. 决策群体必须对其想采取的行动享有管辖权。管辖权必须是确实被赋予的，不能仅凭推测臆断。群体有时候会推测臆断其享有某种管辖权，而事实上他们并不享有该管辖权。

2. 群体决策必须召开会议。如果管辖权被赋予群体，则意味着管辖权被赋予整个群体，而非赋予群体中的个体议员。群体必须召开会议，然后作

---

① 法院的一个判决很少能对政治过程产生持久的影响。因此，议会很少关注法院的活动。不过，法院的判决确实又可以推动国会在立法中作出调整。例如，为减少根据社会安全残障保险计划中提出福利要求的人数，社会保障总署在 20 世纪 80 年代初开始解释国会的相关法律，一部分不能享受相关福利的人向法院提出了他们的权利要求。法院积极回应了提出要求者的诉求并命令社会保障总署恢复这数千人的福利。这些争议反过来又促使国会制定支持法院判决的法律。参见 Jesse H. Choper，*Judicial Review and the National Political Process*，Chicago：University of Chicago Press，1980；Christopher Wolfe，*The Rise of Modern Judicial Review：From Constitutional Interpretation to Judge-Made Law*，New York：Basic Books，1986。

② 美国 50 个州现在共有 7382 名州议员。人数最少的是内布拉斯加州（该州人口在 50 个州中排名第 38 位），只有 49 名；议员人数最多的是新罕布什尔州（该州人口在 50 个州中排名第 41 位），共 424 名。各州议员人数不是一成不变的。自 20 世纪 60 年代起，共有 39 个州改变过议员人数。50 个州议员总人数从 1960 年的 7781 人减为 2021 年的 7382 人。但是在精简议员人数的同时，州议会的职能却在不断加强。例如，在此期间，曾有 22 个州的议会从每两年举行一次例会改为每年举行一次例会。此外，多数州议会都增加了工作人员。各州对于是否增加议员人数的争论主要集中在代表性、效率及成本三个方面。不过双方一致认为，“议会要大到足以代表多方选民的利益，同时要小到足以高效地完成这一使命”。

出集体决定。

3. 召开会议必须通知群体的所有议员。群体所有议员有权获知会议的时间、地点、目的，以便参会。

4. 出席会议人数必须达到法定人数。法定人数系指，达到某个数量或比例的议员才能代表全体议员作出决定或采取行动。法定人数一般是能够代表全体的大多数，除非有权机构允许较少人数，或者要求更多人数。对于特定问题无权投票的议员，不被计入人员数。

5. 必须存在一个有待群体解决的问题，而群体对该问题必须确实享有管辖权。问题可以是动议、决议案或其他合适的形式，可以是口头的或者书面的。大多数情况下，该问题应该是一个可以用“支持”或“否决”的票数来回答的问题。在投票之前，议员有权知道问题的内容和影响。

6. 必须提供针对问题进行辩论的机会。为使群体议员作出集体决定，辩论机会必不可少。议员有权发表个人意见，也有权听取其他议员的意见。

7. 必须通过投票解决问题。仅凭推测得到投票结果，不足以解决问题。投票必须实际进行。投票必须以得到批准的公平方式进行。

8. 采取行动或作出决定，必须得到大多数票数的支持。采取的任何行动或作出的任何决定，必须是大多数议员的意思表示。通常，合法票数的大多数已经足够。不过有时候，全体议员的大多数或 2/3 的票数才符合要求。少数票数或平票，不足以采取行动。

9. 不得采取欺诈、欺骗、隐瞒等手段致使议员利益受损。个人因决策群体的不公正或其他原因遭受损失的，可向法院寻求救济。

10. 只有符合宪法和其他适用法的行动和决定，才是有效的。机构做决策的过程必须遵守当地法律、本国法律、联邦法律中的适用条款，包括成文法和判例法，也包括宪法和宪章。

此外，针对特定的问题，也已形成了固定的态度。针对动议能否更改的态度是，如果动议能以多种形式作出，则可以更改。如果动议只能以一种形式作出，则不可更改。如果主动议或动议中所涉问题关乎机构的具体事务，那么为了使议员能够形成一致意见，就需要进行辩论。如果动议仅涉及简单的程序议题，比如延期或暂停，则无须辩论。针对发言能否打断的态度是，机构对问题的关注比议员发言的连贯更重要。因此，只要机构认为有必要，就可以打断议员的发言。比如，如果机构对于涉及议院特权的问题产生了即时关注，就会打断议员的发言。又比如，为了在一定期限内完成某事，如需对所涉问题的审议提出异议，议员的发言也可以被打断。针对是否要求附议的态度是，立法机构通常不要求附议，但如果机构有附议要求，那么动议需有附议。不过，涉及议员有权提问或提出要求的行动，如程序议题、议院询问、分列要求，则无须附议。只有动议需要附议。针对票数要求的态度是，议会法法条一般不要求多数票，但是宪法和其他成文法有时会要求多数票。合法投票者中的大多数票即满足票数要求，除非有更高票数的要求。针对团体如何更改决定的态度则需区分几种情况。如果针对的是主动议或实质性问题，那么如果一个团体对投票结果不满意，无论投票结果是通过还是否决，它都可以宣称投票结果无效，并重新审议动议。但是，针对程序议题，如果团体不满意一个否决的投票结果，团体可以重新激活该动议。如果团体不满意一个通过的投票结果，或者情况发生某种变化，该投票结果则可以被一个新动议推翻。新动议可以是要求重新审议所涉事项、更改辩论时限、从委员会撤回或者更改审议时间。一个行动完成之后，还可以通过另一个行动改进或撤回。针对动议级别的一个原则是，离所涉事项的最终处理结果越近的动议，级别越低，离所涉事项最终处理结果越远的动议，级别越高。为了使规则发挥最大功效，就需要在适用规则时，辅之以裁量权和公义感。反之，如果将规则僵化地或过于严苛地适用于千变万化的实践，则会导致不公正的结果。[①]

① National Conference of State Legislatures in Cooperation with the American Society of Legislative Clerk and Secretaries, *Mason's Manual of Legislative Procedure*, West Group, 2000, pp.1-6.

第一章　议会法及规则

第一节　程序规则

无论是美国国会立法还是州议会立法，都要经过严格的程序，包括法案的提出、听证、审议、辩论、表决、签署、公布等。任何立法机构都需要程序规则，使大多数议员的意志得以体现。一切规则和形式要求都是为了便于形成议院意见。规则有助于提高解决问题的效率。借助规则，可以分出事务的轻重缓急，找出恰当的解决方法和顺序，避免混乱与浪费，最终使所有事务得到最好的处理。程序规则有两个主要功能：一个功能是避免多个程序之间的选择困难。另一个功能就是保护议员的权利，比如，开会知悉权、出席权、群体辩论权等，既要避免少数派遭受多数派的不公正对待，也要避免多数派遭受少数派阻碍性策略的侵害。在遵守宪法的前提下，州议院对于自身程序有完全的管辖权。宪法允许立法机构设定自己的程序规则，成文法不得剥夺或限制宪法赋予的州议院管理自身程序的权利。州议院以及其他根据宪法设立的机构进行立法活动时，必须遵守宪法中明示或默示的规则。在不违反宪法和议院规则的情况下，可以将成文法适用于程序管理。一般而言，州议会需遵循议会法中的公认原则，服从州宪法和机构选择适用的法。只要不违反宪法，议院所立的法案即为有效。从美国各州州议会的有关规则来看，其所建立的程序机制主要由程序民主机制和程序效率机制共同组成。程序民主机制的主要表现包括：程序参与、程序公开、服从多数同时保护少数。程序效率机制则主要体现在：合理规划立法的程序、缩短立法的周期、立法资源得到合理配置和使用、进行立法成本和效益分析。

立法提案权为议员独有。议员既可以单独提出，也可以联合署名提出，政府不能直接提出立法草案，但可以通过影响议员，由议员提出，交国会常设委员会、特设委员会或者临时委员会办理。政府虽然不能直接向国会提出立法案，但政府建议是议案的重要来源，通常由委员会或者小组委员会主席（如该院多数党与总统同属一个政党）或他们的少数党首席成员（如该院多数党与总统不属于同一个政党）提出。州议会的议案通常经由这四种方法在众议院提出：由一个议员向议长提出，由一个委员会报告提出，通过众议院的决议提出，以及由参议院的一名使者提出。如果议案提出者是由众议院议员或者众议院常设委员会提出的，那么该议案就会被标上“众议院议案”，如果议案是由参议院议员或参议院常设委员会提出的，那么就会被标上“参议院议案”。联合委员会和两院联合设立的常设委员会，有权在两院中的任何一院提出议案。最初提出议案的议院可被称为“发起院”。州议会和国家议会一样实行“两院制”，即众议院、参议院。议会决定问题、制定法律，都需要经过两院审议并通过。如何在委员会和院会中熟练地操控立法有时显得非常神秘，因为没有固定的、一成不变的规则去整合立法不同阶段的多数赞成票。只有法案的赞助人和支配人才真正明白在法案成为法律的过程中一切都无法准确地预测。整个立法过程中的任何一点都可能阻碍甚至否决法案。有时，原有的法案被改得面目全非，违背初衷。当然，或因其赞助人的漠然不顾，或因其自身目标不切实际，或因其他原因，法案也可能一路走衰。在法案变成法律的过程中，一项显而易见的事实是：永远不可能在议会迅速得到结果。那些倾向于小步渐进、停顿不前和保持现状的人总是在关键之处占据着优势地位。立法过程的基本特征可能是它总是在阶段性地进展，这要求在整个过程的不同阶段都要达成一致。[①]

根据州宪法的规定，议院有权自行设立程序规则。参议院和众议院均可制定内部程序规则，如“众议院规则”“参议院规则”，还有两院共同遵守的

① ［美］威廉·J.基夫、［美］莫里斯·S.奥古尔：《美国立法过程——从国会到州议会》（第十版），王保民、姚志奋译，法律出版社 2019 年版，第 51 页。

"联合规则"[①]。这些内部程序规则可以与之前采用的成文法相悖。各众议院自行制定程序规则的权力不限于议院日常立法活动,还包括行使职权过程、处理业务过程,以及履行宪法义务过程的一切活动,比如提供有关宪法的修改意见和决定如何处理会议委员会报告(包括少数派报告)等。众议院行使职权过程中,即使其行为有违自身程序规则或议会法,法院也无权对其进行审查。法院对国会程序的影响虽然一直是显而易见的,但却并不是决定性的。联邦宪法授权国会制定自身的规则并裁决其选举和议员行为,许多州议会同样拥有这样的权力。如果由议会创建程序规则并且不存在有待裁决的宪法问题,法院通常会拒绝审查议会的这些行为。在1892年的美国诉巴林案中,联邦最高法院表明:宪法授权每个议院决定其自身的行动规则。议院不应该根据自身制定规则去忽视宪法限制或违反基本权利,而且根据其自身规则建立的行动模式与力求达到的结果之间的关系应该是合理的,但是这些限度内所有的方法问题都是由每个议院决定的。[②]

一届议院针对某项立法活动制定的规则或适用于某项立法活动的规则,并不当然适用于下一届议院。立法程序规则有多种渊源。如果不同渊源中的规则存在冲突,那么就以效力较高的渊源中的规则为准。主要渊源的效力由强至弱排列如下:(1)宪法及基于宪法所做的司法决定(包括司法解释);(2)选择适用的规则;(3)习惯、惯例、先例;(4)成文法法规;(5)选择适用的议院权威观点;(6)议会法。议会法包含两类效力不同的规则。一类

---

① 1787年7月16日,美国55位开国元勋在费城开会并达成了"大妥协"。这个妥协是大州与小州之间关于国会席位分配问题斗争的结果。制宪者们很容易地接受了两院制,即国家有两个立法机构,但是关于两院如何确立却产生了分歧。这是制宪会议期间颇具争议的问题,甚至几乎导致了制宪会议的解散。大州倾向于根据州主权原则产生代表,小州则青睐以联邦主权原则产生代表。小州担心,如果按照人口数量来产生代表,大州将会掌控国会。最终,制宪者们达成如下协议:众议院席位分配根据各州人口数量,众议员由各州人民直接选举产生;参议院席位分配为每州两名参议员,不论州的大小和人口多少,参议员由州立法机关间接选举产生。每州两名参议员的原则此后被写入了美国宪法第5条修正案,"任何一州,没有它的同意,不得剥夺它在参议院中的平等投票权"。正如詹姆斯·麦迪逊在联邦党人公告第39号中写的,"众议院的权力来自美国人民,参议院的权力来自政治和社会地位平等的各州,参众两院地位平等将作为一项基本原则"。

② 144 U.S. 1. See Frank E. Horack, Jr., *Statutes and Statutory Construction*, I, 3rd ed., Chicago: Callaghan, 1943, pp.126-128.

涉及必要的基本原则，比如召开会议的要求、多数派的法定人数等。这类议会法无须选择而直接适用于全体议员，且效力高于选择适用的规则和成文法。另一类议会法仅仅是习惯，其效力弱于选择适用的规则，故仅在议院没有选择其他内容相悖的规则和做法时才会被适用。因此，在提及议会法时，需确定所指的是哪一类规则。

第二节　涉及程序的宪法规定

美国的政治制度最显著的特征是三权分立，即权力由立法、行政和司法三个相互独立又相互联系的机关独立行使。每部宪法都反映制宪者在分配重大权力和责任时的倾向与偏好。宪法的目的不是授予权力，而是限制权力，以防止公民滥用立法权。有关程序的宪法规定主要包含在州宪法中。这些规则包括但不限于：议院有权自行设立程序规则、有权审议议员的资格、有权进行选举、有权分配报酬、有权选定高级职员、多数派需达到一定法定人数、议院有权处罚或开除议员、议院需记录议院日志。宪法规定的程序规则比其他程序规则具有更高的法律效力。只要不违反州宪法或联邦宪法的禁止性规定，立法机构有权制定任何法案。与联邦宪法不同，依据州宪法，只要是未被禁止的立法活动，都是可以进行的。宪法所规定的具体的、排他的立法时限和立法方式，都属于强制性规定，必须遵守。宪法中的一般性、不具排他性的规定，则可以选择适用，比如，如果宪法没有明确要求议院在一日内三次宣读议案，而其他法规有此种要求，那么该要求仅供选择适用。如果法案的制定未符合该要求，并不导致法案无效；又如，要求记录法案通过的时间和反对票数的规定，也是可供选择的，不具有强制性。

第三节　选择适用的程序规则

任何立法机构都有权选择适用程序规则。对任何议院来说，最基本的要求是有一套正式的规则来规范管理内部组织的工作方式和分工、官员的选择和会议程序的模式。各州众议院制定自身规则时，不得违反宪法中的有关规定。[①] 国会众议院或州众议院均有权制定自身的特别规则。[②] 其他立法机构亦有权制定自身规则。立法机构通常会选择适用于其组织、职员、委员的规则,以及适用于程序的特殊规则。制定规则是为了控制审议和通过制定法案的过程中出现的常规问题和特殊问题。规则的功能有多种。他们构建了会议议程,规定了什么应该优先考量,什么应该常规对待,削弱了武断而多变地对待少数党的机会,提供了解决争端和决策的常规手段,历经多年甚至数十载而长存,不断融入议院的生命中。其本质是系统化,其主要贡献是为议院提供秩序。[③] 实践中,大多数程序规则包含在议院普通法中。这些规则可以部分或者完全不同于已有的议院程序规则。[④] 选择适用的程序规则不需要以习惯做法为基础,甚至不需要具备绝对的合理性。但是这些规则绝不能侵犯私人权利。[⑤] 选择适用的程序规则与普通法的关系,类似于成文法与普通法的关系。当选择的规则与普通法针对相同情况有不同规定时,优先适用选择的规则。不过,几乎审议机构选择适用的所有规则,都是议院普通法,并且不需要像法院那样进行正式书面或非正式书面的专门选择。参议院议事程序不仅受到议事规则和先例的约束,而且受到众多议事习惯的约束。通常,这些实践能够加速事务的处理,但需要得到一致的

---

① Dye v. State of Mississippi ex rel. Hale (1987), 507 So. 2d 332.

② Watson, et al v. California Fair Political Practices Commission(1990), 217 Cal. App.3d 1059, 266 Cal. Rptr. 408.

③ [美]威廉・J.基夫、[美]莫里斯・S.奥古尔:《美国立法过程——从国会到州议会》(第十版),王保民、姚志奋译,法律出版社 2019 年版,第 77 页。

④ Cushing, Luther Stearns, *Elements of the Law and Practice of Legislative Assemblies in the United States of America—Lex Parliamentaria Americana*, Boston: Little, Brown & Co., 1856 (usually available in the printing of 1847), Secs. 306-313; Hughes, Edward Wakefield, *Hughes' American Parliamentary Guide*, Columbus: F. J. Heer Printing Co., revised 1926, Sec. 5; Taylor v. Dais (1924), 212 Ala. 282, 102 So. 433, 40 A.L.R. 1052; Heimbach v. State of New York (1982), 89 App.Div. 2d 138, 454 N.Y.S. 2d 936, appeal dismissed, 464 U.S. 956, 104 S. Ct. 386, 78 L. Ed. 2d 331; Dye v. State of Mississippi ex rel. Hale(1987), 507 So. 2d 332.

⑤ Waples, Rufus, *A Handbook on Parliamentary Practice*, Chicago: Callaghan, 1883, Sec. 209; Heimbach v. State of New York (1982), 89 App.Div. 2d 138, 454 N.Y. S 2d 993, aff'd 59 N.Y.2d 891, 452 N.E.2d 1264, 465 N.Y. S 2d 936, appeal dismissed, 464 U.S. 956, 104 S. Ct. 386, 78 L. Ed 2d 331.

同意。参议院规则和实践强调充分审议胜过迅速决策，个别参议员的权利胜过大多数人的权利。参议员通过放弃规则的形式，反对一致同意请求来保护自己的权利。[①] 妥协和容忍往往要适当，参议员在争议时往往严格遵守规则。[②] 除少数例外情况外，在协调各议院之间的关系，以及处理与各议院共同利益相关的事宜的时候，州议院会选择适用联合规则。议院选择适用联合规则，是宪法赋予其自行制定规则的权力的体现。联合条款不妨碍各州之间选择同样的条款。州议院选择适用的联合规则在议院再次召开会议时失效。立法机构所制定的规则，不能直接或间接地规避宪法。除议院议员外，其他人无权就违反议会法的行为提出异议。州议院选择适用的规则在议院再次召开会议时失效。

议院制定规则的权力具有持续性。议院可在任何时候行使这一权力。议院有权废止、更改、放弃自身规则。经投票由多数派赞成而通过的规则，之后可经由投票依多数派的意见进行修改或废止。只要所定规则既不违反宪法，也不侵犯基本权利，那么任何人就都不得向任何机构或法庭提出异议。[③] 废止一个规则所需的票数就是通过该规则时所获取的票数，即使所

---

① 协商的基本目标在于限制辩论和重构修正程序。在特定事项的审议上，参议员享有的辩论和修正的权利，也鼓励了领袖之间寻求一致同意的协议。如果任何参议员反对，那么不可能达成此协议，如果参议员都接受，参议院只能通过一致同意协议更改其稍后的事务内容。一致同意协议因限制了对法案的辩论时间，而被称为"时间协议"。时间协议规定了议题辩论时间，既可针对议题，也可针对立法本身。这些协议规定的时间由管理者进行控制。其他参议员只有在管理者同意时才可以进行发言。一致同意协议也可要求议题修正案与主题相关。相关性没有一个严格的标准。协议可以禁止一切修正案，除非有特别声明。针对时间协议谈判的职责主要由政党领袖和委员会领袖承担。个别参议员可根据他们的目的向领袖提出建议，时间协议可以包括为满足这些目的的一般性规定。参议院在没有达成一致协议之前，可以进行大多数议题的审议。对有些议题，除了修正和辩论外，达成一致协议不是必须的。对于其他议题，为了限制的目的，议事领袖和管理者都要试图达成一致同意协议。例如，对于争议性修正案的审议，领袖可以提出限制辩论时间。如果审议需要延展，那么领袖往往通过全面协议限制每个修正案的辩论时间，或为最后阶段的表决预留时间。

② 《当代美国参议院立法程序》，李店标译，载《人大研究》2015 年第 7 期(总第 283 期)。

③ State of South Carolina ex rel. Coleman v. Lewis (1936), 181 S.C. 10, 186 S.E. 625; Davis v. Thompson (Okla. 1986), 721 P. 2d 789; State of North Dakota ex rel. Spaeth v. Meiers (1987), 403 N.W. 2d 392.

涉规则本身规定的就是“修改或废止规则所需票数需高于制定规则时产生的票数”。议院不能制定不可更改的规则而使自身行为受限。议院可以在任何时间选择或更改程序，只需按照规则要求进行通知。一届议院通过的程序规则，或者其适用于立法程序的成文法规则，并不当然适用于下一届议院。立法机构会议不得以制定不可撤回的法案或程序规则的方式约束下一届会议，因为制定法案的权力本身就包含撤回法案的权力。[①]

规则的目的是使机构运作更有效、议员待遇更公平。如果规则未能实现上述目的，并且未被宪法或主管机构强制要求适用，那么可以暂停适用。议院可在其认为必要的时候，暂停适用其规则，但是宪法规定适用的规则除外。规则的暂停适用往往需要得到比多数票更多的票数支持才能进行。审议机构可以在其认为适当的时候更改、暂停，或者废止由多数派掌控的程序规则。[②] 同一次会议上，只要未侵犯第三方权益，立法机构可以认定已进行的程序违规，进而推翻已进行的程序而重新开始审议法案。

议院从方便角度考虑而未遵守自选的、非宪法要求的程序规则，并不影响所立法案的效力。[③] 制定法案的立法机构，在一定范围内有权决定该法案的实施方法。有控制权的主体一旦无视某一法案，该法案事实上已被废止。一个与前法案相悖的法案得以通过，其效果至少使得前法案被暂停适用。先前会议的议员无权控制或限制后续会议的议员。议院在处理权力范围之内的事务时，法院无权复审议院是否违反自身规则或议会法。[④] 如果违反程序规则的行为不符合法律规定，那么就可能导致所立法案无效。如果存在欺诈或恶意，所立法案也无效。[⑤]

议院规则是重要的，因为达成决策所用的方法通常塑造了决策本身。换言之，程序和政策常常是相互交织的，这也解释了为何所有的程序规则都

---

① Commonwealth ex rel. Fox v. Chace (1961), 403 Pa. 117, 168 A.2d 569.

② Commonwealth ex rel. Fox v. Chace (1961), 403 Pa. 117, 168 A.2d 569.

③ Taylor v. Davis (1924), 212 Ala. 282, 102 So. 433, 40 A.L.R 1052; Goodwin v. State Board of Administration (1925), 210 Ala. 453, 102 So. 718; State of Missouri v. Alt (1887), 26 Mo. App.673.

④ National Conference of State Legislatures in cooperation with the American Society of Legislative Clerk and Secretaries, *Mason's Manual of Legislative Procedure*, West Group, 2000 edition, Part I, Chapter 13, Section 15.

⑤ Robinson v. Nick (1940), 235 Mo. App.461, 136 S.W. 2d 374.

有争议。规则从来就不是中性的，它在有益于某些群体的同时，也有损于另外一些群体。决策经常在委员会或小组委员会内作出，在那里，政党或领导层的偏好可能在结果中反映出来，也可能不反映出来。有时关键决策是由负责筛选的专门委员会作出的，例如，由领导层主导的美国联邦众议院规则委员会，或者是由协商委员会调整参、众两院的分歧而形成的。政党领导人和党团会议也可能在形成政策中担任重要角色。此外，作出关键决策也可能是为了回应利益集团、官僚机构或者最高行政长官的能动性和影响力。[①]当然，最终是某些特殊公众群体或更广泛的公众的普遍要求推动议会作出决策，即制定出解决公共政策议题和问题的大致方法。[②]

第四节　议会法

程序规则有时会规定在成文法中。[③] 如果两个成文法条互相矛盾，那么应将其中较有针对性的法条视为较为宽泛的法条的例外，从而适用较有针对性的法条。[④]

大多数立法机构会适用一个议院程序手册作为权威性规则，以解决宪法、议院规则及成文法均未涉及的事宜。审议大会有权借助议院程序手册解决议院相关事宜。议院程序手册，是将立法机构的惯例和先例以法条和引注的形式集合成册。这种手册的最大优点在于，主管官员和议员能够获取简明扼要的立法程序规则。如果没有这种手册，若想知悉基于习惯和惯例而形成的规则，则需要花费大量时间进行调查。议院程序手册的另一个

---

① 行政机关非常庞大，行政长官仅是其中一个重要组成部分。行政机关不会只发出一种声音。行政机关与议会之间的互动本身也值得关注。总统和州长对各自对应的议会的影响不是一成不变的，他们能做的并不止于他们的身份。相关例子参见 Joel D. Aberbach, Robert D. Putnam, Bert A. Rockman, *Bureaucrats & Politicians in Western Democracies*, Cambridge: Harvard University Press, 1981。

② [美]威廉·J.基夫、[美]莫里斯·S.奥古尔：《美国立法过程——从国会到州议会》（第十版），王保民、姚志奋译，法律出版社 2019 年版，第 358 页。

③ Zemprelli v. Scranton (Pa. 1986), 102 Pa. Cmwlth. 637, 519 A 2d 518.

④ Bethard v. State, Through Bd. of Trustees (La. App. 1 Cir. 1983), 430 So. 2d 1122, with denied, 435 So. 2d 430.

优点是，能够消除互相矛盾的先例所导致的不确定性。手册显然只能规定一般规则。机构需另外就特别规则作出明文规定。当手册中的规则与特别规则相冲突时，以特别规则为准。手册中的规则只适用于特别规则不涉及的事宜。

如果立法机构在其规则中采纳了一个特别手册，同时没有其他规则适用于所涉事宜，那么特别手册适用于该事宜。立法机构有权废止、更改或放弃所选择适用的手册或权威性议会法规则，就如同废止、更改、放弃自选规则一样。机构自选的权威性规则可以暂停适用，如同暂停适用其自身规则一样。一个基于某种目的要求"暂停适用规则"的动议中所指的规则，包括选择适用的权威性规则。如果议会没有选择适用程序规则，那么其程序适用一般议会法。

议会法是一个由规则和先例组成的体系，产生于英国议会，并在美国及其他国家得到发展。议会法与普通法一样，是一个由已生效的规则组成的体系。议会法由已生效的规则、习惯、惯例组成，以法院的命令、上诉决定，及其他决定为基础。审议机构的内部权威机构负责制定规则，并引导议会法的发展方向。议院程序的普通法建立在业已形成的较为合理和公平的惯例基础上。"法律即理性"，是审议机构制定程序普通法时应遵循的原则。议会法是所有审议机构的行为准则，适用于动议的介绍、修改、讨论和决定。议会法并非源于任何单一立法机构的程序或规则。现今美国适用的议会法，有别于美国建立议院初期时的议院实践，亦有别于现今的议院和国会的实践。[①] 现今美国审议机构适用的议会法，并不由美国国会或众议院的规则或实践来决定。国会两院的程序差异明显。各院的程序很大程度上依照各自的规则。这些规则都是为了满足各院的自身需要。这些规则适合于为数众多的立法委员使用。这些立法委员通过委员会的方式，全职从事大量

① 从《美国宪法》第 1 条第 1 款"本宪法所授予的全部立法权，均属于参议院和众议院组成的合众国国会"，第 8 款第 18 项"指定为执行上述各项权利和由本宪法授予合众国政府或其任何部门或官员的一切其他权利所必要而适当的各项法律"，以及宪法修正案第 13 条、第 14 条、第 15 条等规定的"国会有权以适当立法实施本条"，可以看出，美国国会有立法权、法律修正权、法律补救权。

的立法工作。国会的程序不适用于其他立法或行政机构。[①]

如果一项事宜不能适用宪法、选择适用的规则(包括联合规则),以及选择适用的手册,那么就适用一般议会法。议会法的制定兼顾了便捷性和必要性,在美国国内作为主导权威得到一致的接受和适用。议会法被一致认为是可用于约束立法机构和其他政府机构的程序。根据议会法,在遵守宪法和其他适用法的前提下,立法机构一经成立,即享有履行其职能所需的全部权力和特权。如果审议机构选择适用特别程序规则,那么特别程序规则所涉及的程序议题均受该特别程序规则的约束。不受该特别程序规则约束的程序议题,则受一般议会法的约束。如果机构没有自身的程序规则,就适用普通议会法规则。如果针对某程序议题,没有议会法规则可以适用,那么就遵循议会法原则。程序规则的空白,可在遵循议会法原则的基础上,以合理方式予以填补。[②]

议会法的名称和基本原则都是由英国议院创设订立的,经由普通法带至殖民地和本土其他政治机构。参议院议长杰斐逊编纂议会法手册时,既依据英国的先例,也考虑到自己领导下的议院程序的实际情况。[③] 州议院以及其他地方政府机构,起初效仿国会的做法。不过现在,州议院、地方立法机构、志愿组织的程序规则与议院和国会的程序规则已有很大差别。国会很大程度上适用由国会议员选择适用的规则,以满足其政治和其他特殊需要。州议院,以及更加地方化的机构(无论公共的还是私人的),则遵循普通法。普通法是以法院的决定和审议机构的先例为基础的。议会法在公共机构的适用情况,与其在志愿组织的适用情况,有着明显的区别。[④]

在审议机构中,一个程序模式一旦被适用于程序议题,则成为该机构用

① Cannon, Clarence, *Rules of Order*: *Encyclopedia Britannica*, Cambridge: Cambridge University Press, 1964, Vol.19, pp.632-634.

② Mixed Local of Hotel and Restaurant Employees Union Local No.458 v. Hotel and Restaurant Employees International Alliance and Bartenders International League of America (1942), 212 Minn. 587, 4 N.W. 2d 771; Murdock v. Phillips Academy (Mass. 1831), 12 Pick. 244; Ostrom v. Greene (1897), 45 N.Y.S. 852.

③ 参议院、众议院分别在本院议员会议上选举本院负责人。参议院、众议院负责人被称为“议长”,职责包括:根据议事日程召开会议、宣布会议的议程、根据议事规则主持会议。

④ Cannon, Clarence, *Rules of Order*: *Encyclopedia Britannica*, Cambridge: Cambridge University Press, 1964, Vol.19, pp.632-634.

以解决类似问题的先例。[1] 一段时间之后，一系列的先例得以积累，形成了一个规则的程序体系，被称为“议会法”。议会法一经形成，便对机构产生约束力。如果不遵循先例，立法程序的流程将难以确定。巨大的不确定性将导致无休止的混乱。一旦法院在案件审理中制定了一个规则，该规则对该法院及各下级法院产生约束力。如此一来，法就具有了可预见性，不会由于不同法官作出不同决定而显得不可预见。同样的，审议机构的一个合理的程序流程一经形成，便对类似的程序议题产生约束力。不过这也需要符合一些条件。立法机构自行选择适用于自身的规则，就是一个惯例。选择适用的规则，优先于习惯和惯例予以适用。先例，与习惯不同，是议长的决定，以及机构基于上诉作出的有关实践或程序的决定。[2] 议会法中的很多规则是以立法机构已经采取的实践做法为基础的。立法机构的惯例和习惯的知悉途径包括，有关议院实践的论著、机构的纪录，以及议长和议员的个人认知。如果审议机构已经形成一种实践，或针对一个问题已经有确切的先例时，该实践或先例就应该被遵循。当没有实践或先例能够适用于所涉问题时，议长可以考虑适用其他机构的实践或先例。[3] 各种先例效力有所不同。先例的效力，部分取决于产生它们的程序和性质，部分取决于它们产生的时间。同一个立法机构的各众议院的先例，通常效力相同。类型和性质相同的审议机构所提供的先例，通常效力大于类型和性质不同的审议机构所提供的先例。在类型和性质不同的审议机构中，与拟适用先例的机构类型和性质越相似，其所提供的先例效力越大。如果没有规则可予以适用，比如召开会议初期尚未选定规则时，各众议院应遵循习惯、惯例、先例，以及一般议会法。习惯、惯例、先例，均会在后来产生的生效规则中有所体现。

---

① Regina v. MacKellar (N.Y. 1855), 2 Abb. Pr. 30.

② Cushing, Luther Stearns, *Elements of the Law and Practice of Legislative Assemblies in the United States of America—Lex Parliamentaria Americana*, Boston: Little, Brown & Co., 1856 (usually available in the printing of 1847), Sec. 778.

③ 美国国会众议院议长职位的发展很好地证明了众议院的日益制度化。早期，议员们只在众议院担任了一届或两届议员便升为议长职位是很常见的事情。如今，议长职位已经很明显变成了一个独特的专门职业。许多著名的国会议员无疑会渴望获得这个职位，并且试图走上当议长的道路，但是，议长职位一般仅对那些积攒了足够资历的议员们开放。(*Congressional Quarterly Weekly Report*, February 27, 1999, p.460)

第七节　议会法原则

决策过程需遵循若干基本原则，才能使决策生效。这些原则一般直接适用，无须选择，也无须机构的同意或批准。群体在组成时就被赋予了其所需的权力和权威。机构必须在其权力范围之内行动，否则投票无效。[①] 群体决策必须以召开会议的形式作出。群体决策应体现与会群体的意愿。只有召开会议才能使议员达成一致意见。群体的决策权只能在召开会议时行使。任何在合法召开会议之前、之后或之外达成的共识或协议都是无效的。召开会议必须以合理的方式进行通知，以使议员能够有机会参与会议。会议通知必须送达所有有权参会的人员。通知必须说明会议将处理的业务主题、时间地点，或其他便于全体议员参会的内容和方式。与会人员必须达到法定人数。所谓法定人数，即能够代表全体议员做决定的人数。一般而言，确定议员人数的一半或更多，可以作为法定人数。在某些情况下，组织的设立机构，有权要求法定人数多于或少于大多数议员人数。有待群体解决的必须是一个明确的问题。议员所面临的问题，必须是明确的、可以用支持或反对的投票方式进行表态的。议员在投票之前，必须知晓有待解决的是什么问题，以及他们的投票会产生何种影响。问题的提出形式，必须使议员能够用支持或反对来回答。在审议机构做决定的过程中，议员必须有机会进

① State of South Carolina ex rel. Coleman v. Lewis (1936), 181 S.C. 10, 186 S.E. 625.

行辩论。[①] 在参议院的传统中，虽然无限制辩论规则在很大程度上是有争议的，但它似乎是最根深蒂固的规则。这一传统可能是参议院最显著的特征，因为它强调议员的自由和无限制辩论的权利，即使这种权利会损害行动自由或治理自由。议员有权表达自己的观点，听取别人的观点，以达到交流思想和参与决策的目的。机构决策必须是全体议员的决定，而非个别议员的决定。为使辩论富有成效，两院的规则都对辩论要注意礼节和使用谦恭有理的语言提出了明确的要求。这种要求的目的是把正常辩论与人身攻击区分开来。

审议机构在作出决定或采取行动之前，必须先进行投票。既有州议会经历又有国会经验的罗伯特·露丝(Robert Luce)将影响投票的根源描述如下：虽然我们可以假定选民们了解他们议员的每一项行为，但是很难确保点名记录充分揭示选票情况或者精确告知这些信息。现实中存在许多半真半假的陈述，而选票记录实际上常常就是这样的。它通常不能反映已解决问题的真正本质。法案的标题必定是简短的，很少能反映法案的全貌。很多时候，由于某项法案的标题声称提供的一些东西是一位议员希望得到的，他/她就会支持该法案。然后，即使他/她也可能被迫就该法案投出反对票，或因为他知道该法案拟得不合适，或因为他/她认为该法案不会实现其表面意图，或因为该法案会实现其他一些弊大于利的目的。每位议员都有过这样的经历，他/她在某一阶段投票支持了某项他/她认为是明智的法案，但是

① 参议院主持人不可以使用准许参议员发言的权力来控制事务处理过程。在议事程序中只要没有人正在发言，那么其他参议员此时都有发言权，通常他们可以尽情发言(但对同一议题一天最多发言两次)。获得准许后，参议员可以依据议事规则，针对法案提出动议或者对原始动议提出修正案。针对未决的议题，参议员规则不允许通过多数票支持的表决原则来结束辩论和表决。一般情况下，只要尚有参议员发言，就不可以对可辩论议题进行表决。反对未决法案或其他事项的参议员可在规定的时间内发言，或提出大量修正案和动议来延迟表决。议事阻挠就是通过使用这种策略，力图说服参议员更改或撤回正在审议的法案。唯一不可被阻挠的法案是，根据法律规定必须在限定的时间内进行辩论的法案。参议院程序规则应对议事阻挠的唯一措施是终结机制。终结是指由 16 名参议员在 2 天之后提出书面申请才可进行表决的机制。终结需要 3/5 的参议员支持，除非提出修改规则的建议，否则将需要 2/3 的参议员表决通过。如果参议院针对法案、修正案或其他议题适用终结，其最长审议时间不得超过 30 小时，包括投票和计算法定人数的时间，此时每名参议员的发言不得超过 1 小时。

该法案在随后的阶段被修正案所严重篡改，他/她又不得不放弃对该法案的支持。[①] 此外，影响议员投票的因素可能是批准该法案的时机或条件尚未成熟，或者法案本身有欠缺。一位尽责而且可敬的议员纵然有二十个完全合法的理由来证明其投票是正确的，但是只要有一个不为公众所知就可能导致用扭曲其形象的方式记录他的投票，而这可能毁灭他/她的政治生涯。[②]

单纯的表达意见，不被视为投票，亦不发生任何效果。不能够仅凭猜测臆断议员是否会投票，以及如何投票。在议员尚未进行实际投票之前，一切都不发生效力。作出决定或是通过某项提议，必须至少得到大多数票数的支持。宪法和成文法为了某些目的会要求比大多数更多的支持票数，而议会法只要求大多数票数。不过，机构自身规则为了某些目的会要求比大多数更多的支持票数，比如为了修改或暂停适用规则等。不得因欺诈导致权利受损。同时，任何人应为其故意或过失行为导致他人权利受损承担责任。决策结果不能违反上级机构的法律、规则和决定。级别较高机构的已有法案和决定，效力高于级别较低机构的已有法案和决定。根据政府的U.S.计划，各州依据本州宪法，享有主权权力。有些权力根据联邦宪法被赋予联邦，另一些权力则被赋予各州。某些权力依据州宪法和议会法，被赋予地方政府，包括郡、市、区、社。法律所赋予的权力在行使过程中，除了上级机关之外，任何其他机构作出的有违此种权力的行为，都是无效的。程序必须记录。只有在所采取的行动有完整准确的记录时，行动的内容和效力才得以确定。该记录，需经立法机构认可，并可由立法机构修改。

议会法是普通法的一部分。二者具有相同的发展历史，并且受到相同规则的约束。议会法是由一个又一个立法机构和法院的先例积累发展而成的，普通法也是由司法机关的先例积累发展而成的。二者的发展均有赖于立法机构的立法权。议会法与普通法中其他分支略有区别。区别在于，议

① 立法参考局接受请求准备的修正案或替代修正案几乎只有一半在议会提出。许多起草议案的请求或起草的议案草案的主题与已经在议会提出的议案相同，或可以以议案修正案的方式而不是以独立的议案方式提出，并且比独立的议案更好。有些议案没有在议会提出是因为缺乏足够的支持和在时间上来不及。还有的是因为议员决定在手中握有一份议案草案以便进行深入的研究，或打算在今后提出重新起草议案的请求。

② Robert Luce, *Legislative Procedure*, Boston: Houghton Mifflin, 1922, p.361.

会法主要是以立法机构和行政机构的先例为基础的。不过，美国的情况也有些特殊之处。在美国，法院针对宪法问题作出终局决定，成为议会法不断积累的司法先例。在某种情况下是否适用议会法，和在某种情况下是否适用普通法规则一样，都需要进行推理，且都根据相同的推理规则。

议会法是一个由诸多原则组成的体系，而不是一堆杂乱无章的规则堆砌。议会法以理性分析为基础，而且这种理性分析是长期以来议院、议长、法院，对于各个问题作出的最佳的理性分析。各条规则均应根据基本原则加以解释。只有和法律其他部分相结合，各条规则的真实含义才能得以彰显。结合原则，各条规则也更易于记忆和适用。在任何情况下，条文都需要与原则核对，以确保条文的正确性。如果条文与原则相符，条文的正确性就基本上可以得到保证。

议会法虽然主要产生于立法机构内部，但是同等适用于所有旨在研究问题和作出决策的会议。不过，在适用于公共机构和私人组织时，议会法中某些用词会发生明显的变化。在公共机构中，权力并不赋予议员个人。州议院行使由人民赋予的权力。一般而言，郡、市、镇的政府行使由立法机构赋予的权力，以及由人民通过宪法赋予的权力。公共机构的组成形式和权力范围，不能由其议员进行更改。只有组织的创设者和权力的赋予者，才有权依其认可的方式对组织形式和权力范围进行更改。志愿组织的权力来源于议员的协议，受到协议的约束。协议的基本因素由宪法和组织规章规定。私人组织的议员只代表自己，不代表其他任何人。他们不受组织外的力量的控制。如果议员愿意，议员可以依据协议中的规定参加或离开组织。

虽然议会法适用于志愿组织，但是议会法在志愿组织中的适用与议会法在公共机构中的适用，存在很多方面的区别。虽然议会法的基本条款是相同的，但是适用议会法的情形却千差万别。公共机构所具有的更高的技术性功能，要求更具技术性的规则和对规则更具技术性的适用。具体而言，在以下情况中，适用于官方公共机构的议会法将体现出其不同之处：

(1)在公共机构中，行政部门的重要职能与立法机构有着密切联系。因此，所适用的规则必须有利于行政机构和立法机构共同发挥作用，而不致产生冲突或混乱。

(2)除内布拉斯加州外,所有州议院都是两院制。[①] 两院在法案的颁布问题上必须密切配合。这一点在两院调和立法分歧的会议委员会程序中显得尤其重要。[②]

(3)公共机构在一定程度上受宪法和成文法的制约。宪法和成文法对于议员而言,是不可控的。

(4)鉴于公共机构较大的工作量和更具技术性的功能,公共机构需要更多的专门规则以适应特殊情况。这些特殊情况不为民间机构所知。在立法机构中,大部分程序受其自身规则的约束。

(5)公共机构行使职能时,相当大程度地依靠委员会。委员会对公共机构而言,是一个非常重要的机构,应适用专门的规则。

(6)立法机构受到严格的时间限制,因而程序任务的难度更大、问题更多。

(7)在立法程序中,公共机构的技术精准性远胜于私人组织。

如果国会或州议院违反宪法规定,法院会宣布国会或州议院所立法案无效。宪法中有关时间和方式的规定均为强制性规定。如果机构的权力受到某种限制,那么机构行使权力时必须遵守该种限制。如果机构基于授权而进行某种行为,那么机构必须严格遵守授权机构所设定的权力限制。[③]

一个大型团体制定法律,很难每次都能让全体议员出席会议。因此需要一种规则,来决定多少人员出席会议时能够代表全体议员做决定。通常认为,若大多数议员出席,则可以代表全体议员做决定。公共机构的创设机构有权决定法定人数的具体人数。在有明确人数的公共机构里,法定人数

---

① 美国 49 个州议会采用参、众两院制,只有内布拉斯加州议会采用一院制。州议会两院制也是逐步发展而来的。美国独立前的最初 13 个州大多采用一院制。独立之初,除佐治亚州、宾夕法尼亚州和佛蒙特州外,其余各州均改为两院制(上述 3 个州也分别于 1789 年、1790 年和 1836 年改为两院制)。内布拉斯加州原采用的是两院制,但 1934 年该州通过修改宪法确定建立一个"非党派、一院制"的州议会。(戚鲁江:《美国州议会组织结构及立法程序》,载《泛读看世界》2010 年 12 月。)

② 如果国会两院关于法案的形式没有达成一致意见,法案不可能变成法律。一旦众议院通过的法案在参议院被修正或通过,或者众议院修正或通过参议院的法案,参、众两院将开始通过会议委员会或交换两院修正意见的形式解决立法分歧。

③ Randall v. Fairmont City Police Department(1991), 186 W.Va. 336, 412 S.E. 2d 737.

一定多于大多数，不过为了使公共机构有权实施某些行为以实现某些目的，可能会要求比大多数更多的法定人数。

一个看似通用的基本原则是团体做决定必须得到大多数票数的支持。如果权力被赋予了少数派，那么就需要确定是哪个少数派。一个团体中只会产生一个多数派，却可能有若干个少数派。如果做决定时要求比大多数更多的支持票，那么少于多数票的反对票就可以阻止决定的作出。从任何意义上讲，对大多数票的要求都是一个必须遵守的基本原则，而不是一个选择条款。唯一可以不遵守绝对多数票原则的例外是，选举规则允许相对多数票通过决议。这种情形发生在，两个以上候选人竞选同一个职位，并且竞选规则规定获得较高选票数的候选人赢得选举，而不要求候选人获得绝大多数的支持票。同样的，如果若干候选人竞选若干相同职位，比如，6 位候选人竞选 3 个负责人职位，竞选规则可以规定获得较高票数的 3 位候选人赢得职位，也可以同时要求候选人必须获得大多数选票才能赢得职位。公共机构的创设机构有权要求公共机构在得到多于多数票的支持票时才能采取行动。但是，如果没有明确要求多于多数的支持票，那么只要有多数的支持票就可以作出任何决策。

公共机构无权将自身权力、责任或义务授予任何个人或组织，包括由其议员组成的委员会。不过，立法机构可以通过制订规则来授予程序性的权力，比如任命长期议员、特别议员、会议委员会，以及将议案提交给立宪议长(不一定是议员)。[①] 美国议员提出议案的数量之多，堪称世界之最。20 世纪 60 年代，平均每届国会收到议案 2.5 万件，近年有所下降，每一届均 1 万件左右。但议案能够最后获参、众两院通过成为法律的很少，仅占议案总数的 5%左右。立法听证不是必经程序，但已成为立法的基本程序。联邦宪法强调，任何权利必须公正行使，对当事人不利的决定更是必须听取该当事人的意见。这也是普通法的自然公正原则。在立法领域，这一原则表现为，如果立法机关制定的法律对当事人会产生不利影响，那么就应当广泛听取当事人的意见，对政府有关问题进行必要的调查，力求制定的法律更加公正、合理。立法听证主要是为公众提供论坛，不同背景的证人，包括委员会委员、政府官员、利益群体、学术团体和与议案有关的其他公民，都可以为立

① Dye v. State of Mississippi ex rel. Hale(1987), 507 So. 2d 332.

法提供事实，发表意见。立法领域的听证，是一种非正式程序。相较于正式程序听证(多用于司法领域)，非正式程序听证显得更加灵活，能够在不影响行政效率的基础上，保持当事人的团结和合作。美国州议会的听证基本上都是采用的非正式程序。虽然州议会的听证基本上都是非正式程序听证，但是同样具有正式程序听证的诸多特点，比如，听证是联邦宪法赋予公民的基本权利；听证带有普遍性；听证必须公开进行；重要议案可以多次、多地举行听证。[①] 当诸如州议院等公共机构被赋予了某种责任或者义务后，该机构必须自己履行此种责任或义务，而不得将责任或义务转授其他个人或机构。通常，一个受到认真审议的议案将会由委员会为其举行一次听证会。1991 届议会的常规会和特别会议总共提出了 1790 件议案，其中委员会为 1175 件议案举行了听证会。听证会是议员的一个工具，可以用来收集信息，了解对议案支持或反对的利益集团和团体，发现对该议案需要作出哪些改变从而使议案更受人们的欢迎和更有效。然而，两院都规定委员会主席必须为每一项提交委员会审议的议案举行听证会。[②] 议院可以将权力授予行政机构，以便于法律规则的实施。立法机构的授权行为是现代政府的一个重要特征，因为现代社会中监管行为只能由行政机构完成。行政机构的权力允许其进行必要的细节填充，以使法律得到正确实施。议院将部分立法权授予行政机构时，必须规定所授权力的行使条件。行使条件中不得允许政府其他分支部门以宪法禁止的方式履职。当议院将立法权授予行政机构时，议院必须宣布总方针，并规定行政机构的行事准则。责任和义务必须由被授权的团体中大多数议员来行使，除非行事准则中另有规定。承担责任和义务的机构不得将权力授予少数派，即使该少数派是由其议员组成的。有的法条，比如“采取特定行动需征得多于 2/3 的支持票”，就会使得人数多于 1/3 的少数派有权阻止相关行动的决策通过，并因此取得机构的决策权。在该种情况下，权力就被赋予了少数派。

在公共机构中，议员之间地位是平等的。任何民主机构若要正常运作，都必须接受议员平等这一原则。只有议员的平等地位得到确认，才能确定

---

① 刘建兰、张文麒:《美国州议会立法程序》，中国法制出版社 2005 年版，第 137～139 页。

② 刘建兰、张文麒:《美国州议会立法程序》，中国法制出版社 2005 年版，第 81 页。

什么人或者多少人可以代表机构行事或作出决策。议员的平等地位，也有助于确保机构的决策被心悦诚服地接受。机构的有效运作，需要一套已被接受的行事规则。即使有时同一个问题有若干个合理的处理方法，最方便的做法仍然是同一个问题采用同样的方法。正如高速公路上所有的车都朝同一方向行驶才能避免冲撞，人们在做同样的事情时也应采取同样的方式，才能避免混乱和分歧。

议会法的一个重要功能就是为机构执行事务提供一个有序的程序，以避免混乱。单纯的技术性规则只在机构进行审议时才适用，并不是想用就用的。为了节约议员的时间和精力，并避免混乱，就应当适用最有效且最简单直接的程序。简单的程序性动议，如休会、搁置、延期等，一经决定应立即执行。这些动议不得被延期、提交委员会、搁置，否则会徒生麻烦和混乱。不过，如果这类动议被认为暂无必要，并经投票否决，则可待日后需要之时再次提出。一个实用的重要原则是，一次只商议一个问题。议长有义务做到一次只商议一个问题，并且应适当控制对该问题的讨论，以提高商议活动的效率。团体在商议一个问题的时候，应该一次性地仔细考虑该问题的各个方面。当一个动议正值商议之际，有人提出关于动议的修改意见，那么原来对动议本身的商议应立即转为对修改意见的商议，因为如果修改意见得不到适当处理，动议本身也无法得到适当处理。修改意见经投票表决之后，无论是否通过，商议对象均转回为动议本身。

讨论一个问题时，常常需要先讨论许多相关的附属问题。当决议案正值商议之际，有的议员可能会提出修改意见，有的议员可能会转而把决议案提交委员会，有的议员可能会借先前议题打断辩论，甚至有的议员会提出动议想将整个问题暂时搁置。在附属问题有待解决的期间，要求主议题延期处理的动议就会被提出。这时，商议对象就转而为附属问题。每解决一个附属问题，商议对象就转回为前一个被搁置的问题，直到最后主议题得到商议。不过，商议对象应该严格限制为当时的待决问题，解决了一个问题之后才能开始商议下一个问题。许多问题的解决顺序不能随意决定，也不能仅凭动议产生的顺序就决定动议解决的顺序。如果按照动议产生的顺序决定动议解决的顺序，会导致无穷无尽的麻烦和浪费，因为议员会想尽办法以使自己提出的动议得到优先处理。为了避免这种麻烦和混乱，需要精确地规定动议的级别，并使每一个动议依照级别顺序得到处理。

一个动议常常会被适用于另一个动议。比如，许多动议都会受到修改意见的影响。同样的，将问题转交委员会的动议、延迟商议的动议、中止辩论的动议或者搁置问题的动议，都可能会适用于主动议。动议之间的适用方式，应依照动议的明确分类和级别顺序来确定。适用程序性动议的一个主要目的是指导主动议的商议进程。团体能够作出正确决定的前提是，议员理解所待解决的问题和该问题将会产生的影响。为了实现这一目标，议员需要针对所涉事务的所有问题进行讨论。讨论中议员有权对其他议员的意见发表个人看法，有权尝试说服其他议员赞成自己的观点，同时也应该听取其他议员的意见。讨论中还需要注意，当机构被赋予决策权时，决策必须在会议上经讨论才能作出。议员个人作出的任何决定对机构不具有约束力。辩论的权利不影响机构控制程序的权利。辩论是立法的必经程序。参议院规则明确规定："议题须在辩论完结后方可被批准。"但参、众两院关于辩论的规则有很大不同。众议院对辩论有时间限制，通常规定对法案案文的辩论时间为 1 个小时，支持方、反对方的时间各半；对案文辩论结束后再对修正案进行辩论，每个修正案通常辩论 10 分钟，双方（两派或两党）各有 5 分钟，但修正案在辩论前一天已在"国会记录"上刊登，则双方均可保证有 10 分钟的辩论时间。参议院对辩论时间则无限制，只规定每位参议员可以就每个问题发言 2 次，只要有人想发言，而发言又是规则所允许的，那么法案就不能付诸表决。机构有权限制或者中止辩论。如果议员想阻止某法案通过，常会采取冗长的发言手法来拖延时间。参议院规则中对结束冗长发言的唯一正式程序就是提请行使结束辩论权，但要在提出 2 天后方能付诸表决，而且必须得到现任议员 3/5 的多数票支持才有效，实际上这一权利难以得到行使。于是，结束辩论只能依赖于提出搁置议案，如果获得议员的半数通过，议案即被搁置。

一个得到承认并享有议席的议员有权避免其发言被打断，除非突发需要立即商议的事情。不得仅仅因为要提出一个更高级别的动议就打断议员的发言。比如，要求程序延期的动议就不得打断议员关于主动议的发言。但是，如果有些特殊的问题需要立即解决，那么可以打断议员的发言。如果议员发言偏离了主题、使用了非会议规定的语言，或者超过了规定时间，那么可以打断其发言，并要求其遵守会议秩序。实践中，如果想就发言中的内容提问，可以打断议员的发言，但是打断必须是善意的且不以诘问骚扰发言者为目的。问题一出现就立即解决，往往是最有效率的做法。议长有权决定，基于机构运作效率的考虑，是否应该打断一名议员的发言。

动议的附议要求，起源很模糊。议院要求附议，已经是一个世纪以前的事了。要求附议的目的是，任何事务必须由两人提出，一人提动议，另一人提附议。州议院中一个代表选区的议员有权提出供机构审议的议题，无须附议的支持，除非规则另有规定。虽然标准的议院立法程序不要求附议，但是有时候规则会要求附议。如果要求附议，也仅限于提出动议的情形。下列问题，仅在相关动议被提起时，才要求附议：(1)议事程序的问题；(2)议院会议询问；(3)关于审议的异议；(4)各类请求，如请求撤回动议；(5)各类要求，如要求拆分问题；(6)议员行使各项权利或特权。

在对事务的一般项目投票之前，议员有权参与辩论、发表自己的看法、听取别人的看法。这些都是议员的基本权利。不过，从实际考虑出发，议员的辩论权也受到一些限制。议员无权针对程序性的动议进行辩论。这个规则是为了节约时间和节省精力而制定的。议员无权就延期或搁置问题的动议进行辩论，议员也无权就限制辩论的动议进行辩论。这些问题引起的关注是暂时的，关于它们的决定并非最终的，而是可以再行讨论加以更改的。议员有权针对主要问题进行讨论，不过机构本身有权对讨论加以限制。所有的主要问题、修改、上诉，都是可辩论的，因为这些都是实质性的问题，并且需要群体来做决策。要求无限期推迟的动议、要求重新审议的动议、要求撤回的动议，都是可辩论的，因为它们都是对主要问题的最终处理。它们同时也使主要问题处于辩论之中。关于将问题提交委员会的动议和有明确期限的延期动议，仅提交行为和延期行为是可辩论的。

有时候，动议的表达形式不被机构所认可。因此，为了使动议能够代表群体意愿，就需要对其进行修改。不过修改权是有限制的，尤其对某些程序动议而言限制更加明显。有一个原则可以用来判断一个动议是否能被修改。如果一个动议可以以另外一种合理方式进行表达，那么该动议就可修改，否则就不可修改。有一些动议，比如提出请求、程序议题、委员会报告，由于它们的形式是由机构决定的，因而从这个意义上说，它们不是机构的动议。它们可以被接受或者拒绝，或者附条件、附例外地被接受，但不可被修改。

任何针对主动议的投票结果都是终局性的。及时结束对争议性问题的辩论，是十分必要的。否则，少数派会不断就该争议性问题提出动议，以致无法解决其他任何问题，机构的议事进程就会严重受阻。只要有议会的地方就有冗长的辩论，但是冗长的辩论在国会的表现与在州议会的表现是大相径庭的。冗长的辩论在州议会鲜为人知，即使出现了一些不太重要的冗长辩论，也只会出现在会议即将结束的最后几天甚至几个小时内。多数州议会的规则被明确用来防止冗长啰唆的辩论。除了少数议院，几乎所有的议院都规定有一位议员在不离开院会的情况下发表演说的次数和分钟数的限制。绝大多数州议会批准适用先决问题规则以停止辩论。许多州议会还有与先决问题规则配合适用的其他结束辩论的规则，少数州议会还坚持设定投票时间进行限制的做法。[①] 为避免此类情况的发生，在议院的早期发展阶段，议院规则规定，如无特殊例外，针对主动议的投票结果是终局性的，无论该投票结果是通过还是否决。这条规则适用于实体性动议，而不适用于单纯的程序性动议。因此，如果立法机构通过或者否决一个议案，该听证就被视为已经由会议处理完毕，除非投票结果后来又被重新审议。凡在议案表决时投票赞成多数派立场的议员可以提出重新审议该议案的动议。反对一项议案的议员可以在该议案最后表决时改变自己的立场，投票支持与自己意见相反的一方，以便提出重新审议议案的动议。设立重新审议的目的是纠正那些在议案辩论时尚未明显暴露因而未能纠正的错误。凡提出重新审议议案动议的时间业已截止，或提出重新审议议案的动议被否决，议案即可进入下一个阶段。提交给委员会的议案可以被撤回。为辩论而设置的限制可以被取消。被搁置的问题可以被重新启动。这类动议如果未获得通过，在情况发生变化而导致议员投票结果可能发生变化时，可以重新提起。有些情况下，所采取的行动是终局的，且该行动一经采取就不再为机构所控制了。所以，如果基于动议已经形成了合同，那么该合同发生效力，机构无权重新审议合同或撤回与合同相关的行动。针对超出机构控制范围的问题，任何试图更改已经采取的行动的动议都不会得到批准，就如同州长已经在议案上签字了一般。虽然在投票表决时大家都希望问题能得到终局性的解决，但是有时也需要撤回或更改已采取的行动，因而要求重新审议问题的

---

① [美]威廉·J.基夫、[美]莫里斯·S.奥古尔：《美国立法过程——从国会到州议会》(第十版)，王保民、姚志奋译，法律出版社 2019 年版，第 354 页。

动议是可以存在的。美国法院一般认为,至少官方审议机构有权不予执行、更改,或撤回所采取的行动,正如当初有权采取该行动一样。不过,通常在实践中,重新审议的权力需要加以限制。在规则中对重新审议的权力加以限制,有助于确保机构处理事务的进度。

法律或规则需要结合立法目的来进行解释。禁止重审程序性动议的目的是,避免将时间和精力浪费在已经解决了的问题上。如果一条规则禁止机构做其有能力做并且有意愿做的事,那么这条规则就是可以被讨论和被更改的,否则就不符合机构的设立目的以及该规则的立法目的了。为了避免发生此类情况,程序性动议被规定为不得重审,除非有其他事务牵涉其中(有时程序性动议决定确实会以其他事务为基础,因而牵涉到其他事务)。由于机构会经常地更改基于程序性动议而采取的行动,所以程序性动议无须辩论而应快速作出。同时其他事务的干扰又会造成时间上的延误,因此,一个符合逻辑又令人满意的规则就是,如果审议情况需要,程序性动议也可以重审。议长应行使自由决定权,决定是否接受程序性动议的重审申请,而不必等到其他事务受到牵涉或等到其他事务处理完毕之后。主动议的重审则是另外一回事了。主动议应该经过充分的辩论,在深思熟虑之后才作出。主动议可以被重新审议,因此,对于主动议而言,只要提出重新审议的动议就可以使其得以重审。

第八节 法院关于立法程序的权力

如果享有立法权的立法机构或政府机构在其权限范围之内就议院的问题作出决定,那么法院不得干涉。① 宪法规定任何议院都有权决定自身程序规则,因此,只要被采用的程序规则不违反宪法规定,也不侵犯基本权利,并且程序方法和预期效果之间存在关联,那么该程序规则就不能仅仅因为

① Davis v. City of Saginaw (1891), 87 Mich. 439, 49 N.W. 667; State of Missouri v. Alt (1887), 26 Mo. App.673; Wells v. Baine (1874), 75 Pa. 39, 15 Am. R. 563; Malone v. Meekins (Alaska 1982), 650 P. 2d 351; Heimbach v. State of New York (1982), 89 App. Div. 2d 138, 454 N.Y.S 2d 993, aff'd 59 N.Y. 2d 891, 452 N.E.2d 1264, 465 N. Y. S. 2d 936, appeal dismissed, 464 U.S.956, 104 S. Ct. 386, 78 L. Ed. 2d 331.

存在其他更好的、更精确的或更公平的规则而遭到质疑或被废除。[①] 州议院有权解释宪法赋予其决定自身程序规则的权力。法院应该接受州议院的解释，除非该解释存在重大错误。当没有具体的形式规定时，一个符合基本正当程序规则的程序就可以被采用，比如涉及官员撤换问题等。

法条的正当性和准确性只能由议院来决定。法院不得审查议院所采取的行动的正当性、公平性以及高效性。不过，法院有权审查是否存在违宪情形，以及决定一个立法议案能否成为法律。如果宪法要求法律的通过必须满足某些形式要求，那么在这些形式要求得到满足之前，法院会认定法案无效。只有在法院注意到特定错误的时候，法院才会查阅立法报告以决定所涉法条是否具有法律效力。[②] 根据宪法中有关三权分立的原则，法院无权干涉立法机构行使立法权力。不过，如果法案违反了宪法中三权分立原则，那么法院会宣布该法案无效。[③] 如果州长批准一个拨款议案，那么以废除或阻止该议案实施为目的的调查不得涉及州长的动机。司法部不得基于宪法规定之外的理由对大会规则进行审查。

每一个州的公民都享有主权，并由他们所选出来的代表在议院中行使主权。因此，立法权是绝对权，不受宪法以外的任何限制。[④] 法院有权审查

---

① State of South Carolina ex rel, Coleman v. Lewis (1936), 181S.C. 10, 186 S.E. 625; Heimbach v. State of New York (1982), 89 App.Div. 2d 138, 454 N.Y. S. 2d 993, aff'd 59 N.Y.2d 891, 452 N.E.2d 1264, 465 N.Y.S. 2d 936, appeal dismissed, 464 U.S. 956, 104 S. Ct. 386, 78 L. Ed. 2d 331.

② 委员会完成了标记之后，委员会的任何成员都可以向参议院提出报告动议。委员会对正式报告有多种选择，可以改变、修正若干标记的章节，也可以在实质问题上进行替代修正。此外，参议院委员会有权根据标记后的原始法案文本进行报告。委员会规则要求，报告获得过半数票数支持才能通过。除非委员会不同意这样做，否则缺席议员就可以通过代理人进行投票。但代理投票可能不会影响表决的结果，也可能不被计入法定人数。委员会主持人有义务将表决结果及时报告给参议院。当委员会作报告时，一般要准备好书面文件来解释目的和措施。如果提交了报告，参议院规则或法规一般要求书面文件需记载报告的唱名表决结果、价值评估、对现行立法的影响等。委员会成员有权在至少三天时间内对最终报告进行观点补充。

③ Randall v. Fairmont City Police Department (1991), 186 W.Va. 336, 412 S.E.2d 737.

④ Common Cause of Pennsylvania v. Commonwealth of Pennsylvania (1995), 668 A. 2d 190, aff'd. 677 A. 2d 1206, 544 Pa. 512.

法案或行动是否符合宪法的规定，并有权决定法案或行动的合法性。如果议案只是违反了议院自身的审议程序规则，而未违反宪法规定，那么法院无权宣布该法案无效。议院不得直接进行的行为，亦不得间接为之。如果被宣布为非法的行政官方议案与议院行动有关，那么法院在审议该行政议案的时候，应该同时审议所涉的议院行动。这不构成法院对政府立法部门的干涉。针对州宪法的修改，如果经合法提出并被公民接受，那么是有效的，即使议院最终未按照宪法的规定将所提修改详尽地记录在议院报告中。法院有权决定议院的组织结构是否违反宪法。关于议长的职位名称如何确定，没有确切的规定。违法性不能仅凭假设。相反，当违法性得到确定之前，应该假定存在合法性。一般来说，对于机构按照自身法律和规则实施的行为，法院不得干涉，而应将机构内部问题留待机构依照宪法和自身规则来解决。[1] 如果成文法在议院得到通过，并且在公民表决中得到支持，那么法院不得因为选举前未得到法律所要求的公众信息而宣布该成文法无效，否则法院就违背了公共政策原则。

---

① People's Advocate, Inc. v. Superior Court (1986), 181 C.A. 3d 316, 226 Cal. Rptr. 640.

第二章 辩 论

第一节 可辩论事项

立法机构的目的是针对他们所处理的问题作出最好的集体决策。决策由群体作出，而非由个人作出。为了形成机构的群体决策，观点和理由的交换非常必要。这种交换需要通过辩论来完成。辩论不再是立法过程中的一个特征，因此，完整意义上的雄辩是明显不存在的。议会演说几乎完全由一些套话和质询组成，其发言人一般是法案的提案议员。每一个议员都有权表达自己的想法和观点，有权通过争论说服群体中的其他议员。允许辩论是每一个立法机构最基本的特点。① 审议机构的议员有权就待处理的问题进行辩论，但是，议员无权就单纯的程序性议题进行辩论。② 有权制定自身规则的审议机构，可以根据自身规则限制或者中断辩论。

所有主动议都是可辩论的，因为主动议涉及的都是有待处理的实体问题。针对主动议或其他实体性提案所提出的修改，都是可辩论的，因为所作修改会改变实体性提案。针对程序性动议提出的修改，则是不可辩论的。针对实体性提案提出的任何形式的动议都是可辩论的。此类动议中，除了关于主动议提案之外，最常见的有：上诉、重新审议的动议、撤回动议、无限期延迟的动议、涉及主要问题的先决问题、选择适用程序规则的动议、修改程序规则的动议以及修改决定未来程序规则的动议。上诉之所以可辩论，

① Sturgis, Alice Fleenor, *Standard Code of Parliamentary Practice*, New York: McGraw-Hill, 1950, and 3rd edition revised, New York: McGraw-Hill, 1988, p. 114; People v. American Institute (N.Y. 1873), 44 How. Pr. 468.

② Sturgis, Alice Fleenor, *Standard Code of Parliamentary Practice*, New York: McGraw-Hill, 1950, and 3rd edition revised, New York: McGraw-Hill, 1988, pp.114-115.

是因为在上诉过程中,解决一个问题相当于制定一个未来的程序规则。重新审议的动议之所以可辩论,是因为此类动议涉及需要重审的主要问题。撤回动议之所以可辩论,是因为此类动议开启了对主要问题的重新审议。无限期延迟的动议之所以可辩论,是因为此类动议对于主要问题的解决是终局性的。涉及主要问题的先决问题之所以可辩论,是因为许多先决问题与主要问题相关联。只有在涉及需要立即决定的问题时,才会在审议中将先决特权给予这些先决问题。选择适用程序规则的动议、修改程序规则的动议、修改决定未来程序规则的动议,均是主动议,因为这些动议涉及机构有权决定的实体问题,所以也都是可辩论的。

所有涉及即时程序的动议都是不可辩论的。即时程序动议通常涉及事务的处理方法,因而没有必要进行辩论。如果针对这类动议进行辩论,那么纯粹是浪费议员的时间。禁止就即时程序动议进行辩论,可以有效地避免混乱。[①] 下列动议均不可辩论:休会(无限制休会)、议院的传召、因其他事务导致的休会、议院询问、唤起日程、关于事务优先次序的问题、规则的暂停适用、针对问题审议的异议、其他临时动议、搁置动议、先前议题、结束辩论、限制辩论、放宽辩论限制的动议、不可辩论问题的修改、对于议案名称的修改、对于问题的分列(前提是规则赋予了此项权利)、废除或通过日程或文件的动议、重新提起问题、任何类型的请求、议长的决定(除非针对该决定已提起上诉)。

对于延至确切日期的延期动议,延期问题可以辩论,但主要问题不可辩论。对于提交委员会的动议,提交的合理性是可辩论的,但主要问题不可辩论。对于解散委员会或撤回委员会行动的动议,该行为的正确性是可辩论

---

① Sturgis, Alice Fleenor, *Standard Code of Parliamentary Practice*, New York: McGraw-Hill, 1950, and 3rd edition revised, New York: McGraw-Hill, 1988, p.25, 114, 115; Hughes, Edward Wakefield, *Hughes' American Parliamentary Guide*, Columbus: F. J. Heer Printing Co., revised 1926, Sec. 715.

的，但行动本身是不可辩论的。[①] 以下动议可展开针对主要问题的辩论：(1)无限期延期，(2)可辩论问题的重新审议，(3)撤回、废除或取消，(4)批准、赞成、肯定、采用或通过。值得注意的是，上述动议都能最终解决主要问题。无限期延期动议停止了对所涉问题的进一步审议，而重新审议动议旨在废除已批准的事宜或者恢复已废除的事宜，旨在批准或赞成的动议本身就陈述主要问题，旨在撤回或废除的动议则将推翻先前已采取的行动，并且以一种否定的形式陈述主要问题，而旨在得到适用的动议则以一种肯定的方式陈述主要问题。如此一来，议会法允许所有主要问题在得到最终解决之前进行辩论。

辩论与建议、提问，有着明显的区别。针对不可辩论的问题，可以提出疑问或简明的建议。针对不可辩论的问题，议员有权就问题的含义和目的进行提问。议长可以允许提案的作者或提出者就提案的本质和预期效果作出简明解释，但不允许发生争论。议长也可以允许议员就提案的形式、目的、程序提出建议。议长应禁止针对不可辩论的问题展开辩论，并应毫不迟延地就问题举行投票。议员的一项基本权利是，在投票之前有权知悉投票所针对的事项。这一基本权利，使得议员有权就其不清楚的提案提出问题，以弄清提案的大概目的和预期效果。

第二节　议席权利

辩论是立法机构的本质特点。辩论是议员交换意见的方式，问题经过辩论后，机构才能作出决策。议员有权试图说服大多数其他议员接受自己

---

① Hughes, Edward Wakefield, *Hughes' American Parliamentary Guide*, Columbus: F. J. Heer Printing Co., revised 1926, Sec. 330; Reed, Thomas B., *A Manual of General Parliamentary Law* (Reed's Rules), 1898; reprinted: State Printing Plant, Olympia, Washington, 1937, Sec. 120; Sturgis, Alice Fleenor, *Standard Code of Parliamentary Practice*, New York: McGraw-Hill, 1950, and 3rd edition revised, New York: McGraw-Hill, 1988, p.25, 114, 115.

的意见，这样的说服行为是合法的。[①] 议院实践中有一个适用于所有审议会议的基本规则是，商议的机会——如果可能也包括说服同僚——是少数派所享有的权利。这个权利不能被大多数的意愿所剥夺。[②] 允许辩论的前提是，机构面临一个需要辩论的问题，并且每一个议员都有发言权。各种动议应依次进行辩论，如果一个问题未能在辩论中得到处理，那么就在辩论终结前以投票方式来决定。然后，机构再开始处理另一个问题。如果另一个问题是可辩论的，那么新一轮辩论就应该开始了。作出报告或将事务提交给机构的那个议员，被认为有权第一个开始讨论。但是，如果该议员在合理时间内未提出讨论要求，那么失去该权利。除非必须宣读的提案篇幅非常长，否则，提案人应该在宣读过程中保持站立，以此彰显其所享有的第一个发言的权利。

议员如果没有取得发言许可权，那么无权向机构提交议案、向机构提问或者提出其他事宜，不过议员可以出于特定目的而打断发言者的发言。如果议员意图发言或向议院提交事宜，那么应恭敬地向议长说明。如果议长点名许可或默示许可了该议员，该议员才享有议席权利，进而可以发言或者向机构提交事宜。但是该议员不得将议席转授予其他议员。议长在决定是否给予许可时，应该遵守下列规则：(1)第一个提出议案并且要求获取许可资格的议员，应比其他议员优先取得许可资格；(2)议长有权决定哪一个议员首先发言，不过该决定的作出需遵守会议秩序，且不得导致明显或持久的不公正。

在给予议员许可资格的过程中，议长的通常做法是，在所涉问题的支持者和反对者之间轮换给予许可资格。议长有权询问议案提出者的目的，以此决定所提交事宜是否符合会议秩序或动议是否享有更高的优先级别。有些情况下，议员可以打断其他议员的发言，并且可以就行动或决定提出疑

---

① Sturgis, Alice Fleenor, *Standard Code of Parliamentary Practice*, New York: McGraw-Hill, 1950, and 3rd edition revised, New York: McGraw-Hill, 1988, p. 114; Stansberry ETC. v. McCarty (1958), 238 Ind. 338, 149 N.E.2d 683.

② Sturgis, Alice Fleenor, *Standard Code of Parliamentary Practice*, New York: McGraw-Hill, 1950, and 3rd edition revised, New York: McGraw-Hill, 1988, p.114; Terre Haute Gas Corporation v. Johnson (1943), 221 Ind. 499, 45 N.E.2d 484, modified, 48 N.E. 2d 455.

问。只有在确有问题需要立即解决的时候，议员的发言才能被打断。具体而言，出于下列目的，可以打断议员的发言：(1)提出先决问题；(2)需要制定即时规则来解决秩序问题；(3)提出需要即时回复的议院询问；(4)提出需要审议的动议，或者提请注意需要审议的动议；(5)针对审议提出异议；(6)要求适用常用秩序，要求日常秩序，或提请注意特殊秩序；(7)提请注意不当行为或辩论中的不当言辞；(8)提出"未达到法定人数"的问题。[①]

议员不得基于以下目的向议长申请许可资格：(1)就议长的决定提出上诉(如果该上诉是在议长的决定作出之后、辩论开始之前立即提出的)；(2)要求议院进行分工(该要求必须在投票之后立即提出)；(3)点名遗漏后进行投票，或者经允许而要求更改投票(该要求必须在投票结果宣布之前提出)。如果一个议员正在发言，另一个议员想打断其发言并申请许可资格，那么议长有权允许该议员说明申请许可资格的理由。如果申请许可资格的议员所提的问题具有优先权，那么正在发言的议员应当暂停发言直到具有优先权的问题得到解决。一旦具有优先权的问题得到了解决，暂停发言的议员可以立即继续发言。[②] 在发言过程中，议员应该站立于自己的位置上或议院栏杆内，发言完毕方可坐下。在有些情况下，议员会被允许坐着发言。如果

---

① Sturgis, Alice Fleenor, *Standard Code of Parliamentary Practice*, New York: McGraw-Hill, 1950, and 3rd edition revised, New York: McGraw-Hill, 1988, pp.24, 34, 35, 84, 87, 105, 106, 118; Hughes, Edward Wakefield, *Hughes' American Parliamentary Guide*, Columbus: F. J. Heer Printing Co., revised 1926, Secs. 123, 257, 648, 709, 711.

② Cushing, Luther Stearns, *Manual of Parliamentary Practice*, new edition by Albert S. Bolles, Philadelphia: The John C. Winston Company, 1928 (text unchanged in editions from 1907 to 1947, inclusive), Sec. 1214; Hughes, Edward Wakefield, *Hughes' American Parliamentary Guide*, Columbus: F. J. Heer Printing Co., revised 1926, Secs. 124, 176; Reed, Thomas B., *A Manual of General Parliamentary Law* (Reed's Rules), 1898; reprinted: State Printing Plant, Olympia, Washington, 1937, Sec. 180.

某个特定地方被安排用于发言，议员应该在该地点进行发言。①

当议员的议席得到承认后，如果另一个议员打断其发言，那么此种打断行为属于破坏秩序，除非打断的理由属于法律所允许的“打断议员发言”的理由，或者打断发言的目的是提请发言者遵守秩序。议员不因先决问题而丧失席位权利。享有议席的议员或者享有休会中席位的议员，享有问题重启辩论时的席位。② 一旦结束辩论的权利得到承认，则负责行动的议员不会失去结束辩论的权利，直到先前议题得到批准。在此种情况下，通常允许进行有限制的闭幕词。即使没有受到异议，拥有辩论席位的议员也可以放弃提问和解释的议席。当应要求而暂时放弃席位时，为了保护席位，议员可以声明他们只是暂时放弃席位。此种对席位的保护只是形式问题，而不是权利问题。议员可以在不放弃席位的情况下就所涉问题提出修改意见。③但是，如果议员放弃席位以便另一个议员提出修改意见，那么前者将失去议席权利。如果议员为了延迟或搁置所涉问题的动议，或推迟辩论，而放弃席位，那么当讨论重新开始时，该议员有权第一个得到许可资格，但其必须及时声明此项权利以便及时获取许可资格。

议长无权以负责人的身份参加辩论。不过，议长可以将负责人权利转授给其他人，然后以议员身份在议席中进行发言。④ 议长有权就秩序问题先于议员发言。如果议长以议员身份发言，那么先于其他议员发言。议长

---

① Jefferson, Thomas, *Jefferson's Manual*, 1781, available as a document of the U. S. Congress; e.g., House Document No. 416, 93rd Congress, 2nd Session, published by the U. S. Government Printing Office, 1975, Sec. XVII; Cushing, Luther Stearns, *Manual of Parliamentary Practice*, new edition by Albert S. Bolles, Philadelphia: The John C. Winston Company, 1928 (text unchanged in editions from 1907 to 1947, inclusive), Secs. 208, 378, 379, 1550.

② Cushing, Luther Stearns, *Manual of Parliamentary Practice*, new edition by Albert S. Bolles, Philadelphia: The John C. Winston Company, 1928 (text unchanged in editions from 1907 to 1947, inclusive), Sec.1543.

③ Hughes, Edward Wakefield, *Hughes' American Parliamentary Guide*, Columbus: F. J. Heer Printing Co., revised 1926, Secs. 117, 677.

④ Reed, Thomas B., *A Manual of General Parliamentary Law* (Reed's Rules), 1898; reprinted: State Printing Plant, Olympia, Washington, 1937, Sec. 40; Hughes, Edward Wakefield, *Hughes' American Parliamentary Guide*, Columbus: F. J. Heer Printing Co., revised 1926, Sec. 74.

有权说明上诉决定的理由。议长不得以负责人身份就任何事项发言。只有在机构允许的情况下，负责人可就其所知晓的特定事实进行陈述。①

第三节　针对问题的辩论

如果议院没有亟待解决的问题，就不必进行辩论。② 辩论必须针对机构所审议的明确问题。议长将动议或问题提交给机构，以期确定机构的意愿和态度。当机构所审议的问题悬而未决时，如果预先通知了议员，或者该议员的意见倾向很明显，那么该议员通常可以就动议发表演讲，而无须再提出动议。这种做法在作出任命提名时，尤为常见。③ 如果待决的问题被撤回，则无须进行更深入的辩论。如果议长针对议事程序的议题作出决定，那么针对该问题的辩论就此宣告终结。

---

① Jefferson, Thomas, *Jefferson's Manual*, 1781, available as a document of the U. S. Congress; e.g., House Document No. 416, 93rd Congress, 2nd Session, published by the U. S. Government Printing Office, 1975, Sec. XVII; Sturgis, Alice Fleenor, *Standard Code of Parliamentary Practice*, New York: McGraw-Hill, 1950, and 3rd edition revised, New York: McGraw-Hill, 1988, pp.154-156; State of New York Legislature, *New York Manual* (Clerk's Manual), editions of 1936 and 1948-1949, p.457.

② Cushing, Luther Stearns, *Manual of Parliamentary Practice*, new edition by Albert S. Bolles, Philadelphia: The John C. Winston Company, 1928 (text unchanged in editions from 1907 to 1947, inclusive), Secs. 1556-1581; Hughes, Edward Wakefield, *Hughes' American Parliamentary Guide*, Columbus: F. J. Heer Printing Co., revised 1926, Secs. 676, 695; State of New York Legislature, *New York Manual* (Clerk's Manual), editions of 1936 and 1948-1949, p.440; Sturgis, Alice Fleenor, *Standard Code of Parliamentary Practice*, New York: McGraw-Hill, 1950, and 3rd edition revised, New York: McGraw-Hill, 1988, p.14, 115.

③ Cushing, Luther Stearns, *Manual of Parliamentary Practice*, new edition by Albert S. Bolles, Philadelphia: The John C. Winston Company, 1928 (text unchanged in editions from 1907 to 1947, inclusive), Sec. 1558.

辩论只针对机构正在审议的问题。[①] 在议院已经关注某一事项后，如果一个议员持续提及与该事项无关的事由或持续重复相同事由，那么议长可以打断其发言。在一个问题经由议长的认真考虑并向机构作出陈述之后，针对该问题的辩论便可以开始了。议长可以进行如下提问："是否需要发表讨论意见？""各位准备好发表讨论意见了吗？"，然后正式通知讨论可以开始。如果没有议员发言，那么讨论视为结束。[②] 针对某一议案的辩论，仅限于该议案，不能扩展至议院审议的其他议案，即使其他议案与该议案相互关联。在辩论中结合或参考尚未向委员会报告的议案或事宜，都是违反议事程序的。结合或参考委员会尚未向议院报告的程序，也是违反议事程序的。议员也不得向议院间接提及在委员会审议中所发生的言语和行为，或委员会议员的言语和行为，除非该言语和行为已由委员会权力机构以书面形式向议院报告了。当一个问题处于辩论中，而针对该问题的修改意见又

---

① Jefferson, Thomas, *Jefferson's Manual*, 1781, available as a document of the U. S. Congress; e.g., House Document No. 416, 93rd Congress, 2nd Session, published by the U. S. Government Printing Office, 1975, Sec. XVII; Sturgis, Alice Fleenor, *Standard Code of Parliamentary Practice*, New York: McGraw-Hill, 1950, and 3rd edition revised, New York: McGraw-Hill, 1988, p.117, 118; Hughes, Edward Wakefield, *Hughes' American Parliamentary Guide*, Columbus: F. J. Heer Printing Co., revised 1926, Sec. 728; Cushing, Luther Stearns, *Manual of Parliamentary Practice*, new edition by Albert S. Bolles, Philadelphia: The John C. Winston Company, 1928 (text unchanged in editions from 1907 to 1947, inclusive), Sec. 209; Reed, Thomas B., *A Manual of General Parliamentary Law* (Reed's Rules), 1898; reprinted: State Printing Plant, Olympia, Washington, 1937, Sec. 216; Cushing, Luther Stearns, *Manual of Parliamentary Practice*, new edition by Albert S. Bolles, Philadelphia: The John C. Winston Company, 1928 (text unchanged in editions from 1907 to 1947, inclusive), Secs. 1617-1654; U.S. Congress: provisions of the U.S. Constitution and rules of the House of Representatives are cited from the Manual of the U.S. House of Representatives, XIV, Part. 1.

② Hughes, Edward Wakefield, *Hughes' American Parliamentary Guide*, Columbus: F. J. Heer Printing Co., revised 1926, Sec. 675; Sturgis, Alice Fleenor, *Standard Code of Parliamentary Practice*, New York: McGraw-Hill, 1950, and 3rd edition revised, New York: McGraw-Hill, 1988, p.115, 118; Cushing, Luther Stearns, *Elements of the Law and Practice of Legislative Assemblies in the United States of America—Lex Parliamentaria Americana*, Boston: Little, Brown & Co., 1856 (usually available in the printing of 1847), Secs. 1617-1654.

被提出，则该修改意见转而成为辩论对象。如果修改意见悬而未决，那么辩论必须仅限于修改意见的核心内容，除非其他非核心内容的相关决定对主要问题的解决有实质影响。辩论开始于问题的陈述，终结于投票的开始以及投票结果的宣布。①

任何议员无权在同一天针对同一个问题在同一个阶段进行多次发言。如果辩论已经休会，那么休会前已经发过言的议员，在辩论重新开始后不得再次发言。不过，如果一个议案在同一天被宣读两次以上，那么一个议员可以在每次宣读时发言一次。② 虽然议员无权就问题本身进行第二次发言，但是议员经批准可以再次发言以澄清事实或单纯解释演讲中的事实部分。

---

① 委员会会议辩论和审议修正案时经常使用一种措施，称为委员会标记。标记决定了委员会是否应将待决问题提交给参议院，以及是否针对实质问题进行修正。标记的大部分程序适用参议院议事程序规则，也可能适用委员会的特殊规则。一旦委员会主席确定了议事日程，程序就开始了。在表决过程中，主持人对当前立法案的审议和修正有广泛的自由裁量权。表决的结果可能是递交给参议院，又或者是将从众议院收到的议题递交给委员会。另外，主持人可以选择是否审议尚未提交的草案，如分支委员会报告或主持人标记。在其他情况下，标记机制可以作为委员会进行实质性修正的替代措施，或最初版本。

② Jefferson, Thomas, *Jefferson's Manual*, 1781, available as a document of the U. S. Congress; e.g., House Document No. 416, 93rd Congress, 2nd Session, published by the U. S. Government Printing Office, 1975, Sec. XVII; Cushing, Luther Stearns, *Manual of Parliamentary Practice*, new edition by Albert S. Bolles, Philadelphia: The John C. Winston Company, 1928 (text unchanged in editions from 1907 to 1947, inclusive), Sec. 215; Reed, Thomas B., *A Manual of General Parliamentary Law* (Reed's Rules), 1898; reprinted: State Printing Plant, Olympia, Washington, 1937, Sec.215; Cushing, Luther Stearns, *Elements of the Law and Practice of Legislative Assemblies in the United States of America—Lex Parliamentaria Americana*, Boston: Little, Brown & Co., 1856 (usually available in the printing of 1847), Sec. 1582; Tilson, John Q., *Parliamentary Law and Procedure*, Washington, D.C.: Ransdell Incorporated, 1935, p.29, 49; U.S. Congress: provisions of the U.S. Constitution and rules of the House of Representatives are cited from the Manual of the U.S. House of Representatives, I, Par. 4; U.S. Congress: provisions of the U.S. Constitution and rules of the House of Representatives are cited from the Manual of the U.S. House of Representatives, XIV, Par.6; Hatsell, John, *Precedents of Proceedings in the House of Commons*, 4th edition, London, 1818, p.105. 每一届议会立法事务的中心是通过读案和投票表决把许多议案变为法案。议会的一切立法活动都是围绕这个中心展开的。每一个议案在议会通过时都必须经过三读。由于议员们在每次审议之前都能够从议会获得印好的议案文本，所以议案在议会审议时很少进行全文宣读。

当议员用尽发言权利后，他们仍然可以提出任何高于辩论中动议级别的其他动议。当修改意见或其他动议被提出，该修改意见或动议就成为辩论对象。该修改意见或动议在辩论权利方面被视为一个新的动议。针对主要问题发过言的议员，可以针对修改意见再次发言。不过，如果一个问题是不可辩论的，那么针对该问题的修改意见也是不可辩论的。休会或延期之后的继续辩论，有关议员也只能在同一程序中针对同一行动进行一次发言。[①] 在实践中，当所有有发言意愿的议员发言完毕之后，如果某个议员能够就误解之处作出解释，或者能够陈述事实以解决争议，该议员通常会被允许进行第二次发言。[②] 有关任何议员只能在所有议员发言完毕之后才能进行第二次发言的规定，不能执行得过于严格僵化致使发言者未能详尽地阐明辩论中所引发的问题。

许多审议机构的规则规定或是惯例表明，行动或主要问题的作者或者提出者，在其他有发言意愿的议员发言完毕之后，有权终结辩论。只要存在这样的规定或者惯例，一个议员终结辩论的权利就不能被剥夺，除非先前的议题又被再次提出。有时，即使先前议题被再次提出，机构的规则也允许行动或主要问题的作者或提出者在一定期限内终结辩论。如果终结辩论的权

---

① Jefferson, Thomas, *Jefferson's Manual*, 1781, available as a document of the U. S. Congress; e.g., House Document No. 416, 93rd Congress, 2nd Session, published by the U. S. Government Printing Office, 1975, Sec. XXXIII; Hughes, Edward Wakefield, *Hughes'American Parliamentary Guide*, Columbus: F. J. Heer Printing Co., revised 1926, Sec. 735; Cushing, Luther Stearns, *Manual of Parliamentary Practice*, new edition by Albert S. Bolles, Philadelphia: The John C. Winston Company, 1928 (text unchanged in editions from 1907 to 1947, inclusive), Sec. 215.

② Cushing, Luther Stearns, *Manual of Parliamentary Practice*, new edition by Albert S. Bolles, Philadelphia: The John C. Winston Company, 1928 (text unchanged in editions from 1907 to 1947, inclusive), Secs. 217, 218; Cushing, Luther Stearns, *Elements of the Law and Practice of Legislative Assemblies in the United States of America—Lex Parliamentaria Americana*, Boston: Little, Brown & Co., 1856 (usually available in the printing of 1847), Secs. 1595, 1601.

利没有被规定在规则中，那么通常就在惯例中得以体现。[①] 通常，提出动议的议员被认为是第一个有权解释该动议的人。当辩论展开之后，通常该议员也被要求作出辩论结论以结束整场辩论。[②]

第四节 辩论的进行

所有辩论必须面向议长说，而不应该面向议员说。[③] 为了避免辩论针对个人，立法机构一直以来都禁止议员在辩论中提及议员的名字。议员应该以选区、席位进行描述，比如描述为“最后发言的那位议员”，或者以其他方式进行描述。[④] 州议院的议长通常被称为“议长先生或女士”、“负责人先

---

① Hughes, Edward Wakefield, *Hughes' American Parliamentary Guide*, Columbus: F. J. Heer Printing Co., revised 1926, Secs. 677, 719; Tilson, John Q., *Parliamentary Law and Procedure*, Washington, D.C.: Ransdell Incorporated, 1935, p.47; U. S. Congress: provisions of the U.S. Constitution and rules of the House of Representatives are cited from the Manual of the U.S. House of Representatives, XIV, Par. 3.

② Tilson, John Q., *A Manual of Parliamentary Procedure*, New York: Oceana Publications, 1949, Sec. 49.

③ Reed, Thomas B., *A Manual of General Parliamentary Law* (Reed's Rules), 1898; reprinted: State Printing Plant, Olympia, Washington, 1937, Sec. 212; Sturges, p. 11, 12, 115, 117; Cushing, Luther Stearns, *Elements of the Law and Practice of Legislative Assemblies in the United States of America—Lex Parliamentaria Americana*, Boston: Little, Brown & Co., 1856 (usually available in the printing of 1847), Sec. 380.

④ Jefferson, Thomas, *Jefferson's Manual*, 1781, available as a document of the U. S. Congress; e.g., House Document No. 416, 93rd Congress, 2nd Session, published by the U. S. Government Printing Office, 1975, Sec. XVII; Sturgis, Alice Fleenor, *Standard Code of Parliamentary Practice*, New York: McGraw-Hill, 1950, and 3rd edition revised, New York: McGraw-Hill, 1988, p.12, 117, 118; Hughes, Edward Wakefield, *Hughes' American Parliamentary Guide*, Columbus: F. J. Heer Printing Co., revised 1926, Sec. 679; Cushing, Luther Stearns, *Elements of the Law and Practice of Legislative Assemblies in the United States of America—Lex Parliamentaria Americana*, Boston: Little, Brown & Co., 1856 (usually available in the printing of 1847), Secs. 381, 1671-1673; Reed, Thomas B., *A Manual of General Parliamentary Law* (Reed's Rules), 1898; reprinted: State Printing Plant, Olympia, Washington, 1937, Sec. 212.

生或女士”，或者在委员会中被称为“主席先生或女士”。审议机构的官员通常以其职位来称呼。如果立法机构提及某行政部门的名称或官职并试图以此影响投票，那么该行为违反了议会法，也有损于立法机构的独立性。如果某行政部门或其意见与所讨论的问题相关，并且不违反相关规定，那么可以在辩论中提及行政部门或行政部门的意见。在一个议院中，议员提及或者引用另一个议院通过某项行动所获取的票数，是不符合规则的，而且是违反议会法的。① 法院正在处理且尚未判决的事宜，不应在立法机构中被讨论或者辩论。②

当尚未付印的文件被提交至议院或委员会时，议员有权在投票之前宣读文件一次。如果需要进行辩论或修改，议员可以要求在投票之前再次宣读文件。但是，在开始点名之后，如果再要求宣读文件，则违反了议事程序。议员无权违背机构意愿而要求宣读法案、日志、报账或提交的文件，否则会因此而产生不必要的延迟和中断。所有议员都应在投票之前获取尽可能多的信息。如果一个议员提出宣读文件的要求是为了获取更多的信息，而不是为了故意拖延时间，那么议长应该允许该文件被宣读。但是如果其他议员表示反对，那么议长必须让议员针对是否宣读文件进行投票。如果在宣读文件时有议员缺席，即使是因公缺席，该议员也不得要求再次宣读文件，因为机构的方便比个别议员的方便更为重要。③ 如果没有得到机构的许可，一个议员无权搁置手册或文件，也无权暗示手册或文件中包含侵犯机构

---

① Cushing, Luther Stearns, *Elements of the Law and Practice of Legislative Assemblies in the United States of America—Lex Parliamentaria Americana*, Boston: Little, Brown & Co., 1856 (usually available in the printing of 1847), Sec. 739; Reed, Thomas B., *A Manual of General Parliamentary Law* (Reed's Rules), 1898; reprinted: State Printing Plant, Olympia, Washington, 1937, Sec. 224.

② Hughes, Edward Wakefield, *Hughes' American Parliamentary Guide*, Columbus: F. J. Heer Printing Co., revised 1926, Sec. 680.

③ Jefferson, Thomas, *Jefferson's Manual*, 1781, available as a document of the U. S. Congress; e.g., House Document No. 416, 93rd Congress, 2nd Session, published by the U. S. Government Printing Office, 1975, Sec. XXXII.

权利的内容而要求宣读该手册或文件。[①] 如果没有得到机构的许可,一个议员无权宣读任何文件或书籍,或者指使书记员宣读任何文件或书籍,或者在其演讲中提及任何电子记录的内容。不过,这一规定不应被僵化地执行,除非所涉事项包含国际因素,或者机构的时间和耐心已被明显滥用。此外,实践中一般允许议员在其演讲内容中提及已付印文件的摘录,但议员也不得滥用该权利。如果没有得到机构的许可,议员无权宣读自己的演讲稿。这也是为了避免时间的浪费,因此,如果没有造成权利被滥用,那么也可以允许议员宣读。议员可以依照提纲进行演讲。

审议和修改任何立法文件的自然顺序是,从头开始,并按照条款和段落的顺序依次进行。只有在立法文件的内容被全部审议完毕之后,基于合理的理由并得到一致同意,才能允许将某些事项重新提起再次加以审议。[②] 关于从头开始的自然顺序,议院存在一个例外情况,就是当一个议案在委员会被提出,或者正在进行最后宣读,其标题都将等到最后才进行审议。这是因为,在审议议案主体部分时,针对主体部分的改动可能会导致议案标题的改动。[③] 如果议长未按照段落顺序来审议议案,那么任何议员都有权将议案审议顺序改为按照段落顺序,或改为逐条审议。

处理复杂的报告、议案,或决议案时,常用的程序如下:(1)首先由议员向委员会提交报告、决议案,以及其他议案。议员阅读报告、提出议案或决

---

① Jefferson, Thomas, *Jefferson's Manual*, 1781, available as a document of the U. S. Congress; e.g., House Document No. 416, 93rd Congress, 2nd Session, published by the U. S. Government Printing Office, 1975, Sec. XXXII; Cushing, Luther Stearns, *Manual of Parliamentary Practice*, new edition by Albert S. Bolles, Philadelphia: The John C. Winston Company, 1928 (text unchanged in editions from 1907 to 1947, inclusive), Sec. 157.

② Reed, Thomas B., *A Manual of General Parliamentary Law* (Reed's Rules), 1898; reprinted: State Printing Plant, Olympia, Washington, 1937, Sec. 130.

③ Jefferson, Thomas, *Jefferson's Manual*, 1781, available as a document of the U. S. Congress; e.g., House Document No. 416, 93rd Congress, 2nd Session, published by the U. S. Government Printing Office, 1975, Sec. XXIX; Cushing, Luther Stearns, *Manual of Parliamentary Practice*, new edition by Albert S. Bolles, Philadelphia: The John C. Winston Company, 1928 (text unchanged in editions from 1907 to 1947, inclusive), Sec. 192; Reed, Thomas B., *A Manual of General Parliamentary Law* (Reed's Rules), 1898; reprinted: State Printing Plant, Olympia, Washington, 1937, Sec. 130.

议案，并建议议案或决议案得到采纳。如果议员忘记建议议案或决议案得到采纳，议长可以要求其提出该建议，或推定此类建议已存在并提出相关问题。(2)然后，由提交报告的议员、秘书，或者议长指定的办事员宣读议案的第一段。提出报告的议员对议案的第一段进行解释，然后，议长询问："是否有修改意见?""议院对此是否满意?"之后，针对该段落的讨论和修改便可以开始了。(3)如果针对某段落没有修改意见，或没有进一步的修改意见，议长则指示宣读下一段落。依照相同的方式，每一段落依次被宣读，均可进行辩论和修改，但还没有得到最终采纳。(4)待到所有段落经过审议之后，报告、议案，或者决议案可以进行整体修改。附加段落可以被插入，任何段落均可进行进一步修改。(5)当报告或行动达到令人满意的程度，或者经过修改后达到令人满意的程度，且标题或序言已经经过审议或者修改后，可针对是否采纳整体行动、报告、决议案，进行一次投票。①

如果议员试图向其他议员提问，他们可以通过议长提问，直接向其他议员提问是无礼的行为，而且严重违反议会法。除非有很好的理由打断议员发言，否则提问必须等到议员发言完毕之后。如果发言议员同意，提问可以打断其发言。② 有提问意愿的议员可自行起立，不必等待许可。提问的议员可以说："议长先生或女士(主席先生或女士)，我想向参议员(议员、先生、女士，或其他可以表明发言者身份的称呼)提一个问题。"然后议长询问发言议员是否同意进行回答。发言议员可以同意回答也可以不同意回答。如果发言议员同意回答，那么有意愿提问的议员可以提问，发言议员则予以回

① Cushing, Luther Stearns, *Manual of Parliamentary Practice*, new edition by Albert S. Bolles, Philadelphia: The John C. Winston Company, 1928 (text unchanged in editions from 1907 to 1947, inclusive), Secs. 193, 194; Reed, Thomas B., *A Manual of General Parliamentary Law* (Reed's Rules), 1898; reprinted: State Printing Plant, Olympia, Washington, 1937, Secs. 129, 130.

② Cushing, Luther Stearns, *Elements of the Law and Practice of Legislative Assemblies in the United States of America—Lex Parliamentaria Americana*, Boston: Little, Brown & Co., 1856 (usually available in the printing of 1847), Sec. 1572; Sturgis, Alice Fleenor, *Standard Code of Parliamentary Practice*, New York: McGraw-Hill, 1950, and 3rd edition revised, New York: McGraw-Hill, 1988, pp.86-88; Hughes, Edward Wakefield, *Hughes' American Parliamentary Guide*, Columbus: F. J. Heer Printing Co., revised 1926, Sec. 700.

答。在实践中，如果发言议员第一次回答未能完整地回答问题，通常允许一定次数的进一步提问。在计算用于讨论的时间时，提问的时间是需要计算入内的。如果议员同意回答问题，那么因打断而耗费的时间不被计入该议员所享有的时间之内。向议员提出的问题必须与机构正在处理的问题相关。① 不允许提出反映议员、管理人员、官员的个性或者行为的问题。不允许提出涉及有关议员打算进行何种程序的问题。提问的目的是获取信息，而非向机构提供信息。提问不能包含对事实的陈述，除非事实的陈述能使提问更加清楚、可信。提问亦不能包含争论。② 单纯的提问和单纯的建议，都是不可辩论的。议员有权询问不可辩论动议的意义、目的，以及效果。③

第五节　辩论的礼仪

立法议员的权利和义务，源于且基于议员之间绝对平等的地位。每一个议员都有相同的权利提出供议院审议的问题，也享有相同的权利使自己提出的问题得到议院的审议。如果议员自己享有某些权利，那么不得以某些行动剥夺其他议员享有这些权利。议员有义务使自己的行为不妨碍其他

---

① Hughes, Edward Wakefield, *Hughes' American Parliamentary Guide*, Columbus: F. J. Heer Printing Co., revised 1926, Secs.706, 707.

② Cushing, Luther Stearns, *Elements of the Law and Practice of Legislative Assemblies in the United States of America—Lex Parliamentaria Americana*, Boston: Little, Brown & Co., 1856 (usually available in the printing of 1847), Sec. 1573; Hughes, Edward Wakefield, *Hughes' American Parliamentary Guide*, Columbus: F. J. Heer Printing Co., revised 1926, Sec. 707.

③ Sturgis, Alice Fleenor, *Standard Code of Parliamentary Practice*, New York: McGraw-Hill, 1950, and 3rd edition revised, New York: McGraw-Hill, 1988, p.116.

议员的权利。发言的自由，需要遵守所有的辩论规则。[①] 一个古老的辩论规则是“任何人不得进行无礼的、不切主题的、冗长的、乏味的发言”[②]。即便如此，冗长辩论的世界纪录是在州议会创下的。1977 年，一位得克萨斯州参议员演说了 42 小时 34 分钟，打破了几年前由该州另一位参议员创造的纪录。该州副州长在宣布这项新纪录时评论道：“我不知道我们在德州参议院为何如此幸运。”[③]如果一个议员经议长提醒之后，仍然进行不切主题的发言，或者仍然进行不必要的重复，则议长可以指示其中止发言。在辩论中，当议长在发言，或者议院在进行投票时，任何人不得以嘘声、咳嗽声、吐口水声、说话声或者低语声打断发言或投票，不得在议长和发言议员之间穿行，不得在走道间穿行，不得来回走动，不得从桌上拿起书或文件，亦不得进

---

① Cushing, Luther Stearns, *Elements of the Law and Practice of Legislative Assemblies in the United States of America—Lex Parliamentaria Americana*, Boston: Little, Brown & Co., 1856 (usually available in the printing of 1847), Sec. 373; Cushing, Luther Stearns, *Manual of Parliamentary Practice*, new edition by Albert S. Bolles, Philadelphia: The John C. Winston Company, 1928 (text unchanged in editions from 1907 to 1947, inclusive), Sec. 36; Hughes, Edward Wakefield, *Hughes' American Parliamentary Guide*, Columbus: F. J. Heer Printing Co., revised 1926, Sec. 686; Sturgis, Alice Fleenor, *Standard Code of Parliamentary Practice*, New York: McGraw-Hill, 1950, and 3rd edition revised, New York: McGraw-Hill, 1988, p.8, 114.

② Hatsell, John, *Precedents of Proceedings in the House of Commons*, 4th edition, London, 1818, pp.230-236; Jefferson, Thomas, *Jefferson's Manual*, 1781, available as a document of the U. S. Congress; e.g., House Document No. 416, 93rd Congress, 2nd Session, published by the U. S. Government Printing Office, 1975, Sec. XVII; State of New York Legislature, *New York Manual* (Clerk's Manual), editions of 1936 and 1948-1949, p. 457; Cushing, Luther Stearns, *Elements of the Law and Practice of Legislative Assemblies in the United States of America—Lex Parliamentaria Americana*, Boston: Little, Brown & Co., 1856 (usually available in the printing of 1847), Secs. 1676-1700.

③ Washington Post, May 5, 1977.

行任何书写。① 在任何时候，如果议长起身陈述某项议事程序，或提供某些信息，或在议长权利范围内进行发言，那么之前正在发言的议员必须坐下直至议长发言完毕。② 如果在议院宣读非议员人员的信件、与所涉议员或官员的法案有关的其他通讯资料、涉及滥用权利的其他通讯资料，都是违反议事程序的，都不应得到允许。

如果经反复命令仍不能维持秩序，议长可以对顽固地扰乱秩序的议员进行点名命令。当议长宣布需要维持秩序后，议员必须坐下直至秩序恢复良好。若未得到机构的许可，议员不得继续行事。议长可以陈述议员所犯的错误，议员可以进行解释和辩解。当机构审议是否需要惩罚该议员时，议员可能会被要求停止解释和辩解。尽管议长控制针对秩序问题的辩论，但是议长仍然可以组织投票来决定在辩论中被要求遵守秩序的议员能否继续参与议事程序。在辩论中被要求遵守秩序的议员，如果被认定为违反程序，那么会失去议席，而另一个人会取得该议席。如果议员因发言或者行事不切主题而被要求遵守秩序，那么议员仍可按秩序参与议事，除非针对该问题

---

① Hatsell, John, *Precedents of Proceedings in the House of Commons*, 4th edition, London, 1818, pp.236-238; Jefferson, Thomas, *Jefferson's Manual*, 1781, available as a document of the U. S. Congress; e.g., House Document No. 416, 93rd Congress, 2nd Session, published by the U. S. Government Printing Office, 1975, Sec. XVII; Cushing, Luther Stearns, *Manual of Parliamentary Practice*, new edition by Albert S. Bolles, Philadelphia: The John C. Winston Company, 1928 (text unchanged in editions from 1907 to 1947, inclusive), Secs. 37, 211; Reed, Thomas B., *A Manual of General Parliamentary Law* (Reed's Rules), 1898; reprinted: State Printing Plant, Olympia, Washington, 1937, Sec. 212; U.S. Congress: provisions of the U.S. Constitution and rules of the House of Representatives are cited from the *Manual of the U.S. House of Representatives*, XIV, para.7.

② Cushing, Luther Stearns, *Manual of Parliamentary Practice*, new edition by Albert S. Bolles, Philadelphia: The John C. Winston Company, 1928 (text unchanged in editions from 1907 to 1947, inclusive), Sec. 207; Hughes, Edward Wakefield, *Hughes' American Parliamentary Guide*, Columbus: F. J. Heer Printing Co., revised 1926, Sec. 724.

的投票已经展开且辩论被认为已是无关紧要的了。[①]

任何人不得对机构或议员使用不当言辞。如果议员在辩论中使用了不当言辞,有异议的议员应立即提出异议。如果有异议的议员希望不当言辞被记录下来,那么需准确地复述该不当言辞。如果议长认为所涉言辞确有不当,那么应指示书记员进行记录。如果议长认为所涉言辞并无不当,那么可指示书记员不必进行记录,除非其他议员也提出异议,或提出异议的议员坚持要求解决这一问题并以动议形式提出要求。[②] 如果言辞被记录,就成为备忘录的一部分,而当向有冒犯言辞的议员进行宣读备忘录时,该议员可能会拒绝承认自己曾说过这样的话。当针对这些言辞产生争议时,在决定言辞是否不当之前,议长应首先提问:"这些记录下来的言辞是否为某位议员所说?"然后,言辞是否不当的问题,应该被提交给机构解决。如果机构认为言辞并无不当,就不必进行下一步程序了。如果机构认为言辞确有不当,使用该言辞的议员应被允许进行解释以及向机构致歉。如果该议员拒绝致

---

① Hughes, Edward Wakefield, *Hughes' American Parliamentary Guide*, Columbus: F. J. Heer Printing Co., revised 1926, Sec. 693; Cushing, Luther Stearns, *Manual of Parliamentary Practice*, new edition by Albert S. Bolles, Philadelphia: The John C. Winston Company, 1928 (text unchanged in editions from 1907 to 1947, inclusive), Sec. 214.

② Jefferson, Thomas, *Jefferson's Manual*, 1781, available as a document of the U. S. Congress; e.g., House Document No.416, 93rd Congress, 2nd Session, published by the U. S. Government Printing Office, 1975, Sec. XVII; Hughes, Edward Wakefield, *Hughes' American Parliamentary Guide*, Columbus: F. J. Heer Printing Co., revised 1926, Sec. 709; Cushing, Luther Stearns, *Manual of Parliamentary Practice*, new edition by Albert S. Bolles, Philadelphia: The John C. Winston Company, 1928 (text unchanged in editions from 1907 to 1947, inclusive), Secs. 227-232; Reed, Thomas B., *A Manual of General Parliamentary Law* (Reed's Rules), 1898; reprinted: State Printing Plant, Olympia, Washington, 1937, Secs. 222, 223; Sturgis, Alice Fleenor, *Standard Code of Parliamentary Practice*, New York: McGraw-Hill, 1950, and 3rd edition revised, New York: McGraw-Hill, 1988, p.117, 118.

款，那么议长可以谴责该议员或者机构可以选择采取行动。① 如果议员的言语被认定为不当，且其他人提出异议，倘若没有得到机构以投票结果表达出的许可（此类问题不允许辩论），该议员不得继续参与议事程序。如果议员因言辞不当而被要求遵守秩序，通常会形成一个动议允许议员进行解释。如果议员的解释令人满意，那么通常会有一个动议允许该议员遵守秩序地继续参与议事程序。动议应该表明是允许该议员"遵守秩序地继续参与议事程序"，而不仅仅是"继续参与议事程序"。② 此处规定的程序是已制定的正式程序，专门用以解决不当行为或不当言辞的问题。③ 议员的不当行为可以交由一个委员会进行调查、报告以及采取行动，因此避免了令人不悦的席位讨论。如果另一位议员已经开始发言，或者又发生了其他事务，那么不可再就之前发言的议员的不当言辞提出谴责。

辩论中，议员必须将发言限制在议院所处理的问题内，且应避免发言内容涉及个人。议员在提到其他议员时，应避免提及该议员的名字，而应该使用选区、席位、最后发言议员，或者用其他方式，对该议员进行描述。④ 辩论

---

① Jefferson, Thomas, *Jefferson's Manual*, 1781, available as a document of the U. S. Congress; e.g., House Document No. 416, 93rd Congress, 2nd Session, published by the U. S. Government Printing Office, 1975, Sec. XVII; Hughes, Edward Wakefield, *Hughes' American Parliamentary Guide*, Columbus: F. J. Heer Printing Co., revised 1926, Sec. 709; Cushing, Luther Stearns, *Manual of Parliamentary Practice*, new edition by Albert S. Bolles, Philadelphia: The John C. Winston Company, 1928 (text unchanged in editions from 1907 to 1947, inclusive), Secs. 229, 230.

② Hughes, Edward Wakefield, *Hughes' American Parliamentary Guide*, Columbus: F. J. Heer Printing Co., revised 1926, Secs. 720, 721; Reed, Thomas B., *A Manual of General Parliamentary Law* (Reed's Rules), 1898; reprinted: State Printing Plant, Olympia, Washington, 1937, Sec. 223.

③ Jefferson, Thomas, *Jefferson's Manual*, 1781, available as a document of the U. S. Congress; e.g., House Document No. 416, 93rd Congress, 2nd Session, published by the U. S. Government Printing Office, 1975, Sec. XVII; Cushing, Luther Stearns, *Manual of Parliamentary Practice*, new edition by Albert S. Bolles, Philadelphia: The John C. Winston Company, 1928 (text unchanged in editions from 1907 to 1947, inclusive), Sec. 232.

④ Jefferson, Thomas, *Jefferson's Manual*, 1781, available as a document of the U. S. Congress; e.g., House Document No. 416, 93rd Congress, 2nd Session, published by the U. S. Government Printing Office, 1975, Sec. XVII; Cushing, Sec. 206.

的对象是行动本身，而不是提出行动的人，因此不允许指责议员的动机，但可以用严厉的措辞指责某项行动的性质以及后果。[①] 如果议员间发生争论，机构可以要求议员解决相互之间的分歧，并要求他们就争议不再进一步升级达成一致意见。如果议员拒绝解决彼此分歧，或尚未解决分歧，其行为都将在议事过程中受到限制。[②] 当议员间发生争论时，如果机构发出了正式通知，那么争议双方必须停止争论，直至机构就是否采取及采取何种行动作出决定。不过，针对言辞不当提出异议的议员不必停止异议，除非所异议的言辞涉及该议员本人。针对议长的不当言辞或针对官员官方行为的不当言辞，不被视为涉及议长或官员本人，因此异议无须停止。议长与议员一样，需遵守有关恰当言辞的规定。针对议长行为的控诉应直接呈交给议院，由议院采取行动。在这种情况下，议长需将议长席位空出，暂由一名议员代行议长之职，直至问题得到解决。[③] 针对议长行为的问题，不得在针对其他事务的辩论过程中提出。影射议长、批评性的提及议长，均是违反程序的行为。此类攻击行为不利于维护议院的良好秩序。

第六节　辩论终结

当辩论即将结束时，议长应该询问："各位对该问题是否已准备充分？"如果在合理的停顿之后，没有人起身发言，议长可以推定没有议员有发言意

① Sturgis, Alice Fleenor, *Standard Code of Parliamentary Practice*, New York: McGraw-Hill, 1950, and 3rd edition revised, New York: McGraw-Hill, 1988, p.117, 118; Hughes, Edward Wakefield, *Hughes' American Parliamentary Guide*, Columbus: F. J. Heer Printing Co., revised 1926, Sec. 710.

② Jefferson, Thomas, *Jefferson's Manual*, 1781, available as a document of the U. S. Congress; e.g., House Document No. 416, 93rd Congress, 2nd Session, published by the U. S. Government Printing Office, 1975, Sec. XVII.

③ Hughes, Edward Wakefield, *Hughes' American Parliamentary Guide*, Columbus: F. J. Heer Printing Co., revised 1926, Sec. 692.

愿，于是可就问题开始投票。[①] 辩论不因议长陈述问题而结束。只要问题尚未得到肯定或否定的答案，只要在议长提问“各位是否对该问题已准备充分?”之前，议员都可在合理时间内起身发言，以重启辩论或提出动议。[②] 如果问题是可辩论的，且在议长陈述问题后无人起立发言，议长应该询问“各位对该问题准备充分了吗?”短暂等待后，议长应将问题交付投票。如果辩论开始或有动议被提出，议长应等待辩论结束后，再次询问：“各位是否对该问题准备充分?”给予议员充分的时间考虑后，如果没有议员起身发言，议长应将问题交付投票。如果议员回答问题超过时限，导致问题重启的权利被滥用，议长应该像对待其他拖延行为或其他妨碍程序行为一样，保护机构不受干扰。

议员的大多数可以决定终结辩论，无须给予令全体议员都满意的辩论时间。终结辩论的方式包括：提起先前的问题、在某一时间终止辩论、限制发言时间、仅允许一名议员针对一个问题发言一次。有的立法机构的自选规则要求，2/3 票数才能限制或终结辩论。不过，如果没有这种专门规定，大多数票即可终结辩论。[③] 如果大多数议员投票表示赞成，那么机构可以将问题搁置，并短暂中止辩论。当没有问题需要机构处理，而此时开始处理同类事务、未完成的事务或新的事务又符合议事程序，则机构可以在取得大多数赞成票的情况下，重启同类事务、未完成的事务或新的事务的审议，并就这些事务再次展开辩论。在受到限制的辩论中，如果议员发言超出了分

---

① Sturgis, Alice Fleenor, *Standard Code of Parliamentary Practice*, New York: McGraw-Hill, 1950, and 3rd edition revised, New York: McGraw-Hill, 1988, p.119, 120; Cushing, Luther Stearns, *Elements of the Law and Practice of Legislative Assemblies in the United States of America—Lex Parliamentaria Americana*, Boston: Little, Brown & Co., 1856 (usually available in the printing of 1847), Sec. 1610.

② Cushing, Luther Stearns, *Elements of the Law and Practice of Legislative Assemblies in the United States of America—Lex Parliamentaria Americana*, Boston: Little, Brown & Co., 1856 (usually available in the printing of 1847), Sec.1610; Sturgis, Alice Fleenor, *Standard Code of Parliamentary Practice*, New York: McGraw-Hill, 1950, and 3rd edition revised, New York: McGraw-Hill, 1988, p.119, 120.

③ Sturgis, Alice Fleenor, *Standard Code of Parliamentary Practice*, New York: McGraw-Hill, 1950, and 3rd edition revised, New York: McGraw-Hill, 1988, pp.56-61, 119.

配时间，那么议长应该要求该议员遵守秩序并提醒该议员发言已超过分配时间。[①] 对于受到限制的辩论，如果全体议员同意，辩论时间可以延长。如果其他议员没有要求全体议员同意延长时间，那么发言议员自己可以提出该要求。

议长在询问机构是否对问题准备充分之后，不得过于快速地将问题交付投票，以剥夺议员的展开辩论和提出动议的权利。在议长询问“各位是否对问题准备充分”？之后，如果议员起立并在合理时间内回答完毕议长的问题，该议员就取得了发言议席。如果议长在投票之前，已经给予议员足够的时间来要求发言议席，那么议员不得在问题进入投票阶段后又主张辩论权利。[②] 如果问题已经交付投票并且投票已经开始，那么辩论期限视为已经超过。在语音呼叫形式的投票中，反对意见和支持意见的投票同时开始，一并进行。如果一位议员已经回应了语音呼叫，就不得再重启辩论了。在以机器呼叫方式记录票数的投票中，如果议长已经声明呼叫机器已开启，就不得再进行辩论了。[③]

---

① Hughes, Edward Wakefield, *Hughes' American Parliamentary Guide*, Columbus: F. J. Heer Printing Co., revised 1926, Sec. 738.

② Cushing, Luther Stearns, *Elements of the Law and Practice of Legislative Assemblies in the United States of America—Lex Parliamentaria Americana*, Boston: Little, Brown & Co., 1856 (usually available in the printing of 1847), Sec. 1616; Reed, Thomas B., *A Manual of General Parliamentary Law* (Reed's Rules), 1898; reprinted: State Printing Plant, Olympia, Washington, 1937, Sec. 220.

③ Jefferson, Thomas, *Jefferson's Manual*, 1781, available as a document of the U. S. Congress; e.g., House Document No. 416, 93rd Congress, 2nd Session, published by the U. S. Government Printing Office, 1975, Sec. XVII; Cushing, Luther Stearns, *Manual of Parliamentary Practice*, new edition by Albert S. Bolles, Philadelphia: The John C. Winston Company, 1928 (text unchanged in editions from 1907 to 1947, inclusive), Sec. 247; Reed, Thomas B., *A Manual of General Parliamentary Law* (Reed's Rules), 1898; reprinted: State Printing Plant, Olympia, Washington, 1937, Sec. 220; Sturgis, Alice Fleenor, *Standard Code of Parliamentary Practice*, New York: McGraw-Hill, 1950, and 3rd edition revised, New York: McGraw-Hill, 1988, p.120.

第三章　适用于动议的规则

第一节　行动提议

任何提交给立法机构或行政机构的提案都必须是明确的。在明确的提案被提交之前，机构不得对相关任何事务采取任何行动。[①] 提案应以最有利于行动被采纳或问题被解决的形式提出。动议提出的是希望机构能够采纳某种规则或作出某个决定。法案提出的是希望以某种特定形式颁布某一法律。动议本身是希望采取行动的提案。提案的其他形式则不包含采取行动的意思。所以，如果议员陈述一个委员会报告，就是同时要求提议该报告应当被批准；如果议员陈述一个决议案，就是同时要求该方案被采纳。甚至，一个法案的提出也是明示或默示地在要求该法案应当被通过。所有提案的提出形式都必须是可以通过支持或否决来处理的。一般而言，任何机构都可以规定提案提交的形式。如果没有有关形式的要求，那么只要所用语言能够清楚地表达意思就可以了。有关形式的宪法或法律条文，都必须遵守。州宪法通常会要求，法案的标题必须点明主题及条款的颁布形式。宪法和成文法通常对立法提案的标题有所规定，特别是要求标题点明主题，而未在标题中写明的主题是违宪的，因而是无效的。宪法和成文法也经常对立法提案的形式提出其他要求，并且还要求法案应使用英语，提案应分章节。

问题可以以多种不同的形式呈交给机构。比较常见的问题呈交形式包

---

① Sturgis, Alice Fleenor, *Standard Code of Parliamentary Practice*, New York: McGraw-Hill, 1950, and 3rd edition revised, New York: McGraw-Hill, 1988, pp.11, 13, 30-32, 37, 38, 122.

括：动议、决议案、备忘录、法案、委员会报告、书信或请愿书、议事程序议题、上诉、请求，以及要求。动议是一个提交给审议机构的提案，提案声称某种行动应当被采取或某种决定应该被作出。动议通常是口头的，但是如果动议太长或者涉及议长，那么议长可以要求动议以书面方式呈交给秘书或办事员，以确保记录准确。长而复杂的动议应该以书面形式呈交。① 提案应由动议的基本要素构成，但并不要求用词精准。② 在表述问题时，议长不必按照动议提出人的原话，但是，若没有得到动议提出人的同意，议长无权更改动议的目的或者效果。动议应当根据基于实际情况而作出的决定进行解释，而不必拘泥于特定的用词。所以，如果议员转而决定休会至翌日，那么动议应当被解释为一个休会动议，并以休会动议的形式呈交给议长。

决议案是一种书面形式的提案，可以通过现行的或已公布的条款中的"解决"字样，来辨识提案是否为一个决议案。在没有其他形式要求的情况下，决议案用于作出声明、陈述政策，以及作出决定。成文法不得由参、众两院的共同决议案和同时决议案提出。不过，许多州允许以决议案形式提出针对宪法的修改。备忘录是一种书面形式的提案，有时用于表述立法意见。针对特殊类型的决议案，比如共同决议案和同时决议案，会对决议条款的形式有所要求。如果没有特殊的形式要求，那么含有"决议"字样即可。在决议案中，通常含有引言条款。引言条款以"鉴于"字样开头，然后就决议案的理由和目的进行陈述。严格说来，这类条款只算得上引言条款，并不是议案的组成部分，对议案的使用和效果并不产生影响。

命令是某些立法机构所使用的一种书面提案，使此类提案发生效力的是"命令"字样，此类议案也因此得名。命令与决议案使用方式相同，均为作出决定、制定政策、指导行为。一般而言，命令与决议案遵守相同的规则，决议案不向政府陈述持续性的行为规则。③ 法案是用于制定成文法的。"法案"一词，在州立法机构或国会的立法活动中经常被用到。各州宪法对于法

---

① Waples, Rufus, *A Handbook on Parliamentary Practice*, Chicago: Callaghan, 1883, Sec. 1; Sturgis, Alice Fleenor, *Standard Code of Parliamentary Practice*, New York: McGraw-Hill, 1950, and 3rd edition revised, New York: McGraw-Hill, 1988, p.13, 31.

② Sturgis, Alice Fleenor, *Standard Code of Parliamentary Practice*, New York: McGraw-Hill, 1950, and 3rd edition revised, New York: McGraw-Hill, 1988, p.13, 14.

③ Dunlap v. Williamson (Okla. 1962), 369 P. 2d 631.

案的形式和程序均有所规定。由于法案是制定立法的方式,因此常受到较为系统的管理和限制,相关程序也由权威机构详制订和更改。通常,针对法案会有大量有关标题和程序的要求,比如规定数日内宣读法案三次。议长不得在陈述中更改法案或决议案。除非机构决定修改法案或决议案,否则不得以任何方式更改法案或决议案。法案的中心内容是有待颁布的法律条款。因此,删除颁布条款是立法机构使法案得不到通过的一种方式。在宪法修正案中,哪些事项属于相关事项,首先由立法机构决定。[①] 修正案是修正法案、决议或者在考虑中的动议的一个提案。此外,现行法律也是通过修正性法案来改变的。委员会提出的修正案实际上更多的具有建议性质,因为这些建议只有被提交到众议院并被其批准才能成为法案的一部分。在一般的议会中,委员会审议是最重要的修正阶段,而在那些大量适用审阅手段的议会,全院委员会的二读是最重要的阶段。对许多法案的关键表决不是发生在最终阶段而是在修正阶段。在实践中,二读包括在细节上对整个修正案内容的审议。正如《众议院规则》第46条所指出的那样:"二读阶段的目的是审议修正案,完善其内容和形式",着手处理常设委员会审议报告推荐的修正案,进行辩论,决定采纳还是拒绝采纳。[②] 针对立法机构有权事先批准的行动,立法机构也可以事后批准。该事后批准的效力溯及至应事先批准之日。[③]

亟待解决的问题也经常以委员会报告的形式被呈交给立法机构。大多数委员会报告包含针对所呈交问题的立法建议。有时候,在研究过程中,委员会根据委员会内部意见作出建议或提案。这些建议和提案,通过委员会报告或委员会法案被呈交给机构,并由机构作出最终决定。委员会在就非书面形式的问题作出建议时,应向机构呈交正式提案。提案应以动议、决议,或者法案的形式提出。这些形式有助于机构正确处理呈交给他们的问题,而不是仅通过接受或否决委员会报告来解决问题。很多情况下,问题都是以书信或请愿书的形式被呈交给机构的。书信可以是来自行政、司法、当地政府的官员或其他人员。提交请愿书的权利由宪法赋予,并且提供了又

① Keenan v. Price (1948), 68 Idaho 423, 195 P.2d 662.

② 刘建兰、张文麒:《美国州议会立法程序》,中国法制出版社 2005 年版,第 95 页。

③ Harker v. McKissock (1950), 10 N.J. Super. 26, 76 A. 2d 89, cert, granted, 6 N. J. 148, 78 A.2d 163, modified, 7 N.J. 323, 81 A 2d 480, denied, 8 N.J. 230, 84 A. 2d 723.

一种将问题交付立法机构的方式。基于非暂时效应的书信或请愿书作出的决定，可以应要求被做成接受决议的提案或者其他正式包含决定的提案。机构对于书信和请愿书的处理方法包括：交由委员会研究并由委员会推荐；刊登于机构的日志以期得到议员的反馈。[①]

在事务执行过程中，针对就程序议题所作决定的上诉，立法机构可能会存在政策或程序方面的疑问。上诉可能涉及重要的政策问题，因此，上诉可能会涉及主动议的所有方面，并且一般与主动议适用相同的规则。程序议题应呈交给议长，以便议长能够对之作出决定。议长关于程序议题的决定，总是会以上诉方式交由机构进行再次审议，并由机构作出最终决定。[②] 议院请求可向议长提出。议院请求可能由若干议员依次提出。虽然议院请求可能涉及议员所关心的问题，但议院请求很少向机构呈现出需要机构决定的问题。“动议”和“问题”在广义上包含呈交给立法机构的所有提案。在这个意义上说，“动议”和“问题”的含义包括：决议案、法案、程序议题、上诉、异议，以及类似提案。当涉及主动议、先决动议或动议级别时，“动议”和“问题”应作此广义理解。

第二节　动议陈述

议员的基本权利之一就是向议院陈述正式的动议。一般而言，任何经机构认可的议员，均有权向议院陈述动议或其他提案。取得陈述议案的许可与取得辩论的许可，在方式和规则上是完全相同的。提案必须在正确的时间提出。动议可在任何时候提出，只要在当时情况下动议是可实施的。如果级别更高的事务正在进行中，那么提案不可被提出。有时候，立法机构会采纳一些特殊规则，用于法案的陈述。如果没有特殊规则，议员陈述法案的方式包括：告知秘书或办事员，以及按照正确的事务处理顺序在议席发言。议长有义务受理提案，或者审议动议是否符合规程。如果动议在适当

① Public Insurance Coun. V. Texas Auto. Ins. Plan (Tex. 1993), 860 S.W.2d 231.

② Sturgis, Alice Fleenor, *Standard Code of Parliamentary Practice*, New York: McGraw-Hill, 1950, and 3rd edition revised, New York: McGraw-Hill, 1988, pp.83-85.

的时间提出，不违反任何规则，也没有明显的拖延，那么就是符合规程的。议长对动议进行的审议，表现为受理动议和陈述动议。在议长陈述动议之前，动议还不能被视为已处于机构控制之中，也不能被视为可供审议的。一旦正式动议被作出，议长应陈述该动议。如果动议是书面形式的，议长应指示秘书或办事员宣读该动议。在此之后，动议才被视为处于机构控制之中。如果动议是可辩论的，那么可以开始辩论，且该动议受制于附属动议或可适用的其他动议。如果呈交给议长的动议不符合形式要求，或违反机构规则或实践习惯，那么议长可以说明情况，并要求动议作者进行形式方面的修改。只要能够以正确形式陈述提案，议长不必严格按照提案人所采用的形式和语言。如果有人质疑议长未能准确陈述提案，那么议长在最终审议和继续进行动议程序之前，应就陈述的正确性询问动议提出者。如果议长未能准确陈述动议，那么在确定动议含义时，应采用动议提出者所使用的语言。①

如果议长对动议形式存在疑问，或者动议作者在听到动议陈述时表示有修改动议的意愿，那么动议作者可进行动议修改。在听到立法介绍时，其他议员也有权对动议的形式提出疑问，并要求修改或完善动议。动议作者可以接受或拒绝这些提议。如果动议的最初陈述是准确的，那么不必经过辩论再行修改，也不必将后续动议加以适用，这样程序上就会更方便快捷一些。② 如果动议得到最终陈述之后辩论已经开始，或者涉及该动议的附属动议已经作出，那么该动议不可再由动议作者进行修改，而只能根据被机构所采纳的修改意见进行修改。如果动议虽未遵守议事程序，但又并非可异议的，那么议长可将这一情况以提问的方式呈交给机构。议长可以提问："对于审议该动议，是否存在异议？"如果没有异议，那么视为议员一致认为可对该动议进行审议。之后提出的异议，将是无效的。议院应避免拖延性或无价值的动议。具体表现为，议长应拒绝对此类动议进行审议，或者在不太确定的情况下交由机构来决定动议是否存在拖延意图。③

---

① Shoults v. Alderson (1922), 55 Cal. App.527, 203 P. 209.

② Sturgis, Alice Fleenor, *Standard Code of Parliamentary Practice*, New York: McGraw-Hill, 1950, and 3rd edition revised, New York: McGraw-Hill, 1988, p.13, 14.

③ Hughes, Edward Wakefield, *Hughes' American Parliamentary Guide*, Columbus: F. J. Heer Printing Co., revised 1926, Sec. 218.

美国政府机构的议院实践不要求附议。议院要求附议，已经是一百多年前的事了。[①] 旧时规则规定，只有存在附议的动议，才是可辩论的。[②] 提出附议，是符合议事程序的，不过附议的目的仅限于表明另外一位或几位议员也赞成该动议或该提案的。如果没有特殊要求，附议可以被忽略不计，议长不得因为一个问题没有附议而拒绝处理该问题。一旦议员提交了一个符合议事程序的动议，议长应该毫不迟延地陈述动议。弱化附议的作用，是有充分理由的，因为附议本就缺乏实用性、方便性和必要性。有人甚至认为，没有什么比立法机构中冒出的身份不明的声音"我附议"更没有用处的了。[③] 摒弃附议的一个更有力的理由是，附议不符合现今有关议员勤勉和权利的观念，附议有悖议员平等的理论。议院采取行动是基于大多数原则，而每一个议员都享有一票投票权，每一票投票权都是平等的。所有议员都应该享有平等、单独、独立的权利，向立法机构提出他们认为应供审议的提案。动议不应因为没有附议而受到压制，也不应因为没有附议就不经辩论直接投票。[④] 不过，在有些立法委员会的实践中，仍然存在基于所采纳的规则或权威而要求附议的情况。

按照规则，当立法机构在审议和处理一个问题时，不得同时审议和处理其他与该问题同等级别的问题。当机构正在审议一个动议时，可以同时审议比该动议级别高的其他动议，但是不得审议比该动议级别低的其他动议。

---

① Cushing, Luther Stearns, *Elements of the Law and Practice of Legislative Assemblies in the United States of America—Lex Parliamentaria Americana*, Boston: Little, Brown & Co., 1856 (usually available in the printing of 1847), Secs. 1224, 1231; Hughes, Edward Wakefield, *Hughes' American Parliamentary Guide*, Columbus: F. J. Heer Printing Co., revised 1926, Secs. 209, 210; Reed, Thomas B., *A Manual of General Parliamentary Law* (Reed's Rules), 1898; reprinted: State Printing Plant, Olympia, Washington, 1937, Sec. 105; Tilson, John Q., *Parliamentary Law and Procedure*, Washington, D.C.: Ransdell Incorporated, 1935, p.52.

② Cushing, Luther Stearns, *Elements of the Law and Practice of Legislative Assemblies in the United States of America—Lex Parliamentaria Americana*, Boston: Little, Brown & Co., 1856 (usually available in the printing of 1847), Secs. 1562, 1563.

③ Tilson, John Q., *A Manual of Parliamentary Procedure*, New York: Oceana Publications, 1949, Sec. 95.

④ Shattuck, Harriet R., *The Woman's Manual of Parliamentary Law*, Boston: Lee and Shepard Publishers, 1896. Secs. 31, 35.

一个主议题以及与之相关的附属问题和其他问题解决完毕之前，机构不得开始审议其他主议题。① 当一个问题正处于辩论中时，关于议院能够受理哪些动议，有些立法机构的规则对其进行了限制。这些规则通常列出可被受理的所有附属动议和某些先决动议。被列出的先决动议通常包括，休会动议、会间休息动议、议院传召动议以及试图重申的动议。当一个问题正处于辩论中时，议长可以拒绝审议其他动议，除非其他动议是经过特别授权的。不过，针对这些规则是否应该在任何时候都严格适用，也是值得商榷的。② 旧时规则规定，如果一个法案已经被通过或者已经被否决，那么另一个实质内容相似的法案不得在同一次会议中被提出。自从针对主动议的重申权得以设立后，前款中旧时规则面临了适用困难。议院就已被否决的问题进行进一步审议，会涉及该议院已经实施的行动，但这并不妨碍其他议院就包含该问题的法案或决议案进行审议。③ 如果一个法案的标题和主题均与已被议院否决的某个法案相同，那么机构不会对该法案再行介绍。如果机构已经对一个问题作出决定，那么不论以肯定方式或否定方式再提出类似的问题，都是违反议事程序的。④ 无限期延迟在会议中起到压制提案的作用，其方式与否决该提案的方式相同。⑤

---

① Cushing, Luther Stearns, *Elements of the Law and Practice of Legislative Assemblies in the United States of America—Lex Parliamentaria Americana*, Boston: Little, Brown & Co., 1856 (usually available in the printing of 1847), Secs. 1291-1296, 1441, 1442.

② Reed, Thomas B., *A Manual of General Parliamentary Law* (Reed's Rules), 1898; reprinted: State Printing Plant, Olympia, Washington, 1937, Secs. 264, 265.

③ Leser v. Board of Registry (1921), 139 Md. 46, 114 A. 840; Leser v. Garnett (1922), 258 U.S. 130, 42 S. Ct. 217, 66 L. Ed. 505.

④ Jefferson, Thomas, *Jefferson's Manual*, 1781, available as a document of the U. S. Congress; e.g., House Document No. 416, 93rd Congress, 2nd Session, published by the U. S. Government Printing Office, 1975, Sec. XXXVIII; Hughes, Edward Wakefield, *Hughes' American Parliamentary Guide*, Columbus: F. J. Heer Printing Co., revised 1926, Sec. 524; Cushing, Luther Stearns, *Manual of Parliamentary Practice*, new edition by Albert S. Bolles, Philadelphia: The John C. Winston Company, 1928 (text unchanged in editions from 1907 to 1947, inclusive), Sec. 251.

⑤ Hughes, Edward Wakefield, *Hughes' American Parliamentary Guide*, Columbus: F. J. Heer Printing Co., revised 1926, Sec. 325; State of New York Legislature, *New York Manual* (Clerk's Manual), editions of 1936 and 1948-1949, p.447.

程序动议，比如休会动议、会间休息动议、搁置动议、先前议题、限制辩论的动议，是可以反复提出的。前提是辩论或事务的处理有了新的进展，因而实际上被提出的问题是新问题，且议员可能会根据新的进展而作出新的理性决定。① 如果动议的更新未阻碍事务的进行，且无人提出异议，那么针对重复动议的异议权视为已被放弃。② 搁置动议或者遵守秩序的要求，在被否决之后，可以在相关事务处理完毕之后再次提出。如果一个主题在呈交委员会之后，又在同一个立法日向机构汇报，或者一个被搁置的主题，又被重新提起，均不构成“重申”。即使时间已过，或者之前被提出的更改建议被否决，备忘录仍可修改。议长有义务避免重申权被滥用于阻碍事务进程。如果有证据证明重申权被滥用，议长应拒绝承认该动议，以保护议院权益不受影响。③ 如果规则规定，除非有干扰事务发生，否则某些动议是不得更新的，那么干扰事务作为动议和程序的组成部分应被载入日志，并且如果没有干扰事务发生，动议就不得重申。④ 根据“相同的动议在不同情况下提出，就应被视为是不同的”这一理论，在某些情况下，被提出且被否决的提案可以被再次提出。一般而言，其他事务的干扰会合理化先决动议、偶发动议、附属动议等程序性动议的重申。辩论被视为干扰事务，因为辩论可能会改变议员的态度，并且能为所希望采取的行动提供新的理由。单纯的时间流逝，也可能会产生情况的变化，因而也会使动议的重申变得合理。

主动议或其他实体提案，比如对主动议的修改，均不可重申。如果原主动议或对主动议的修改被接受或被否决，或者主动议被无限期延迟，或者对

---

① Reed, Thomas B., *A Manual of General Parliamentary Law* (Reed's Rules), 1898; reprinted: State Printing Plant, Olympia, Washington, 1937, Sec. 116; Sturgis, Alice Fleenor, *Standard Code of Parliamentary Practice*, New York: McGraw-Hill, 1950, and 3rd edition revised, New York: McGraw-Hill, 1988, pp.28-29; Hill v. Goodwin (1876), 56 N.H. 441.

② Hill v. Goodwin (1876), 56 N.H. 441.

③ Sturgis, Alice Fleenor, *Standard Code of Parliamentary Practice*, New York: McGraw-Hill, 1950, and 3rd edition revised, New York: McGraw-Hill, 1988, pp.28-29.

④ Hughes, Edward Wakefield, *Hughes' American Parliamentary Guide*, Columbus: F. J. Heer Printing Co., revised 1926, Secs. 146, 220; Sturgis, Alice Fleenor, *Standard Code of Parliamentary Practice*, New York: McGraw-Hill, 1950, and 3rd edition revised, New York: McGraw-Hill, 1988, pp.28-29.

主动议审议提出的异议得到了支持，那么主动议及实质上与之相同的动议不得在同一次会议上向议院再次提出，除非有人就是否重申提出了投票动议。下列内容的动议，除非被撤回，否则不得在同一天进行再次审议：(1)接受或无限期延迟原主动议；(2)接受与被否决的提议相同的修改；(3)删除先前接受的修改；(4)对问题进行分列；(5)重新审议，除非被重新审议的问题在先前的重新审议之后进行过实质性修改；(6)针对问题的审议提出异议。为了同一目的在同一天再次要求中止适用若干规则的动议，也是违反议事程序的。这类动议可以改日进行重申。① 在同一次会议中，先前被提出的程序议题，即使没有得到支持，也不得被再次提出。如果议长已就一个问题作出了决定，那么在同一天的同一次会议中，议长无须再审议基于该问题提起的上诉。涉及实质性问题的主动议有别于程序性动议、通常持续时间较短的与程序事项相关的动议，可以被重新审议，但不可重申。②

在少数情况下，议院在实践中要求呈交提案的议员为一名以上。若干州在州宪法中规定，一定人数的议员或一定比例的议员可就任何问题要求语音呼叫投票，并将投票结果记录于日志。③ 在有些情况下，机构规则要求必须由一名以上议员向机构呈交先前议题。只有当议员要求执行规则或者要求行政长官执行机构已有的秩序时，议员才有权坚持己见。任何议员有权坚持要求议长不加辩论且毫不迟疑地维持决定、执行规则，或履行其他义务。④ 议员坐在其席位上提出的休会要求、提问要求，均不构成动议。合格的动议必须由议员起立向议长提出。议员坐在其座位上提出要求，这一行为本身就违反议事程序。根据议事程序，议员起立发言可以被视为议院对

---

① Hughes, Edward Wakefield, *Hughes' American Parliamentary Guide*, Columbus: F. J. Heer Printing Co., revised 1926, Sec. 538.

② Demeter, George, *Demeter's Manual of Parliamentary Law and Procedure*, Boston: Bostonia Press, revised 1969, p.172.

③ Hughes, Edward Wakefield, *Hughes' American Parliamentary Guide*, Columbus: F. J. Heer Printing Co., revised 1926, Sec. 215; State Constitutions: Ala. IV.

④ Jefferson, Thomas, *Jefferson's Manual*, 1781, available as a document of the U. S. Congress; e.g., House Document No. 416, 93rd Congress, 2nd Session, published by the U. S. Government Printing Office, 1975, Sec. XVIII; Sturgis, Alice Fleenor, *Standard Code of Parliamentary Practice*, New York: McGraw-Hill, 1950, and 3rd edition revised, New York: McGraw-Hill, 1988, p.211.

于进一步辩论已经不耐烦了，而议员可以继续参与事务处理。议员在席位上起立后，可以提出一些要求或观点。

允许一个议员一次性提交多个动议不是一个好的实践做法。这种做法只有取得全体同意后才能进行。不过，存在下列三种例外情况：(1)议员提出动议或决议，并提议该动议或决议应作为特殊秩序；(2)议员提议重新审议一个行动，并且在行动得到通过后提议重新审议与行动相关的修改；(3)议员提议暂停适用规则，并且提议暂停适用规则的行动应得到批准。在一些机构中，某些双重的动议可以得到批准，比如，重新审议动议的提议和搁置动议的提议。一个提议暂停适用规则的动议，通常包括一系列行动，比如，暂停适用规则和重新审议投票，或者暂停适用规则和修改决议。这种两个相互协调的动议被视为一个动议。此种情况在国会中颇为常见。① 一个议员可以提起动议，并且要求将该动议设为某一特定时间段的特殊秩序。这个动议应与特殊秩序一同被记入日志，并且应作为特殊秩序按照日程进行。当常规事务的项目(如日程提议案)，按照事务常规顺序得以陈述，它们被视为一个包含了通过期望的默示动议。即使常见动议已经被提出，议长仍可以继续处理该默示动议，除非有人提出异议。如果确有人提出异议，那么议长必须等到合乎要求的动议被提出后才能处理该常规事务。要求重新审议的动议通常也需遵守类似的程序要求。如果议员想提交问题以期在某个未来时刻该问题能得到审议，那么依照议院和国会的实践，议员应声明希望动议在未来作出，而非当时就提出动议或者将其设为特殊秩序。②

第三节　动议的分类

呈交给立法机构并由立法机构加以审议的问题，出于方便考虑，可作如下四种分类：(1)先决问题；(2)偶发问题；(3)附属问题；(4)主议题。陈述上

---

① Cushing, Luther Stearns, *Elements of the Law and Practice of Legislative Assemblies in the United States of America—Lex Parliamentaria Americana*, Boston: Little, Brown & Co., 1856 (usually available in the printing of 1847), Sec. 1284;

② Hughes, Edward Wakefield, *Hughes' American Parliamentary Guide*, Columbus: F. J. Heer Printing Co., revised 1926, Secs. 134, 676.

述问题的动议，也依之分为四类。在审议过程中，会间休息和休会有时是必要的，或者某项行动被设定为特殊秩序，或者议院发出传召，又或者产生其他先决问题。议院审议法案时，也审议程序议题、行动的级别、审议的异议，以及其他不直接与主议题相关，但需要在处理主动议之前处理的偶发动议。在审议这些问题的过程中，这些问题经常会被提交给委员会，经过修改、延迟、搁置，而且其他附属动议也经常会适用于它们。立法机构开会的目的在于通过法律或者审议立法提案。对主议题的审议和决定都是立法机构的主要目的。这些都是主动议。不同学者有不同的分类方法，有些学者分类比其他学者更为细致。有很多方法将动议进行分类，而分类有助于理解和记忆动议内容、动议特性，以及规则。最常被适用的分类是根据动议级别进行分类：(1)先决动议；(2)偶发动议；(3)附属动议；(4)主动议。①

先决问题是指根据业已形成的实践习惯或规则，有些问题被赋予特殊的优先地位。这些问题涉及议院和议员，或者涉及需要赋予其较高先决地位的重要事项。先决问题作为一个类别，比其他类别问题具有更高的级别。先决问题中，又可进一步细分为：(1)出席人员未达到法定人数时的议院传召；(2)提出或通知一个重新审议的动议（重新审议是一个偶发的主动议）；(3)要求休会（在下一次会议的规则尚未产生或尚未符合要求的情况下）；(4)要求会间休息；(5)提出先决问题。先决动议本身是不可辩论的。不过有关是否享有先决地位的问题，作为主议题，只在级别上享有优先权，因而一旦被提出，是可以进行辩论的。有关先决问题的特殊地位的问题，与其他主议题一样，受到附属动议的约束。先决动议本身不受附属动议的约束，除非下一次会议尚无可适用的规则而提出的休会动议需要做时间方面的修改，或者会间休息的动议需要进行时间方面的修改。与先决权有关的问题

---

① Cushing, Luther Stearns, *Elements of the Law and Practice of Legislative Assemblies in the United States of America—Lex Parliamentaria Americana*, Boston: Little, Brown & Co., 1856 (usually available in the printing of 1847), Secs. 1530-1609; Sturgis, Alice Fleenor, *Standard Code of Parliamentary Practice*, New York: McGraw-Hill, 1950, and 3rd edition revised, New York: McGraw-Hill, 1988, pp.15-19.

受到附属动议的约束。[①]

偶发问题是机构工作中产生的一般性程序议题。这些问题影响机构的事务处理，但又不直接与任何主议题相关联。这些问题关系到审议的内容和方式。它们与机构一般事务之间的关系，类似于附属问题与附属问题所适用于的主议题之间的关系。由于不直接与特定主议题相关联，偶发问题与附属问题相比，拥有较大的独立性。在处理主议题和与主议题相关的问题之前，需要先处理偶发动议，因此偶发动议相较于主动议和附属动议，具有优先权。偶发问题让步于先决问题。由于偶发动议需要立即处理，一般对其优先权不会有疑问。只有先处理偶发问题，才能再处理产生偶发问题的相关问题。如果同一问题产生多个偶发问题，则依照如下顺序处理这些偶发动议：(1)上诉；(2)程序议题；(3)议院要求，或信息请求；(4)当日秩序；(5)撤回正在审议的动议、请求的动议或请求；(6)出于即时目的而暂停适用规则；(7)针对问题的审议提出异议；(8)审议问题的方式和秩序；(9)投票动议；(10)有关提名或选举的动议；(11)有关问题分列的动议。偶发动议，除了上诉之外，都是不可辩论的。有些机构规则规定，如果上诉涉及失礼行为，或者涉及对发言规则的违反，或者涉及事务处理的秩序，那么该上诉是不可辩论的。如果没有禁止性规则，那么上诉是可辩论的。上诉可能会受附属动议的约束，不过除了旨在修改的动议之外，其他附属动议不适用于偶发动议。某些偶发动议不可能存在备选提议，因而就不得更改。不过，下列偶发动议是可以更改的：(1)有关问题审议方式和秩序的动议；(2)有关投票的动议；(3)有关提名或选举的动议。[②]

附属问题是指直接与主动议相关联的程序议题。通常主动议在提出之后，不会立即被采纳或否决。在立法机构中，通常要求将主议题呈交给委员会，并且主动议是可更改的。辩论可限制在一定时间内，或者审议可屡次延期。程序动议附属于主动议。立法机构处理主动议需要根据程序动议的指

① Sturgis, Alice Fleenor, *Standard Code of Parliamentary Practice*, New York: McGraw-Hill, 1950, and 3rd edition revised, New York: McGraw-Hill, 1988, p.16, 20, pp. 66-76.

② Sturgis, Alice Fleenor, *Standard Code of Parliamentary Practice*, New York: McGraw-Hill, 1950, and 3rd edition revised, New York: McGraw-Hill, 1988, p.16, 17, 21, pp.77-99.

引。程序动议因而得名。附属动议是最常适用于主动议的一类动议，不过修改动议可适用于任何一种可以以其他形式陈述的动议。附属动议，作为一个类别，级别低于先决动议和偶发动议，高于主动议。不过，附属动议有时适用于先决动议、偶发动议或其他附属动议，并且其级别高于它所适用的那个动议。① 在适用于主动议的过程中，常见的附属动议之间级别由高至低依次为：(1)搁置动议(暂时延期)；(2)先前议题(即时投票)；(3)限制辩论或者放宽辩论限制；(4)有限期延迟，或者延迟一段特定时间；(5)呈交或委托；(6)修改；(7)无限期延迟。当上述任何一种动议处于待定状态时，机构可以处理级别比它高的动议，但不得处理级别比它低的动议。②

附属动议可适用于任何主动议。合格的附属动议，必须在主议题实施前得到审议和决定。修改动议可适用于某些附属动议、偶发动议、主动议。与辩论限制有关的先前议题和先前动议，当然的可适用于辩论的相关问题，而不必考虑其级别。不过，其他附属动议则不适用于这些类别的动议。③ 附属动议，除了搁置动议之外，先前议题和无限期延迟的动议均是可修改的。搁置动议、先前议题、涉及辩论限制的动议，都是不可辩论的。有限期延迟动议或提交委员会动议，在有关延迟和提交委员会的合理性方面，是可辩论的。修改动议是可辩论的。无限期延迟动议，效果是挫败议案，因此无限期延迟动议使得主议题成为可辩论的。④ 附属动议要求大多数的票数支持才能通过。某些学者认为，限制辩论的动议需要 2/3 的票数才能通过。

---

① Demeter, George, *Demeter's Manual of Parliamentary Law and Procedure*, Boston: Bostonia Press, revised 1969, p.64; Sturgis, Alice Fleenor, *Standard Code of Parliamentary Practice*, New York: McGraw-Hill, 1950, and 3rd edition revised, New York: McGraw-Hill, 1988, p.16, 20.

② Sturgis, Alice Fleenor, *Standard Code of Parliamentary Practice*, New York: McGraw-Hill, 1950, and 3rd edition revised, New York: McGraw-Hill, 1988, p.16, 20; Demeter, George, *Demeter's Manual of Parliamentary Law and Procedure*, Boston: Bostonia Press, revised 1969, p.47.

③ Sturgis, Alice Fleenor, *Standard Code of Parliamentary Practice*, New York: McGraw-Hill, 1950, and 3rd edition revised, New York: McGraw-Hill, 1988, p.16, 20, 16, 27.

④ Sturgis, Alice Fleenor, *Standard Code of Parliamentary Practice*, New York: McGraw-Hill, 1950, and 3rd edition revised, New York: McGraw-Hill, 1988, p.16, 20, 26, 27.

不过根据立法机构的实践，就先前议题发布命令或限制辩论，仅需要得到大多数票数的支持。[①]

所有实质性的一般问题都是主议题。主议题通常表述如下：为了通过、为了采纳、为了批准、为了修改、为了确认、为了同意、为了指定、为了选举或为了其他类似的功能。有时候，主议题还可表述为，为了拒绝、为了撤回、为了废除、为了宣布无效、为了除去、为了拒绝同意或者以其他形式处理实质性议案。立法机构所面对的主议题和主动议，通常与法案的最终解决以及成为法律的决议案紧密相关。主议题和主动议经常出现在会议的法令中。而附属动议、偶发动议、先决动议的目的具有暂时性，作用在立法过程中就发挥完毕了。有些问题与程序相关，但仍和主动议享有同等级别。这些问题与程序议题相关，但并不需要立即解决，也不与更低级别的问题相关联。这些动议被视为偶发主动议，与同级别的实质性动议存在区别。常见的偶发主动议包括，重新讨论的动议、对休会常规时间的更改动议。

任何以拖延或妨碍程序为目的的议院动议，都是拖延性的动议。为了立法机构的方便，在必要的时候，在辩论之后或事务处理过程中，可以允许高级别动议被反复更新。如果没有规则约束，少数派可能会不断地提出秩序问题，要求对每一次口头表决分列进行，即使几乎已经形成了一致意见，或者提议搁置动议、提议休会，或者提出无价值的非理性的修改意见。通过滥用议院权利，少数派可能阻挠事务处理进程。[②] 任何立法机构都有权保护自身不受拖延性动议的干扰。只要发现议员在利用议院权利妨碍事务进程，议长就不应该再认可该议员，而应该裁定该议员违反了秩序。如果议长在一个上诉中维持了原决定，同一名议员又提出了另一个上诉请求，并且有证据证明该议员再次提出上诉的目的是拖延程序，则议长应不予考虑其提

① Sturgis, Alice Fleenor, *Standard Code of Parliamentary Practice*, New York: McGraw-Hill, 1950, and 3rd edition revised, New York: McGraw-Hill, 1988, p.16, 20, 26, 27.

② Hughes, Edward Wakefield, *Hughes' American Parliamentary Guide*, Columbus: F. J. Heer Printing Co., revised 1926, Secs. 240, 241.

出的另一个上诉请求。①

许多动议都有其专门形式，而不符合专门形式的动议是无效的。因为动议范围太广，无法列出所有动议的种类。其类别又可以分得很细，比如，有关问题审议的方式和秩序的动议、有关投票的动议，或有关提名和选举的动议等。尽管动议的实际表述可以有多种方式，但是大多数动议是按照目的来分类的，这种分类方法有助于形成常规的级别秩序。关于动议的分类，不存在完全没有争议的分类方法。分类是出于方便考虑，将动议按照特定的目的进行分组。较为常用的是按照级别进行分类。不同学者在不同情况下，出于不同的目的，会使用不同的分类方法。按照级别进行分类时，所有动议可以被归类且级别秩序是稳定不变的。

大多数动议级别的处理顺序是以主动议为参照来设置的。比如，当主动议正值审议期间时，可以提出修改动议、呈交委员会的动议、搁置动议。当这些动议待定时，出于即时目的可以提出暂停适用规则的动议。当所有上述动议被提出后，一个程序议题可以被提出，一个针对议长决定的上诉也可以被提出。在所有上述动议未得到解决之前，可以提出休会动议。② 作为基本原则，当一个动议与一个正在讨论的主题相关时，该动议就与该主题享有同等级别。比如，如果休会动议正值审议期间，休会动议本来在正常情况下是享有最高级别的，但此时突然发生了违法规则的情况，那么就可以提出与休会动议有关的程序议题了，同时针对议长就动议顺序作出的决定可以上诉。虽然一般来说，先决问题相较于搁置动议享有更高的级别，但是在解决先决问题之前又可以提出搁置先决问题的动议。如果将动议常规级别放在动议与主动议的关系基础上去考虑，那么很多困扰都可以避免。当一个动议适用于另一个动议时，其级别取决于该另一个动议的级别。比如，在大多数级别列表中，修改动议的级别接近级别排序底端，级别仅高于主动议和无限期延迟动议，但是，如果修改动议适用于会间休息动议，其级别反而

---

① Hughes, Edward Wakefield, *Hughes' American Parliamentary Guide*, Columbus: F. J. Heer Printing Co., revised 1926, Secs. 240, 241; Tilson, John Q., *Parliamentary Law and Procedure*, Washington, D.C.: Ransdell Incorporated, 1935, p.75.

② Sturgis, Alice Fleenor, *Standard Code of Parliamentary Practice*, New York: McGraw-Hill, 1950, and 3rd edition revised, New York: McGraw-Hill, 1988, p.15, 20, 30, 31.

会高于会间休息动议，接近排序顶端了。

第四节　动议列表

下列是常见问题和动议列表。列表按照通常的分类方法，以与其相关主动议的级别为序。先决动议包括：议院传召、提出重新审议的动议或者给予提出重新审议动议的通知（规则设定的通常级别）、休会动议、会间休息动议、先决权问题动议。先决权问题通常涉及：出席议员（法定人数出席时，传召将被视为先决权问题）、议院的组织机构、议员的舒适度、免受干扰的权利、议员的违规行为、官员或雇员的行为、报道者和媒体的行为或者已出版报道的准确性、日志和议院记录的准确性、个人先决权。[1] 偶发动议包括：上诉、程序议题、议院审查和信息要求、当日秩序、要求批准撤回正在审议的动议或要求的动议、出于即时目的暂停适用规则、针对问题审议的异议、审议问题的方式和秩序、投票动议、提名和选举的动议、分列问题的动议。

附属动议包括：搁置（无限期延迟）、先前议题（即时投票）、结束辩论、限制辩论或放宽辩论限制、有限期延迟或固定期限延迟、提交或委托、修改、无限期延迟。主动议是指，进行陈述的法案和决议案，或其他将被通过、采纳、批准或拒绝的实质性提案。针对经采纳和批准的问题，通常以肯定形式进行陈述。针对被拒绝的问题，通常以否定形式进行陈述。偶发主动议，虽然它们含有程序因素，但是具有主动议的主要特征，并且与主动议享有同样的级别。这些动议通常被称为偶发主动议或特殊主动议，以此与同级别的实质性动议相区分。在没有其他事务需要议院处理时，提出任何主动议或主议题都是符合秩序要求的。各类偶发主动议均处于相同级别。如果存在其他事务需要议院处理，就不能提出偶发主动议或偶发主议题了，否则就违反了议事程序。偶发主动议针对的内容包括：对重新审议的动议进行审议、撤回、在没有规定确切日期情况下的无限期解散或休会、针对最后休会或无限

---

① 参议院委员会在处理立法问题、进行调查和解决内部事务时会出版多种文件。这些出版物的印刷版本一般来自发行委员会或参议院文献部门。现在越来越多的委员会出版物通过电子形式提供，可以是委员会网站，也可以从政府出版部门获取。

期休会规定时间、针对休会常规时间进行更改、规定会间休息的时间、撤回已提交委员会的法案、解散委员会、重新讨论、审议尚未采取行动的问题、搁置或通过日程表，更改尚未审议的问题的审议顺序、撤回尚未审议的文件、对于并未即时搁置的事务暂停适用规则、结束委员会的全体辩论、删除、对请求进行审议（当规则没有相关规定时）。①

① Sturgis, Alice Fleenor, *Standard Code of Parliamentary Practice*, New York: McGraw-Hill, 1950, and 3rd edition revised, New York: McGraw-Hill, 1988, pp.15-18.

第四章　适用于特定动议的规则

第一节　先决动议

一、议院传召

议院传召是为了强制议员出席会议。[1] 宪法赋予州议院强制议员出席的权利，甚至包括下令逮捕议员的权利。如果议院传召后议员没有正当理由但不出席会议，立法机构有权惩罚该议员，甚至将该议员除名。[2] 如果立法机构没有强制议员出席的权利，则会妨碍其发挥立法功能。如果议院没有规定传召规则，国会将认定传召是符合宪法规定的。立法机构只有在组建之后才具有强制议员出席的权利，除非宪法另行批准。不过，在立法机构组建之前、议员达到一定人数之前，立法机构可以不断休会。组建之后，超过法定人数的议员毫无疑问具有强制其他议员出席的权利。少于法定人数的议员通常由宪法赋予该项权利。宪法或规则通常会写明行使这一权利所

---

① Cushing, Luther Stearns, *Elements of the Law and Practice of Legislative Assemblies in the United States of America—Lex Parliamentaria Americana*, Boston: Little, Brown & Co., 1856 (usually available in the printing of 1847), Sec. 264.

② Cushing, Luther Stearns, *Elements of the Law and Practice of Legislative Assemblies in the United States of America—Lex Parliamentaria Americana*, Boston: Little, Brown & Co., 1856 (usually available in the printing of 1847), Secs. 264, 434; see also U.S. Constitution, Art. I, Sec. 5, Par. 1, Note 55in House Manual.

需要达到的人数要求。[①]

如果出席人数未达到法定人数，议院传召级别高于所有其他动议。[②] 如果出席人数达到法定人数，议院传召级别等同于先决问题。[③] 如果出席人数未达到法定人数，不得宣读日志，而应该在宣读日志之前先进行传召。[④] 任何议员有权针对出席人员是否达到法定人数提出疑问，如果出席人员确实未达到法定人数，议院必须进行传召或者宣布休会。如果出席人数达到法定人数，并且已经出席的人数达到传召所需的最低人数要求，那么出席议员中的大多数就有权传召尚未出席的任何议员。[⑤] 许多州宪法都规定，议院一定人数的议员可以要求传召。某些机构规则中也有类似的规定。

有些情况下，即使出席人数达到法定人数，机构规则仍然禁止在投票开始之后进行传召。要求议院传召的动议或者提出议院传召的要求均是符合程序的，但提出此类动议或要求时不得打断点名，除非得到规则的另行允许。如果出席的人数未达到法定人数，那么议员可以就是否达到法定人数的问题提出质疑，这将迫使议院处理该问题。议院可进行传召或者休会。如果出席人数已经达到法定人数，而传召动议或传召要求又被否决，那么该否决决定将不得更新，除非有新的事务涉及其中，或者议院情况发生变化。传召动议或传召要求不可辩论，不可更改，也不可搁置、延期、提交、委托，或

---

① Cushing, Luther Stearns, *Elements of the Law and Practice of Legislative Assemblies in the United States of America—Lex Parliamentaria Americana*, Boston: Little, Brown & Co., 1856 (usually available in the printing of 1847), Secs. 255-259, 264, 268.

② Cushing, Luther Stearns, *Elements of the Law and Practice of Legislative Assemblies in the United States of America—Lex Parliamentaria Americana*, Boston: Little, Brown & Co., 1856 (usually available in the printing of 1847), Sec. 437.

③ Cushing, Luther Stearns, *Elements of the Law and Practice of Legislative Assemblies in the United States of America—Lex Parliamentaria Americana*, Boston: Little, Brown & Co., 1856 (usually available in the printing of 1847), Sec. 419.

④ Cushing, Luther Stearns, *Elements of the Law and Practice of Legislative Assemblies in the United States of America—Lex Parliamentaria Americana*, Boston: Little, Brown & Co., 1856 (usually available in the printing of 1847), Sec. 419.

⑤ Hughes, Edward Wakefield, *Hughes' American Parliamentary Guide*, Columbus: F. J. Heer Printing Co., revised 1926, Sec. 658.

将其他附属动议适用于之。[1] 传召动议的常见形式是："我要求参议院（或众议院）进行传召。"人数未达到法定人数的问题可以被作为程序议题提出，也可以这样提出："主席先生或女士/议长先生或女士：出席人数达到法定人数了吗？"或"主席先生或女士：我想提请您注意出席人数未达到法定人数。"

当议院作出传召时，议院大门会暂时关闭，办事员以惯例方式对议员进行点名，并记录缺席情况。记录未出席的议员，通过点名进行确认，然后确定缺席人员名单，再由携带武器的巡视人员依照指示去将缺席人员带来。当议员在传召期间出现在议院，并出现在议长面前时，办事员通常需要将他们的出现以及离开记录在案。当议员由携带武器的巡视人员带入议院会场时，议员可能会被要求承担将其带入所花费的费用。[2] 实践中，议员在传召期间入场就座，无须申请即可参加一切事务的处理。如果议院发现出席人数已达到法定要求，或者之前的缺席人员现已出席，那么议院则可取消传召。传召令的初衷并不是要强制议员持续出席，而是要促使并带领议员入场。在现代实践中，在传召期间，为保持议员持续出席，议院大门会保持关闭。在传召期间，被允许缺席的议员不得由携带武器的巡视人员带入场内。缺席许可能够由议员本人申请而取得，也能由其他议员代为申请。机构可随时撤回缺席许可，并要求缺席议员出席。[3] 在传召令下达之后，如果出席人数仍未达到法定要求，除休会动议和撤回传召动议之外，进行任何动议都是违反程序的。如果出席人员达到法定要求，根据规则或已有实践，事务可以附条件或无条件地进行处理。唯一的限制是，当一个传召仍然有效时，议

---

① Cushing, Luther Stearns, *Elements of the Law and Practice of Legislative Assemblies in the United States of America—Lex Parliamentaria Americana*, Boston: Little, Brown & Co., 1856 (usually available in the printing of 1847), Secs. 436-439; State of New York Legislature, *New York Manual* (Clerk's Manual), editions of 1936 and 1948-1949, p.416; Hughes, Edward Wakefield, *Hughes' American Parliamentary Guide*, Columbus: F. J. Heer Printing Co., revised 1926, Secs. 666, 671.

② Cushing, Luther Stearns, *Elements of the Law and Practice of Legislative Assemblies in the United States of America—Lex Parliamentaria Americana*, Boston: Little, Brown & Co., 1856 (usually available in the printing of 1847), Sec. 265.

③ Cushing, Luther Stearns, *Elements of the Law and Practice of Legislative Assemblies in the United States of America—Lex Parliamentaria Americana*, Boston: Little, Brown & Co., 1856 (usually available in the printing of 1847), Secs. 267, 435.

院不可发出另一个传召。在传召期间,除非规则特别授权,否则即使全体一致同意,也不得作出会间休息的决定。[①] 一旦休会,传召期间的一切程序均视为结束,除非出席人数已达到法定人数要求后,议院又在休会之前已指示被带入场内的议员在之后的会议中就缺席问题作出解释。投票可以结束传召,休会动议也可以结束传召。不过,最好的办法不是在传召过程中批准休会动议,而是要求议院休会动议之前进行传召。在传召过程中,提出一个处理后续传召程序的动议,在任何时候都是符合规程的。传召程序可以由起到结束传召效果的动议或休会来结束。这些程序的本质决定了它们会受到休会的抑制。处理后续传召程序的动议,需要大多数议员出席投票并且得到大多数议员的支持才能通过。处理后续传召程序的动议可由任何议员提出,不过出于礼貌,提出进行传召的议员通常被允许提出取消传召的动议。[②] 如果出席人数达到法定要求,并且议院打算取消传召,那么处理后续传召程序的正确动议形式是"我提议传召动议之后的其他动议应该得到处理"。如果动议得到支持,事务将按照常规程序继续进行,并被视为曾受到传召的干扰。

二、休会动议

休会动议,如果是无条件的,那么级别高于其他动议,低于出席人数未达到法定人数时传召的级别。有些机构,根据机构规则赋予其他动议更高

---

① Hughes, Edward Wakefield, *Hughes' American Parliamentary Guide*, Columbus: F. J. Heer Printing Co., revised 1926, Sec. 449; State of New York Legislature, *New York Manual* (Clerk's Manual), editions of 1936 and 1948-1949, p.401.

② Cushing, Luther Stearns, *Elements of the Law and Practice of Legislative Assemblies in the United States of America—Lex Parliamentaria Americana*, Boston: Little, Brown & Co., 1856 (usually available in the printing of 1847), Secs. 270, 439.

的级别。[①] 更改休会时间的动议、确定休会时间的动议、附条件的休会动议，如果得到另外的批准，那么被视为失去其作为先决休会动议的级别。它们成为主议题，可以辩论和修改，附属动议也可适用于之。[②] 如果针对召开会议的时间没有规定，那么休会动议的通过具有解散会议的效果，休会动议实际上成为一个解散或无限期休会的主动议。这种动议可以适用主动议的一切规则。在这种情况下，确定休会时间的动议的级别高于无条件休会动议，故可先予以处理，或者无条件休会动议可经修改而确定再次开会的时间。不过，这种情况在立法机构中很少发生。休会动议永远是符合程序要求的，但是：(1)休会动议不得打断享有议席的议员的发言；(2)被否决的休会动议在其他事务被涉及之前不得更新；(3)表决期间或票数确认期间，不得提出休会动议；(4)不得提出以拖延程序为目的的休会动议。休会动议可在下列情况提出：(1)点名指示已经作出，但点名尚未开始；(2)有关先前议题的指示已经作出，但投票尚未开始。在全体委员中提出休会动议，是不符

① Cushing, Luther Stearns, *Elements of the Law and Practice of Legislative Assemblies in the United States of America—Lex Parliamentaria Americana*, Boston: Little, Brown & Co., 1856 (usually available in the printing of 1847), Secs. 1390-1392; Sturgis, Alice Fleenor, *Standard Code of Parliamentary Practice*, New York: McGraw-Hill, 1950, and 3rd edition revised, New York: McGraw-Hill, 1988. p.72; Hughes, Edward Wakefield, *Hughes' American Parliamentary Guide*, Columbus: F. J. Heer Printing Co., revised 1926, Sec. 265; Reed, Thomas B., *A Manual of General Parliamentary Law* (Reed's Rules), 1898; reprinted: State Printing Plant, Olympia, Washington, 1937, Sec. 168; Cushing, Luther Stearns, *Manual of Parliamentary Practice*, new edition by Albert S. Bolles, Philadelphia: The John C. Winston Company, 1928 (text unchanged in editions from 1907 to 1947, inclusive), Sec. 137; Tilson, John Q., *Parliamentary Law and Procedure*, Washington, D.C.: Ransdell Incorporated, 1935, p.57; Hatsell, John, *Precedents of Proceedings in the House of Commons*, 4th edition, London, 1818, pp.113-115; Robert, General Henry M., *Robert's Rules of Order*, Newly Revised, 1970, p.201.

② Sturgis, Alice Fleenor, *Standard Code of Parliamentary Practice*, New York: McGraw-Hill, 1950, and 3rd edition revised, New York: McGraw-Hill, 1988, p.73; Reed, Thomas B., *A Manual of General Parliamentary Law* (Reed's Rules), 1898; reprinted: State Printing Plant, Olympia, Washington, 1937, Secs. 170, 171; Tilson, John Q., *Parliamentary Law and Procedure*, Washington, D.C.: Ransdell Incorporated, 1935, p.57.

合程序的。[①]

立法机构应在宪法规定的时间召开会议,会议持续召开直至无限期休会动议被提出。如果议院休会,同时没有确定重新开会的日期,而规则规定了召开会议的常规时间,那么议院将在规则规定的下一个立法工作日重新召开会议。如果没有确定重新开会的时间,那么议院在下一个立法工作日的常规工作时间重新召开会议。如果根据惯例仍无法确定常规工作时间,那么议院按照同类会议的适当或通常时间重新召开会议。如果时间仍然无法确定,那么按照旧时习惯,在中午开会。[②] 下一个立法工作日即指下一个日历日,除非下一个日历日是机构通常不召开会议的日子,比如周六、周日或假日。如果经特别指示,会议也可在周六、周日或假日召开。周日宣读的法案,并不当然无效。普通法仅禁止在周日采取司法行为,但并不禁止在周日进行立法行为。[③] 立法机构的会议及开会时间,通常被规定在成文法或规则中。[④] 成文法或规则可以规定召开特别会议。当立法机构决定休会时,有权休会。机构休会之前并不需要先完成正在进行的工作。议长不得专断地休会。[⑤] 参议院和众议院可以进行符合宪法的休会,而不需要征得

---

① Hughes, Edward Wakefield, *Hughes' American Parliamentary Guide*, Columbus: F. J. Heer Printing Co., revised 1926, Sec. 267.

② Cushing, Luther Stearns, *Elements of the Law and Practice of Legislative Assemblies in the United States of America—Lex Parliamentaria Americana*, Boston: Little, Brown & Co., 1856 (usually available in the printing of 1847), Secs. 254, 368, 509-515, 1390-1393; Cushing, Luther Stearns, *Manual of Parliamentary Practice*, new edition by Albert S. Bolles, Philadelphia: The John C. Winston Company, 1928 (text unchanged in editions from 1907 to 1947, inclusive), Sec. 139; Reed, Thomas B., *A Manual of General Parliamentary Law* (Reed's Rules), 1898; reprinted: State Printing Plant, Olympia, Washington, 1937, Sec. 171; Tilson, John Q., *Parliamentary Law and Procedure*, Washington, D.C.: Ransdell Incorporated, 1935, p.57.

③ Ex parte Seward (1923), 299 Mo. 385, 253 S.W. 356, error dismissed sub nom; Seward v. Brady (1924), 264 U.S. 599, 44 S.Ct. 335, 68 L.Ed. 869.

④ Cushing, Luther Stearns, *Elements of the Law and Practice of Legislative Assemblies in the United States of America—Lex Parliamentaria Americana*, Boston: Little, Brown & Co., 1856 (usually available in the printing of 1847), Secs. 254, 509.

⑤ Dingwell v. Detroit (1890), 82 Mich. 568, 46 N.W. 938; State of Oregon v. McKee (1890), 20 Ore. 120, 35 p.292.

彼此的同意。

无条件休会动议的通常形式为:“我提议参议院(或众议院)现在休会。”如果规则授权机构确定再次开会时间,或者授权机构换一个不同的再次开会时间,那么动议可以下列形式提出:“我提议参议院(或者众议院)现在休会,直至(说明日期和时间,比如)明日早晨十点。”机构规定日常会议时间的规则,通常会规定机构在除周日外的每日特定时间召开会议,除非机构确定了另外的时间。虽然无限制休会动议是不可辩论的,但是这并不妨碍在休会前陈述某项事务以引起议员对该事务的注意。在审议休会动议之前,议长应确保没有遗漏当日应处理的事务。在将休会动议交付投票之前,必须进行必要的声明。① 无限制休会动议不受制于任何附属动议,除非由于会议时间尚未确定而使无限制动议丧失其先决地位。无限制休会动议受制于由之而生的偶发动议,比如议院调查、程序议题、上诉。无限制修会动议可以撤回。当会议时间已经确定,休会动议不得针对该特定时间进行修改。但是如果会议时间尚未确定,或虽然时间确定但是议院有权进行修改,那么休会动议可以修改并说明再次开会的时间。② 休会至特定时间的休会动议是可以辩论的,并且可以针对该特定时间进行修改。实践中为了方便,尽管法律和规则规定了确切的开会时间,但动议常常不说明再次开会的时间。当这种形式的动议仅用作通知议员时,则被视为无条件休会动议。休会动议不得重新审议。但是,如果在休会动议被否决之后,又产生了干扰事务或

---

① State of New York Legislature, *New York Manual* (Clerk's Manual), editions of 1936 and 1948-1949, p.403; Cushing, Sec. 137b; Robert, General Henry M., *Robert's Rules of Order*, Newly Revised, 1970, p.200.

② Hughes, Edward Wakefield, *Hughes' American Parliamentary Guide*, Columbus: F. J. Heer Printing Co., revised 1926, Sec. 267; Sturgis, Alice Fleenor, *Standard Code of Parliamentary Practice*, New York: McGraw-Hill, 1950, and 3rd edition revised, New York: McGraw-Hill, 1988, p.72.

议院情况发生了变化，那么休会动议可以被更新。①

少于法定人数可以休会，是一条适用于所有立法机构的议会法规则。在这方面，休会动议有别于其他一切动议。原因当然是，机构需要有一种方式，以便在未达到法定人数时结束会议。大多数的州宪法允许州议院在人数未达到法定人数时屡次休会。其他的立法机构通常在其成文法中也规定了类似的条款。不过，人数少于法定人数时的休会，并不依赖于宪法和成文法法条，而是根据一般议会法和实际情况而进行的。② 休会动议可能由于需要完成正在审议的某项事务而遭到否决。对于何为干扰事务，在此种情形下，条件比其他情形下要更宽松。休会动议需等到正在审议的事务得到解决后才可以更新。该正在审议的事务应是那种只能在辩论中取得进展的事务。在这一点上与休会动议相同的其他例子有：(1)点名传召；(2)议长针

---

① Reed, Thomas B., *A Manual of General Parliamentary Law* (Reed's Rules), 1898; reprinted: State Printing Plant, Olympia, Washington, 1937, Sec. 204; Hughes, Edward Wakefield, *Hughes' American Parliamentary Guide*, Columbus: F. J. Heer Printing Co., revised 1926, Sec. 268; Sturgis, Alice Fleenor, *Standard Code of Parliamentary Practice*, New York: McGraw-Hill, 1950, and 3rd edition revised, New York: McGraw-Hill, 1988, p.28.

② Reed, Thomas B., *A Manual of General Parliamentary Law* (Reed's Rules), 1898; reprinted: State Printing Plant, Olympia, Washington, 1937, Secs. 20, 175; Hughes, Edward Wakefield, *Hughes' American Parliamentary Guide*, Columbus: F. J. Heer Printing Co., revised 1926, Sec. 671; State of New York Legislature, *New York Manual* (Clerk's Manual), editions of 1936 and 1948-1949, p.422; Cushing, Luther Stearns, *Elements of the Law and Practice of Legislative Assemblies in the United States of America—Lex Parliamentaria Americana*, Boston: Little, Brown & Co., 1856 (usually available in the printing of 1847), Secs. 244, 254, 258, 1390, 1396; Choate v. North Fork Highway District (1924), 39 Idaho 483, 228 P. 885; Moore v. City Council of Perry (1903), 119 Iowa 423, 93 N.W. 510; Rolla v. Schuman (1915), 189 Mo. App.252, 175 S.W. 241; Kimball v. Marshall (1863), 44 N.H. 465,; O'Neil v. Tyler (1892), 3N.D. 47, 53 N.W. 434; Smith v. Law (1860), 21 N.Y. 296; Duniway v. City of Portland (1905), 47 Ore. 103, 81 P. 945.

对一个程序议题作出的决定;(3)对其他议院消息的接收;(4)议员声明。[①]在没有符合议院规则要求的中间问题介入的情况下,如果针对休会动议的更新没有议员提出异议,那么视为议员放弃了有关连续休会动议的异议权。[②] 在一个休会动议被否决之后,可以立即提出另一个定期休会的动议,因为此两个动议是两个完全不同的动议。该另一个定期休会动议的提出并不违反有关"动议更新前需提出中间问题"的议院规定。[③] 休会动议的有关权利非常容易被滥用。议长如果发现休会动议是出于拖延程序的目的,则应拒绝审议。[④] 语音点名显示出席人数未达到法定要求,并不必然导致机构休会。如果在休会之前人数达到了法定人数,事务的处理就可以继续。[⑤]

三、会间休息动议

休会与会间休息的基本区别在于,休会动议终止会议,而会间休息只是在会间中断或休息。休会之后,再召开的将是一个新的会议。会间休息之后,会议程序从被打断的地方继续进行。[⑥] 一日之中,会议的间隙,比如用餐,通常都是会间休息。若会议终结,至第二日再开始,则是休会。会间休息动议级别低于议院传召和休会动议,但高于其他一切动议。一个议员不得在另一议员进行议席发言时提出会间休息动议,也不得在投票过程中或票数验证过程中提出。会间休息动议可以是无条件的,也可以是规定一段特定时间,比如"10 分钟""1 个小时"。一个无条件的会间休息动议,一经采

---

① Sturgis, Alice Fleenor, *Standard Code of Parliamentary Practice*, New York: McGraw-Hill, 1950, and 3rd edition revised, New York: McGraw-Hill, 1988, p.28, 73; Reed, Thomas B., *A Manual of General Parliamentary Law* (Reed's Rules), 1898; reprinted: State Printing Plant, Olympia, Washington, 1937, Sec. 169.

② Hill v. Goodwin (1876), 56 N.H. 441.

③ Hill v. Goodwin (1876), 56 N.H. 441.

④ State of New York, *Legislature*, *New York Manual* (Clerk's Manual), editions of 1936 and 1948-1949, p.476.

⑤ Pollard v. Gregg (1914), 77 N.H. 190, 90 A. 176.

⑥ Sturgis, Alice Fleenor, *Standard Code of Parliamentary Practice*, New York: McGraw-Hill, 1950, and 3rd edition revised, New York: McGraw-Hill, 1988, p. 70; Hughes, Edward Wakefield, *Hughes' American Parliamentary Guide*, Columbus: F. J. Heer Printing Co., revised 1926, Sec. 166; Robert, General Henry M., *Robert's Rules of Order*, Newly Revised, 1970, p.73.

纳和宣布，议院即开始会间休息，直至议长正式宣布继续开会。[①] 会间休息动议不可辩论，也不受制于除修改之外的其他附属动议。会间休息动议的修改仅限于针对休息时间的长短进行修改。采纳会间休息动议要求合法票数中的多数票支持。若无特别规定，会间休息动议一经采纳立即生效，议长也应立即宣布开始会间休息。会间休息动议可更新，所适用的规则与休会动议所适用的规则相同。[②] 如果出席人数未达到法定人数，那么议员不能提出会间休息动议。此时，要么进行传召，要么休会。在传召期间，不能提出会间休息动议。只有在传召结束后，才能进行会间休息。会间休息动议如果是涉及未来某一个时刻的会间休息，那么该动议级别高于主动议，并且是可辩论的。[③]

四、特权问题

与机构有关或者与议员有关，且会影响到机构发挥其功能的问题就是特权问题。机构必须立即解决这些问题。这些问题涉及机构的权利和特权，或者议员的履职能力，或者机构运作的顺畅与方便，或者议员履职的舒适与方便。“特权问题”应与“先决问题”相区分，后者是级别最高的一类动议。特权问题分为两类：与整个结构的特权相关的，被称为“议院特权问题”；与议员个体的特权相关的，被称为“个人特权问题”。若二者产生冲突，

---

① Reed, Thomas B., *A Manual of General Parliamentary Law* (Reed's Rules), 1898; reprinted: State Printing Plant, Olympia, Washington, 1937, Sec. 174.

② Sturgis, Alice Fleenor, *Standard Code of Parliamentary Practice*, New York: McGraw-Hill, 1950, and 3rd edition revised, New York: McGraw-Hill, 1988, p.70, 71; Hughes, Edward Wakefield, *Hughes' American Parliamentary Guide*, Columbus: F. J. Heer Printing Co., revised 1926, Secs. 165, 167, 449.

③ Jefferson, Thomas, *Jefferson's Manual*, 1781, available as a document of the U. S. Congress; e.g., House Document No. 416, 93rd Congress, 2nd Session, published by the U. S. Government Printing Office, 1975, Sec. 11; note 586 in House Manual (1947); Hughes, Edward Wakefield, *Hughes' American Parliamentary Guide*, Columbus: F. J. Heer Printing Co., revised 1926, Secs. 165, 166, 449.

则议院特权问题优先于个人特权问题。[①] 有些事务的特权性质非常明显，必须得到立即处理，因而正在处理的任何其他事务都必须因之中止。议院特权问题一般涉及：(a)议院组织机构；(b)除名、谴责议员或者质疑议员的履职能力；(c)出席人数达到法定人数时的议院传召；(d)议员的舒适；(e)免受干扰的自由；(f)议员的不当行为；(g)官员或雇员的行为，或者撤换、谴责官员或雇员的行为；(h)报告员或媒体的行为，或者已出版报告的准确性；(i)议院日志和记录。[②] 有关权利、名誉、履职中行为等问题，属于个人特权问题。个人特权问题必须与议员个人有关，或者与导致他们无法履职的某种特性有关。议员无权就个人特权问题发言，除非他们所述情况涉及他们的代表能力。议员提出个人特权问题时，矛头只能针对涉及他们本人的那些言论。当谈及个人特权时，议员只能为自身辩护，而不得为其他人辩护。[③]

如果一个针对议员的公开控诉，即使属实也不会导致该议员无能力担任议员，那么该控诉就不能算作个人特权问题。仅在议院批评一个议员的行为，不构成个人特权问题。谴责一个议员在成为议员之前的有损名誉的

---

① Sturgis, Alice Fleenor, *Standard Code of Parliamentary Practice*, New York: McGraw-Hill, 1950, and 3rd edition revised, New York: McGraw-Hill, 1988, pp.66-69; Hughes, Edward Wakefield, *Hughes' American Parliamentary Guide*, Columbus: F. J. Heer Printing Co., revised 1926, Sec. 546; Reed, Thomas B., *A Manual of General Parliamentary Law* (Reed's Rules), 1898; reprinted: State Printing Plant, Olympia, Washington, 1937, Sec. 178; Cushing, Luther Stearns, *Manual of Parliamentary Practice*, new edition by Albert S. Bolles, Philadelphia: The John C. Winston Company, 1928 (text unchanged in editions from 1907 to 1947, inclusive), Sec. 141

② State of New York Legislature, *New York Manual* (Clerk's Manual), editions of 1936 and 1948-1949, p.469; Sturgis, Alice Fleenor, *Standard Code of Parliamentary Practice*, New York: McGraw-Hill, 1950, and 3rd edition revised, New York: McGraw-Hill, 1988, p.66.

③ Hughes, Edward Wakefield, *Hughes' American Parliamentary Guide*, Columbus: F. J. Heer Printing Co., revised 1926, Secs. 556, 563, 567, 648; Sturgis, Alice Fleenor, *Standard Code of Parliamentary Practice*, New York: McGraw-Hill, 1950, and 3rd edition revised, New York: McGraw-Hill, 1988, pp.66-69.

行为，或者针对某议员但不涉及其议员能力的批评，也都不构成个人特权问题。[①] 议长拒绝给予议员许可的事实，不是个人特权问题。个人解释的问题，不是个人特权问题。只有议院批准，个人解释才能被接受。对于个人解释的批准，不得转让。议员只能针对与他们自身相关的事情进行解释。如果享有解释权的议员正在进行解释，只要其行为未违反议院规则，那么任何人不得打断该议员的解释。[②] 特权问题的级别低于休会动议、未达法定人数时议院传召、会间休息动议，但高于其他问题。因此，因任何原因产生的特权问题(比如两名议员之间的争辩、优先于原问题的审议等)，都必须首先予以解决。特权问题只在涉及立即审议的权利时，才具有特权性质。一经宣布并提交议院，特权问题就成为可辩论的，且受制于附属动议。先前议题适用于针对特权问题的辩论，适用方式与其适用于其他问题时候一样。当特权问题得到处理之后，被暂停的事务可以继续进行。[③] 当特权问题会对议院或议员产生影响，并需要立即解决时，议员可以在另一个议员发言过程中提出该特权问题。任何时候提出特权问题都是符合规程的。议长需要决定所提问题是否属于特权问题，以及该特权问题是否紧迫到需要打断议员发言。[④] 有意愿提出特权问题的议员无须等待许可，但应该立即起立对议

---

① State of New York Legislature, *New York Manual* (Clerk's Manual), editions of 1936 and 1948-1949, p. 469; Hughes, Edward Wakefield, *Hughes' American Parliamentary Guide*, Columbus: F. J. Heer Printing Co., revised 1926, Sec. 560.

② Hughes, Edward Wakefield, *Hughes' American Parliamentary Guide*, Columbus: F. J. Heer Printing Co., revised 1926, Sec. 565.

③ Cushing, Luther Stearns, *Manual of Parliamentary Practice*, new edition by Albert S. Bolles, Philadelphia: The John C. Winston Company, 1928 (text unchanged in editions from 1907 to 1947, inclusive), Sec. 141; Cushing, Luther Stearns, *Elements of the Law and Practice of Legislative Assemblies in the United States of America—Lex Parliamentaria Americana*, Boston: Little, Brown & Co., 1856 (usually available in the printing of 1847), Sec. 1501.

④ Sturgis, Alice Fleenor, *Standard Code of Parliamentary Practice*, New York: McGraw-Hill, 1950, and 3rd edition revised, New York: McGraw-Hill, 1988, pp.66-69; Cushing, Luther Stearns, *Elements of the Law and Practice of Legislative Assemblies in the United States of America—Lex Parliamentaria Americana*, Boston: Little, Brown & Co., 1856 (usually available in the printing of 1847), Sec. 1500; State of New York Legislature, *New York Manual* (Clerk's Manual), editions of 1936 and 1948-1949, p.468.

长说“我要提出关于议院特权问题”或者“我要提出个人特权问题”。议长应要求该议员陈述该问题。

第二节　偶发动议

一、上诉

针对议长的决定提出异议的正确途径是上诉。所有程序议题均由议长决定，任何议员均可就议长的决定提出上诉。议长有义务以平等公正的方式处理程序议题。① 针对议长决定的上诉必须及时提出。在辩论之后或其他事务介入之后，则不得再提上诉。② 如果议长裁定一个动议是违反程序的，并且拒绝将该动议呈交议院，那么正确的异议程序是就议长的决定提出上诉。议员不得将已被议长认定为违反程序的问题交付投票。③ 当针对上

---

① Sturgis, Alice Fleenor, *Standard Code of Parliamentary Practice*, New York: McGraw-Hill, 1950, and 3rd edition revised, New York: McGraw-Hill, 1988, p.77; U.S. Congress: provisions of the U.S. Constitution and rules of the House of Representatives are cited from the *Manual of the U.S. House of Representatives*, I, Par. 4; Hughes, Edward Wakefield, *Hughes' American Parliamentary Guide*, Columbus: F. J. Heer Printing Co., revised 1926, Sec. 527; State of New York Legislature, *New York Manual* (Clerk's Manual), editions of 1936 and 1948-1949, p.457; Tilson, John Q., *Parliamentary Law and Procedure*, Washington, D.C.: Ransdell Incorporated, 1935, p.32; State of Connecticut v. Lasher (1899), 71 Conn, 540, 42 A 636; Proctor Coal Co. v. Finley (1895), 98 Ky. 405, 33 S.W. 188.

② Sturgis, Alice Fleenor, *Standard Code of Parliamentary Practice*, New York: McGraw-Hill, 1950, and 3rd edition revised, New York: McGraw-Hill, 1988, p.78; State of New York Legislature, *New York Manual* (Clerk's Manual), editions of 1936 and 1948-1949, p.410; Tilson, John Q., *Parliamentary Law and Procedure*, Washington, D.C.: Ransdell Incorporated, 1935, p.30; Cushing, Luther Stearns, *Elements of the Law and Practice of Legislative Assemblies in the United States of America—Lex Parliamentaria Americana*, Boston: Little, Brown & Co., 1856 (usually available in the printing of 1847), Sec. 1465; Hughes, Edward Wakefield, *Hughes' American Parliamentary Guide*, Columbus: F. J. Heer Printing Co., revised 1926, Secs. 534, 719.

③ Proctor Coal Co. v. Finley (1895), 98 Ky. 405, 33 S.W. 188.

诉尚未作出决定之前，只能提出与上诉相关的程序问题，不得提出任何有关其他问题的程序问题。如果上诉决定的作出有赖于程序问题的解决，那么议长可就程序问题作出决定。议长就程序问题作出的决定也是可上诉的。国会较早前的做法是，如果存在其他尚未处理的上诉，那么议长就某上诉所依赖的程序议题作出的决定是不可上诉的，只有在其他事务均已处理完毕之后，才可针对该程序议题提出异议。如果议长的决定不符合常规，那么议长将受到议院的指责。[①] 如果上诉尚未得到处理，那么不得针对该上诉提出第二个程序问题。但是，如果针对上诉已作出决定，或上诉已被搁置，或上诉已得到其他形式的处理，那么可以再提出第二个程序议题，并且议长就该第二个程序问题作出的决定是可上诉的。当针对议长决定的上诉被提出时，该上诉必须在其他事务之前得到处理。针对议院询问所做的回答，不是一个决定，因此不得上诉。[②]

如果议员有意愿就议长的决定提起上诉，那么该议员应起立，无须等待许可即可向议长发言，“我要就该问题提起上诉”或者“我要就议长或主席的决定提出上诉”。当上诉被提起时，议长应清楚地说明上诉所涉的决定，并且说明其作出该决定的理由。[③] 如果没有辩论，或者辩论已得出结论，议长可以用如下方式提问：“议长（或主席）的决定是否可作为参议院（众议院）的

---

① Reed, Thomas B., *A Manual of General Parliamentary Law* (Reed's Rules), 1898; reprinted: State Printing Plant, Olympia, Washington, 1937, Sec. 185; Cushing, Luther Stearns, *Elements of the Law and Practice of Legislative Assemblies in the United States of America—Lex Parliamentaria Americana*, Boston: Little, Brown & Co., 1856 (usually available in the printing of 1847), Sec. 1470.

② Hughes, Edward Wakefield, *Hughes' American Parliamentary Guide*, Columbus: F. J. Heer Printing Co., revised 1926, Sec. 542; Sturgis, Alice Fleenor, *Standard Code of Parliamentary Practice*, New York: McGraw-Hill, 1950, and 3rd edition revised, New York: McGraw-Hill, 1988, pp.77-79.

③ Sturgis, Alice Fleenor, *Standard Code of Parliamentary Practice*, New York: McGraw-Hill, 1950, and 3rd edition revised, New York: McGraw-Hill, 1988, p. 77; Hughes, Edward Wakefield, *Hughes' American Parliamentary Guide*, Columbus: F. J. Heer Printing Co., revised 1926, Sec. 543; Cushing, Luther Stearns, *Elements of the Law and Practice of Legislative Assemblies in the United States of America—Lex Parliamentaria Americana*, Boston: Little, Brown & Co., 1856 (usually available in the printing of 1847), Sec.1461; State of Connecticut v. Lasher (1899), 71 Conn. 540, 42 A, 636.

决定?”有些州的传统赋予了主席很大的权威,使得议员很难针对主席的决定提出上诉。

议长的决定是不可辩论的,除非议员已经就该决定提起了上诉。上诉是可辩论的,即使产生上诉的问题本身是不可辩论的。上诉的辩论与其他问题的辩论都适用相同的规则。① 产生上诉的问题本身不得在上诉过程中辩论,只有涉及程序的特定问题可以辩论。② 不论上诉是否进行了辩论,议长在针对上诉作出决定时,可坐在原位说明决定的原因,而不必起立。有些规则规定,如果裁定涉及不当言行、违反规则、事务优先权,或者上诉在先前议题尚未处理时提出,或者被即时暂停的问题是不可辩论的,那么上诉是不可辩论的。在大多数州,针对议长决定的上诉可以由提起该上诉的议员撤回。但是,提起上诉的议员撤回上诉之后,如果没有其他事务干扰,那么该上诉可由该议员或其他议员更新。③

上诉不可修改,因为上诉问题仅涉及是否应维持议长的决定。上诉可搁置,但是不可交付委员会。如果规则不允许上诉被重新审议,那么反对上诉的议员通常会提议搁置上诉,因为搁置上诉具有终止辩论的效果,并且可以维持议长的决定。④ 如果上诉被搁置,并不导致相关主要问题被搁置,议

① State of New York Legislature, *New York Manual* (Clerk's Manual), editions of 1936 and 1948-1949, p.407; Robert, General Henry M., *Robert's Rules of Order*, Newly Revised, 1970, p.220.

② Cushing, Luther Stearns, *Elements of the Law and Practice of Legislative Assemblies in the United States of America—Lex Parliamentaria Americana*, Boston: Little, Brown & Co., 1856 (usually available in the printing of 1847), Sec. 1466; State of New York Legislature, *New York Manual* (Clerk's Manual), editions of 1936 and 1948-1949, p.410.

③ Hughes, Edward Wakefield, *Hughes' American Parliamentary Guide*, Columbus: F. J. Heer Printing Co., revised 1926, Sec. 544; Cushing, Luther Stearns, *Elements of the Law and Practice of Legislative Assemblies in the United States of America—Lex Parliamentaria Americana*, Boston: Little, Brown & Co., 1856 (usually available in the printing of 1847), Sec. 1466; State of New York Legislature, *New York Manual* (Clerk's Manual), editions of 1936 and 1948-1949, p.610.

④ Hughes, Edward Wakefield, *Hughes' American Parliamentary Guide*, Columbus: F. J. Heer Printing Co., revised 1926, Sec. 542; State of New York Legislature, *New York Manual* (Clerk's Manual), editions of 1936 and 1948-1949, p.409.

院仍需解决引发该上诉的相关问题。如果得到法定票数的半数支持，且出席人数达到法定出席要求，那么议长的决定将在上诉后得以维持。一个平局的投票结果，可维持议长的决定，因为推翻议长的决定需要大多数票数的支持。如果议长是议院议员之一，那么议长可在上诉中投票以支持自己的决定。① 上诉可被重新审议。但是如果上诉针对的主要问题已经得到处理，且议院已不可能推翻已采取的某行动，那么不必再重新审议该上诉。

二、程序议题

议长有义务毫不迟延地遵守议院的规则和程序，而无须等到被提醒才对违反程序的情况加以注意。每一个留意到违规情况的议员都有权要求程序得到正确执行。议员的这种行为被称为提起程序议题，因为议员实际上是就是否存在违反程序及规则的情况向议长提出问题。议长有义务维持程序、执行规则。② 程序议题是一种议院制度，用以要求和监督议院遵守自身规则、遵循议院先例。任何关于遵守规则的要求，从效果上来说，都是程序议题，并且都适用相同的规则。如果程序议题没有在议院程序中直接提出，那么议长无须就该程序议题作出决定。

---

① Hughes, Edward Wakefield, *Hughes' American Parliamentary Guide*, Columbus: F. J. Heer Printing Co., revised 1926, Sec. 542; State of New York Legislature, *New York Manual* (Clerk's Manual), editions of 1936 and 1948-1949, p.409; Cushing, Luther Stearns, *Elements of the Law and Practice of Legislative Assemblies in the United States of America—Lex Parliamentaria Americana*, Boston: Little, Brown & Co., 1856 (usually available in the printing of 1847), Sec. 1471.

② Sturgis, Alice Fleenor, *Standard Code of Parliamentary Practice*, New York: McGraw-Hill, 1950, and 3rd edition revised, New York: McGraw-Hill, 1988, pp.83-85; Hughes, Edward Wakefield, *Hughes' American Parliamentary Guide*, Columbus: F. J. Heer Printing Co., revised 1926, Secs. 261, 527; Reed, Thomas B., *A Manual of General Parliamentary Law* (Reed's Rules), 1898; reprinted: State Printing Plant, Olympia, Washington, 1937, Secs. 48, 111, 182, 183; Cushing, Luther Stearns, *Manual of Parliamentary Practice*, new edition by Albert S. Bolles, Philadelphia: The John C. Winston Company, 1928 (text unchanged in editions from 1907 to 1947, inclusive), Sec. 151; Cushing, Luther Stearns, *Elements of the Law and Practice of Legislative Assemblies in the United States of America—Lex Parliamentaria Americana*, Boston: Little, Brown & Co., 1856 (usually available in the printing of 1847), Secs. 1457, 1460; Robert, General Henry M., *Robert's Rules of Order*, Newly Revised, 1970, p.212.

程序议题必须在违规做法或情况尚未结束时提出。在特定环节已经结束后或下一阶段事务已经开始后，不得再提出针对该特定环节的程序性议题。在涉及实体问题时，程序议题只能在法案或提案仍处于机构控制的情况下提出。如果问题涉及违反宪法或成文法，比如宣读法案三次的要求，问题也只能在行动仍处于机构控制的情况下提出。一旦一个程序议题得到处理，就可以接着处理另一个程序议题。推翻一个程序议题之后，针对同一个议案可以再提出另一个程序议题。① 除非出于拖延程序的目的，一个程序议题可以基于另一个程序议题而提出。如果一个程序议题尚未解决，就提出另一个程序议题，那么是不符合规程的，除非后提出的程序议题与前一个程序议题有所关联。如果议员享有议席，那么可以提出程序议题。如果程序议题涉及发言、文件、报告，那么可以打断发言、文件和报告的宣读。程序议题必须在某一特定问题有待解决时提出。如果针对修正案提出的修正案有待解决，或者再次委托的动议有待解决，那么提出程序议题就过于草率了。② 修正案并不是总是像它表面上看起来的那样，因为它们既反映了完善法案的方式也反映了破坏法案的方式。提出修正案可能需要研究和规划，但偶尔只需要几分钟便能在院会提出修正案。它们强加的一些变更可能会细微到只是改变一些语言表达，也可能完全替代原法案。如果程序议题是出于个人利益或者金钱利益而质疑议员的投票权，那么提出该问题的合适时间是在投票已被记录、但投票结果尚未宣布之前。

议长没有义务解决任何未在程序中提出的问题。议长没有权利就所提法案的合宪性、法律效果、效益等问题进行裁决，因为这些都属于议院的权限。决定一个修正案的合宪性，不属于主席的权限范围。③ 不能就法案与

---

① Cushing, Luther Stearns, *Elements of the Law and Practice of Legislative Assemblies in the United States of America—Lex Parliamentaria Americana*, Boston: Little, Brown & Co., 1856 (usually available in the printing of 1847), Sec. 1470.

② State of Massachusetts, Legislature, *Manual of the General Court of Massachusetts*, 1947-1948, p.669.

③ Hughes, Edward Wakefield, *Hughes' American Parliamentary Guide*, Columbus: F. J. Heer Printing Co., revised 1926, Secs. 28, 270; U.S. Congressional Record, 35th Cong. 2d Sess., p.680; U.S. Congressional Record, 46th Cong. 2d Sess., p.1501; State of New York Legislature, *New York Manual* (Clerk's Manual), editions of 1936 and 1948-1949, p.443.

标题不符的问题提出程序议题，因为这是应该由机构处理的问题。如果议员想提出程序议题，那么应该起立，然后无须等待许可即应对议长说："我要提出程序议题。"议长则应中断正在进行的程序。如果其他议员正在发言，那么发言的议员应立即停止，然后议长应该指示提出程序议题的议员进行陈述。议员应该尽可能简明而准确地表达观点，尽可能引用权威观点，但不需要对问题进行推断和决定，也无须就问题进行争论。程序议题不是动议，因此即使规则规定动议需要附议时，程序议题也无须附议。①

议长有义务立即关注到任何程序议题，即使议长的决定可能会有所推迟。在就程序议题作出决定之前，议长可以征求议员们的建议和意见。如果问题特别复杂或者特别重要，则可以在作出决定之前对问题进行调查和研究。议长可以出于级别考虑或者出于审慎的缘故推迟裁定。程序议题由议长决定，无须辩论，除非在有争议的情况下，议长会将问题提交机构以征求建议或决定。如果议长将问题提交议院以征得决定，那么问题是可辩论的，因为议院的决定是不可上诉的。在辩论中，如果议长裁定针对程序议题的辩论已经结束，那么该裁定是可上诉的。在作出程序议题决定时，议长陈述决定理由时可不必起立。在这种情况下，议长可以优先于议员就程序议题进行发言，或者如果议长本身就是议院议员，那么可以优先于其他议员进行发言。② 根据程序规则，议员可以有礼貌地请求（而不是要求）议长重新审议其就程序议题所作的决定。根据众议院的早先实践，在议院分列过程

---

① Hughes, Edward Wakefield, *Hughes' American Parliamentary Guide*, Columbus: F. J. Heer Printing Co., revised 1926, Secs. 273, 529, 531; Reed, Thomas B., *A Manual of General Parliamentary Law* (Reed's Rules), 1898; reprinted: State Printing Plant, Olympia, Washington, 1937, Sec. 184; Cushing, Luther Stearns, *Manual of Parliamentary Practice*, new edition by Albert S. Bolles, Philadelphia: The John C. Winston Company, 1928 (text unchanged in editions from 1907 to 1947, inclusive), Sec. 151; Sturgis, Alice Fleenor, *Standard Code of Parliamentary Practice*, New York: McGraw-Hill, 1950, and 3rd edition revised, New York: McGraw-Hill, 1988, p.83; Robert, General Henry M., *Robert's Rules of Order*, Newly Revised, 1970, p.216.

② Cushing, Luther Stearns, *Elements of the Law and Practice of Legislative Assemblies in the United States of America—Lex Parliamentaria Americana*, Boston: Little, Brown & Co., 1856 (usually available in the printing of 1847), Sec. 1471; State of New York Legislature, *New York Manual* (Clerk's Manual), editions of 1936 and 1948-1949, p.407; State of Connecticut v. Lasher (1899), 71 Conn. 540, 42 A. 636.

中不得就程序议题进行辩论，不过发言者可以非正式地向议员征求意见。如果允许在议院分列程序中进行辩论，那么会造成过多的困惑。同样的原因，在议院分列并等待统计的时期，也不得就程序议题进行上诉。如今有了现代化的投票方式，上述技术规则已无存在的必要，投票过程中产生的程序议题现在已经不再受制于特殊规则或特殊程序。不过，机构的自选规则有时候还是会包含早先的技术限制规则。程序议题本身比产生程序议题的问题享有更高的级别。程序议题和就程序议题作出的决定，都是不得更改的，也不得适用其他附属动议，除非针对该决定可以提出上诉或者上诉可以被撤回。程序议题是不可辩论的，除非议题被提交至议院。如果就议题提起上诉，那么该议题可以在上诉中进行辩论。① 如果议长未向机构提交程序议题以征求机构决定，就不得针对程序议题进行投票，除非已经有人就议长的决定提起上诉。

三、议院询问和其他信息要求

在审议机构的会议中，议员可能会想获取有关议院程序或议院事务的信息。这些请求不是技术性动议，但是出于方便考虑将其归入技术性动议。议院询问是请求从议长处获得议院正在处理或将要处理的问题的相关程序信息。② 议长应回答与议院正在处理的问题相关的议会法问题，以便提出询问的议员能够提出合适的动议或者提出及时的程序议题。但是，议长没

---

① State of New York Legislature, *New York Manual* (Clerk's Manual), editions of 1936 and 1948-1949, p.457, 464; Cushing, Luther Stearns, *Elements of the Law and Practice of Legislative Assemblies in the United States of America—Lex Parliamentaria Americana*, Boston: Little, Brown & Co., 1856 (usually available in the printing of 1847), Sec. 1460; Sturgis, Alice Fleenor, *Standard Code of Parliamentary Practice*, New York: McGraw-Hill, 1950, and 3rd edition revised, New York: McGraw-Hill, 1988, p. 85; Robert, General Henry M., *Robert's Rules of Order*, Newly Revised, 1970, p.214.

② Hughes, Edward Wakefield, *Hughes' American Parliamentary Guide*, Columbus: F. J. Heer Printing Co., revised 1926, Sec. 521; Sec. 521; Sturgis, Alice Fleenor, *Standard Code of Parliamentary Practice*, New York: McGraw-Hill, 1950, and 3rd edition revised, New York: McGraw-Hill, 1988, p.86; Robert, General Henry M., *Robert's Rules of Order*, Newly Revised, 1970, p.245; Demeter, George, *Demeter's Manual of Parliamentary Law and Procedure*, Boston: Bostonia Press, revised 1969, p.124.

有义务回答关于议会法的一般性问题。如果议长并不知晓询问所涉的信息，那么可以指示知晓相关信息的议员进行回答。如果议员有意愿获得与机构正在处理的问题相关的信息，或与机构即将处理的问题相关的信息，那么可以起立，无须等待许可即可向议长说“我要提出议院询问”“我要起立以询问信息”或者“我要起立以询问一个信息”。议长应要求议员说明请求，如果问题显然与机构相关，那么该议员有权获悉相关信息。如果另一个议员正在发言，而问题不需要立即回答，那么议长可等候议员发言完毕后再予以答复。①

如果议院询问涉及需要立即注意的问题，那么可以在议员尚有议席时提出，甚至可以打断议员的发言。议院询问不是动议，只是一个信息要求，因此不可辩论、更改或受其他动议的约束。② 议院询问是偶发问题，仅让步于先决问题、上诉和程序议题，并且级别高于其他偶发动议、附属动议及主动议。议长可在先前议题得到解决后再回答议院询问。如果议院询问出于拖延程序的目的，那么是不符合规程的。

经常会出现一名议员想从另一名议员处获取信息的情况。这种获取信息的要求不是严格意义上的议院询问，但是一般适用与议院询问相同的规则。如果有人想从正在发言的议员处获取信息，或者从除议长之外的议员处获取信息，那么应起立说：“议长先生或女士（或主席先生或女士），我想向参议员或代表（指明议员身份）提问。”议长应询问正在发言的议员或其他议员是否愿意被打断以及是否愿意回答问题。征得发言议员和其他议员的同意后，议长指示提问议员陈述问题。然后，议长可以重复问题，或者只是要

---

① Sturgis, Alice Fleenor, *Standard Code of Parliamentary Practice*, New York: McGraw-Hill, 1950, and 3rd edition revised, New York: McGraw-Hill, 1988, p.86, 87; Robert, General Henry M., *Robert's Rules of Order*, Newly Revised, 1970, p.245.

② Hughes, Edward Wakefield, *Hughes' American Parliamentary Guide*, Columbus: F. J. Heer Printing Co., revised 1926, Sec. 522; Sturgis, Alice Fleenor, *Standard Code of Parliamentary Practice*, New York: McGraw-Hill, 1950, and 3rd edition revised, New York: McGraw-Hill, 1988, p.89.

求其他议员进行答复。答复结果应提交给议长，而非询问者。[①] 在委员会或较小范围内，提问和回答的程序可以是非正式的。一名议员向另一名议员提问的情况，在委员会中比在较大机构更为常见。通过一名议员提出若干问题，通常比扩大辩论范围，更能清楚地阐明议案内容。议长绝不能允许有人诘问正在发言的议员，也不能允许议员假借提问进行争论。议员不能因向其他议员提问而打断议员的发言，除非确实存在需要特殊处理的问题。[②] 如果发言时间是有限的，并且发言议员同意被提问打断发言，那么因之而消耗的时间不计入该议员的发言时间。除议院询问之外，还存在诸多其他请求。比如，撤回动议的请求、履行职责的请求、要求特权的请求。有些请求具有附属性。它们由其他问题而产生，并且需要在解决其他问题之前优先得到解决。所以，议院决定就某问题进行投票时，如果议员请求不参加投票，该请求的提出是符合规程的。[③] 这类请求不得更改，不受其他附属动议的制约，但是，如果该请求被拒绝后，又有一个效果相同的动议被提出，那么后来提出的动议是可辩论的且受到附属动议的制约。

四、当日秩序和日程表

当日秩序命令要求机构遵守自身的事务秩序。在早先的实践中，须对某一日的审议问题进行分配，而分配至某一日的问题就是该日的事务秩序。所谓当日秩序，就是要求机构按照程序处理这些问题。在现代实践中，较大

---

① Hughes, Edward Wakefield, *Hughes' American Parliamentary Guide*, Columbus: F. J. Heer Printing Co., revised 1926, Secs. 521, 522; U.S. House Manual, 80th Cong., Rule I, Note 627; Sturgis, Alice Fleenor, *Standard Code of Parliamentary Practice*, New York: McGraw-Hill, 1950, and 3rd edition revised, New York: McGraw-Hill, 1988, p.89.

② Hughes, Edward Wakefield, *Hughes' American Parliamentary Guide*, Columbus: F. J. Heer Printing Co., revised 1926, Secs. 522; Sturgis, Alice Fleenor, *Standard Code of Parliamentary Practice*, New York: McGraw-Hill, 1950, and 3rd edition revised, New York: McGraw-Hill, 1988, p.87, 88.

③ Sturgis, Alice Fleenor, *Standard Code of Parliamentary Practice*, *New York*: *McGraw-Hill*, 1950, and 3rd edition revised, New York: McGraw-Hill, 1988, p.16, 17, pp.89-96, p.264, 265.

的立法机构会制订一个日程表，将待处理的事务按照处理顺序一一列出。[①] 该日程表或文件取代了一般事务秩序。在这种情况下，对于当日秩序的要求，就是按照日程表处理事务。[②] 议长有义务按照正确的秩序宣读议院待处理的事务。如果议长始终履行了议长义务，就不需要当日秩序命令。如果议长没有注意到某一事务的处理时间已到，并且议长未中止前一事务的处理，或未阻止对正常程序的干扰行为，任何议员都有权要求作出常规秩序命令、当日秩序命令或提出程序议题表明事务未按照正确顺序进行处理。任何议员都可以要求议长遵守事务秩序。命令必须是针对当日秩序的，因为一个要求特殊秩序的命令是不具有优先权的。[③]

---

① 参议院事务包括立法事务（法案和议题）与行政事务（提名和条约）。根据参议院的各种特殊规则，参议员也可以出席法院的弹劾案件审理。当从众议院或总统处收到立法或行政事务任务时，参议院往往将其发送到相关适合的委员会。在委员会作了报告后，要将事务写入立法或行政日程表，以便于参议院进行审议。参议院根据日程表来确定多数派领袖的主要责任。他们可以通过提出“参议院要审议一个特定议题”的动议来履行职责。按照先例，多数派和少数派领袖优先获得发言权；按照习惯，多数派领袖的动议和要求往往会影响参议院审议的时间和内容。对于行政事务，这种动议通常是以非辩论的形式提出的，但对于立法事务则是通过辩论的形式。因此，只要存在可能性，多数派领袖都会坚持以一致同意的方式来应对法案和决议。如果参议员反对法案，他们可以使用议事阻挠对动议审议加以威胁。参议员甚至可以在法案或提名问题上设置“搁置”，尽管这一实践并不被参议院规则所允许。“搁置”是由参议员向他们的政党领袖提出来的，要求根据其意愿审议某个议题。如果审议议题被搁置，多数领袖通常都不会要求采取一致同意的行动。参议院规则也允许直接根据议事日程，提出针对来自众议院的动议。此程序允许参议员绕过他们认为不够理性的委员会。如果委员会遗漏了议题报告，具有相同内容的新议题将会被直接提出和写入议事日程。最后，参议院规则不要求修正案必须与议题密切相关，除非是拨款法案、预算议题或终结议题。因此，如果委员会遗漏法案报告，参议员针对正在审议的议题提出任何修正案文本，均无须多数派领袖的同意。

② Cushing, Luther Stearns, *Elements of the Law and Practice of Legislative Assemblies in the United States of America—Lex Parliamentaria Americana*, Boston: Little, Brown & Co., 1856 (usually available in the printing of 1847), Secs. 1373, 1377.

③ Jefferson, Thomas, *Jefferson's Manual*, 1781, available as a document of the U. S. Congress; e.g., House Document No. 416, 93rd Congress, 2nd Session, published by the U. S. Government Printing Office, 1975, Sec. XXXIII; Cushing, Sec. 144; Cushing, Luther Stearns, *Elements of the Law and Practice of Legislative Assemblies in the United States of America—Lex Parliamentaria Americana*, Boston: Little, Brown & Co., 1856 (usually available in the printing of 1847), Sec. 1401.

当日秩序的命令享有偶发动议的级别，级别仅次于先决动议、上诉、程序议题及议院询问。对于常规秩序的要求或对于当日秩序的命令，可以在事务秩序未得到遵守，并且没有更高级别问题需要处理的情况下，随时提出。甚至如果议员发言的主题不符合常规秩序，在其发言过程中也可以提出常规秩序要求或当日秩序命令。① 在现代立法实践中，机构处理事务的秩序和方式是由规则决定的，因此确实存在一个准确又可预见的秩序。违法规则所提供的安排，就是违反规则，并且只在规则被暂停适用时才能被允许。当规定的程序被违反时，提出坚持按照规则的主张，是符合规则的。常规秩序命令或当日秩序命令，是要求机构按照自身秩序处理事务，并不是严格意义上的动议。因此常规秩序命令或当日秩序命令不可辩论、修改、搁置、延期、委托或适用其他附属动议。②

现代实践中，在干扰事务发生后或议院形势变化后，常规秩序命令或当日秩序命令可以得到更新。如果常规秩序所涉及的事务已经开始进行，那么应与同级别的其他事务一样受到相同动议和程序的制约。当日秩序动议不可进行重新审议。如果常规秩序命令或当日秩序命令已经作出，那么议长应宣布事务秩序中最先或最后的事务，或者提出问题："议院是否将按照常规秩序（或日程表/当日秩序）进行审议？"如果常规秩序或者当日秩序确系处理事务的正确秩序，那么拒绝按照常规秩序或当日秩序进行审理就被视为违反了事务的处理秩序，效果等同于暂停适用规则。因此，这种行为需要进行与暂停适用规则相同的投票。在对日程表或者当日秩序进行审议的规定时限内，或者当作出日程表或当日秩序的命令时，议员可建议将待决问

---

① Hughes, Edward Wakefield, *Hughes' American Parliamentary Guide*, Columbus: F. J. Heer Printing Co., revised 1926, Sec. 157; State of New York Legislature, *New York Manual* (Clerk's Manual), editions of 1936 and 1948-1949, p.499; Jefferson, Thomas, *Jefferson's Manual*, 1781, available as a document of the U. S. Congress; e.g., House Document No. 416, 93rd Congress, 2nd Session, published by the U. S. Government Printing Office, 1975, Sec. XXXIII; Robert, General Henry M., *Robert's Rules of Order*, Newly Revised, 1970, p.187.

② Hughes, Edward Wakefield, *Hughes' American Parliamentary Guide*, Columbus: F. J. Heer Printing Co., revised 1926, Secs. 141-160; Sturgis, Alice Fleenor, *Standard Code of Parliamentary Practice*, New York: McGraw-Hill, 1950, and 3rd edition revised, New York: McGraw-Hill, 1988, First Ed., p.175.

题的审议期限延长至特定时间。此类动议，由于改变了事务处理的顺序，因而与暂停适用规则的动议具有相同的效果，并也应该进行投票。① 如果日程表或者当日秩序的问题已经得到处理，被打断的审议程序将从被打断的地方继续进行。

如果日程表或者当日秩序中的项目已经宣读并处于待决的状态，那么该项目如同其他主议题或者同属主议题级别的提案一样，是可以辩论、修改、或适用其他附属动议的。日程表或者当日秩序中的项目，作为一个整体，不得被搁置或延期。但是一个单独的条款，在其开始进行之后，可以基于大多数的票数支持，而被搁置、延期或提交委员会。因此，条款所涉事务可以得到解决，而先前有待解决的问题可以重新继续审议。② 通过暂停适用规则的方式，任何问题的处理都可以打破其常规秩序来进行。一般日程表中的事务应按照规则规定的秩序进行分级。如果没有相关规则，那么事务按照其自身的表述进行分级。这种级别秩序可以按照规则规定的方式，通过全体同意或暂停适用规则来进行修改。③

当日秩序可以分为一般秩序和特殊秩序。一般当日秩序所具有的安排和控制众议院立法活动的功能，早在 1818 年就因不切实际而被放弃。同样的情形也发生在议会中。所有日程表或者文件中规定的，根据程序常规规则，有待议院按照正确秩序审议的官方事务，都可以被视为一般当日秩序。所有要求在特定时间内决定或者审议的行动和事务，无论是延期至该时间，

---

① Jefferson, Thomas, *Jefferson's Manual*, 1781, available as a document of the U. S. Congress; e.g., House Document No. 416, 93rd Congress, 2nd Session, published by the U. S. Government Printing Office, 1975, Sec. XXXIII; Cushing, Luther Stearns, *Manual of Parliamentary Practice*, new edition by Albert S. Bolles, Philadelphia: The John C. Winston Company, 1928 (text unchanged in editions from 1907 to 1947, inclusive), Sec. 144; Cushing, Luther Stearns, *Elements of the Law and Practice of Legislative Assemblies in the United States of America—Lex Parliamentaria Americana*, Boston: Little, Brown & Co., 1856 (usually available in the printing of 1847), Sec. 1401.

② Sturgis, Alice Fleenor, *Standard Code of Parliamentary Practice*, New York: McGraw-Hill, 1950, and 3rd edition revised, New York: McGraw-Hill, 1988, Firs Ed., p. 173; Reed, Thomas B., *A Manual of General Parliamentary Law* (Reed's Rules), 1898; reprinted: State Printing Plant, Olympia, Washington, 1937, Sec. 257.

③ Reed, Thomas B., *A Manual of General Parliamentary Law* (Reed's Rules), 1898; reprinted: State Printing Plant, Olympia, Washington, 1937, Sec. 255.

还是作为特别秩序被安排在该时间，还是由于采纳特殊安排而被安排在该时间，都属于当日固定时间的特殊秩序。① 如果特殊秩序已经规定了特定时刻，那么在该时刻到来之前，相关审议不享有特权。如果只是规定了特定日期，那么相关审议可在该日的任何时刻进行。如果特殊秩序和一般秩序有冲突，那么前者级别始终高于后者级别。如果审议机构的一般事务秩序包含了特殊秩序条款，那么按照日程表或者文件中的通常秩序进行审议的事务就属于一般秩序。任何特意安排在该日期但未指明特定时刻的事务，均为特殊秩序。②

拟定特殊秩序的目的是加快重要事务的处理，并设定审议的明确时间，赋予重要事务优于其他事务的特权。如果特殊秩序的设定，违反了处理事务的一般规则，那么就和暂停适用规则一样，需要进行投票决定。③ 设定特殊规则的通常形式是"我提议……(说明法案、决议案或其他事务)按照特殊

---

① Hughes, Edward Wakefield, *Hughes' American Parliamentary Guide*, Columbus: F. J. Heer Printing Co., revised 1926, Secs. 62, 141, 143, 150; Cushing, Luther Stearns, *Manual of Parliamentary Practice*, new edition by Albert S. Bolles, Philadelphia: The John C. Winston Company, 1928 (text unchanged in editions from 1907 to 1947, inclusive), Sec. 142; Reed, Thomas B., *A Manual of General Parliamentary Law* (Reed's Rules), 1898; reprinted: State Printing Plant, Olympia, Washington, 1937, Secs. 255, 256; Sturgis, Alice Fleenor, *Standard Code of Parliamentary Practice*, New York: McGraw-Hill, 1950, and 3rd edition revised, New York: McGraw-Hill, 1988, First Ed., p. 174, 192.

② Hughes, Edward Wakefield, *Hughes' American Parliamentary Guide*, Columbus: F. J. Heer Printing Co., revised 1926, Sec. 143; Sturgis, Alice Fleenor, *Standard Code of Parliamentary Practice*, New York: McGraw-Hill, 1950, and 3rd edition revised, New York: McGraw-Hill, 1988, First Ed., p.174.

③ Hughes, Edward Wakefield, *Hughes' American Parliamentary Guide*, Columbus: F. J. Heer Printing Co., revised 1926, Sec. 157; State of New York, *Legislature*, *New York Manual* (Clerk's Manual), editions of 1936 and 1948-1949, p. 499; Sturgis, Alice Fleenor, *Standard Code of Parliamentary Practice*, New York: McGraw-Hill, 1950, and 3rd edition revised, New York: McGraw-Hill, 1988, First Ed., pp.173-175.

秩序在……(说明日期和时刻)得到处理”。[①] 设定一般秩序的形式是相同的,只是没有设定明确的时刻。设定特殊秩序的动议可以就时间问题进行修改。设定特殊秩序的议题可辩论,但主议题不可辩论。待决的问题可以通过“延期并且将其作为特殊秩序”而成为特殊秩序,而在特定时间得到处理。此类动议具有定时延期动议的形式,因而也具有定时延期动议的级别。如果问题不是待决的,那么包含明确时间的特殊秩序动议享有主动议的级别。议员可以提出动议并且要求动议被设定为包含明确时间的特殊秩序。此类动议应与特殊秩序一同被记入日志,并且作为特殊秩序被记入日程表。如果同一时间作出的若干秩序指向同一时刻,那么它们的级别顺序依照它们在一般秩序动议中的排序。如果两个特殊秩序指向同一日期,而没有说明具体时刻,那么必须先处理第一个特殊秩序,然后再审议第二个特殊秩序。[②]

如果不同时间作出的特殊秩序之间发生冲突,那么先作出的特殊秩序级别优于后作出的特殊秩序。一般来说,一个特殊秩序不会干扰之前作出的另一个特殊秩序,除非其明确表明有此种企图。如果议长宣布了为特殊秩序所设定的时刻,任何议员可以提出动议更改待决问题的审议时间。议员提出的此类动议是不可辩论的。特殊动议在开始审议时,可以经大多数投票而延期。如果特殊秩序未按照规定时间进行,并不因此丧失其特权性质,同时可在稍后时间再进行处理。但是,如果一个特殊秩序设定为某一天,而在当天未能进行审议,那么该特殊执行丧失其特权地位。同样的,如果特殊秩序设定了某一特定立法日,那么该秩序可以在该立法日确定时刻

---

① Hughes, Edward Wakefield, *Hughes' American Parliamentary Guide*, Columbus: F. J. Heer Printing Co., revised 1926, Sec. 158; Sturgis, Alice Fleenor, *Standard Code of Parliamentary Practice*, New York: McGraw-Hill, 1950, and 3rd edition revised, New York: McGraw-Hill, 1988, First Ed., p.173.

② State of New York Legislature, *New York Manual* (Clerk's Manual), editions of 1936 and 1948-1949, p.465; Reed, Thomas B., *A Manual of General Parliamentary Law* (Reed's Rules), 1898; reprinted: State Printing Plant, Olympia, Washington, 1937, Sec. 255; Cushing, Luther Stearns, *Manual of Parliamentary Practice*, new edition by Albert S. Bolles, Philadelphia: The John C. Winston Company, 1928 (text unchanged in editions from 1907 to 1947, inclusive), Sec.144.

后的任一时刻进行处理,即使若干日历日已经过去。[1]

特殊日程表可以被用于某些问题的审议。如果按照特殊日程表进行审议,当针对某主题安排的时间到来时,议长应将待决问题交付投票,并且宣布该段时间用于处理该问题。这样做是因为在此种情况下,特殊日程表这一形式就表明针对各主题或行动作的所有时间安排都是可行的。但是,如果在既定时间即将要过去之时,议员提出动议搁置问题、延期问题至特定时间、将问题交付委员会、延长辩论时限,那么议长应该许可该动议,并立即不进行辩论而直接开始投票。立法日的终结,必须通过休会或者解散审议议员的方式。[2] 如果议院在特定日期召开合法会议,该日期被认定为立法日,无论另一个议院是否召开会议。[3] 立法委员会召开会议和采取行动的当日,如果众议院没有召开会议,那么当日不构成立法日,也不应包括在会议的立法日中。[4] 委员会会议是立法工作的一个组成部分。有些州将委员会开会的日子和两院开会的日子都认定为立法日。

五、动议的撤回

在议长将动议向机构进行陈述并征求机构决定之前,提议者无须征得机构同意而可撤回或更改动议。在陈述动议的过程中,可以就动议形式或者效果提出异议,提议者可以更改或者撤回动议。虽然在初步讨论过程中,动议可由议长重复,但是在议长向机构进行陈述之前,该动议仍然处于提议

---

① Hughes, Edward Wakefield, *Hughes' American Parliamentary Guide*, Columbus: F. J. Heer Printing Co., revised 1926, Secs. 161, 162, 163, 167.

② State of Florida ex rel. Landis v. Thompson (1936), 125 Fla. 466, 170 So. 464; Davis v. Thompson (Okla. 1986), 721 P. 2d 789.

③ Opinion of the Justices (1972), 288 Al. 89, 257 So. 2d 336.

④ Hainkel v. Henry (La. 1975), 313 So. 2d 577.

者的可控范围内。[①] 如果动议已经由议长陈述,或者由秘书或工作人员宣读,并且已经呈现给机构以征得机构决定,那么动议就处于机构的控制范围内了。因此,此时若想撤回或者更改动议就需征得机构的同意。但是,许多州立法机构在其规则中规定,在决定或修改作出之前,无须征得机构同意就可以撤回动议。[②] 如果无法再作出新的动议,那么除非征得一致同意,否则重新审议的动议不得撤回。如果重新审议的动议被否决,那么只有得到一致同意才能更新该动议。

获得撤回问题许可的要求,或者授予该种许可的动议,可以在就问题投票之前的任何时候提出,即使该问题已经被修改也可提出上述要求或动议。关于撤回问题的动议或要求,应在该动议的偶发动议或者附属动议有待解决时提出。一旦偶发动议或者附属动议所依附的动议被撤回,则该偶发动议或者附属动议将不再是机构处理的对象。撤回正在审议的问题或者动议的要求,属于偶发动议,其级别位于先决问题和程序议题之下,但高于其他所有偶发动议、附属动议、主动议。[③] 撤回问题的要求不可更改、辩论、搁置或适用其他附属动议。如果提议者要求撤回其本人提出的动议,那么实践中一般由议长询问议员们是否对此要求存有异议。如果没有异议,那么议长可以宣布该动议被撤回。如果任何人对撤回动议的许可提出异议,那么议长可将该许可作为一个问题提出,或者由动议的提出者再提出一个要求

---

① Cushing, Luther Stearns, *Elements of the Law and Practice of Legislative Assemblies in the United States of America—Lex Parliamentaria Americana*, Boston: Little, Brown & Co., 1856 (usually available in the printing of 1847), Secs. 1233, 1241; Sturgis, Alice Fleenor, *Standard Code of Parliamentary Practice*, New York: McGraw-Hill, 1950, and 3rd edition revised, New York: McGraw-Hill, 1988, p.90; Reed, Thomas B., *A Manual of General Parliamentary Law* (Reed's Rules), 1898; reprinted: State Printing Plant, Olympia, Washington, 1937, Sec. 108.

② Jefferson, Thomas, *Jefferson's Manual*, 1781, available as a document of the U. S. Congress; e.g., House Document No. 416, 93rd Congress, 2nd Session, published by the U. S. Government Printing Office, 1975, Sec. XXXIII; Cushing, Luther Stearns, *Elements of the Law and Practice of Legislative Assemblies in the United States of America—Lex Parliamentaria Americana*, Boston: Little, Brown & Co., 1856 (usually available in the printing of 1847), Secs. 1232, 1235, 1237, 1240, 1242, 1477.

③ Reed, Thomas B., *A Manual of General Parliamentary Law* (Reed's Rules), 1898; reprinted: State Printing Plant, Olympia, Washington, 1937, Secs. 181, 199.

许可的动议。撤回问题或动议，如果没有得到全体同意，就需要得到出席议员的大多数票数支持。[①] 要求取得撤回动议许可的动议，级别等同于要求，是不可辩论或者更改的，也不适用其他附属动议。但是，与要求不同，此类动议将把问题交付投票。如果动议被撤回，效果等同于动议从来没有产生过。如果撤回动议的要求被拒绝，效果等同于撤回动议的要求从来没有产生过。提出又被撤回的动议，可以被同一议员或其他议员以相同或不同形式再次提出。[②]

六、规则的暂停适用

暂停适用规则的目的是让立法机构在不违反其自身规则的情况下自由选择程序。如果机构想做一些其规则不允许的事情，而这些事情并不违反宪法或限制性成文法，那么机构可以"暂停适用会干扰计划行动的规则"。"暂停适用"与"更改"不同，因为前者限制了时间和范围。暂停适用的对象必须是明确的，不允许超出暂停适用规则动议所表明的范围。[③] 议院可以将议会法纳入其机构规则。此类规则不得突然更改，但可根据机构的立法态度进行表述和解释。

短语"规则的暂停适用"可表达两种不同含义：一是指暂停适用议会法规则，二是指暂停适用机构的自选规则。一般议会法规则可以根据业已形成的议院实践进行暂停适用。各议院的规则或立法机构的联合规则可以根

---

① Sturgis, Alice Fleenor, *Standard Code of Parliamentary Practice*, New York: McGraw-Hill, 1950, and 3rd edition revised, New York: McGraw-Hill, 1988, p.89.

② Cushing, Luther Stearns, *Elements of the Law and Practice of Legislative Assemblies in the United States of America—Lex Parliamentaria Americana*, Boston: Little, Brown & Co., 1856 (usually available in the printing of 1847), Sec. 1310; Hughes, Edward Wakefield, *Hughes' American Parliamentary Guide*, Columbus: F. J. Heer Printing Co., revised 1926, Sec. 200.

③ Cushing, Luther Stearns, *Manual of Parliamentary Practice*, new edition by Albert S. Bolles, Philadelphia: The John C. Winston Company, 1928 (text unchanged in editions from 1907 to 1947, inclusive), Sec. 163; Cushing, Luther Stearns, *Elements of the Law and Practice of Legislative Assemblies in the United States of America—Lex Parliamentaria Americana*, Boston: Little, Brown & Co., 1856 (usually available in the printing of 1847), Secs. 1478-1480.

据各机构自身规定进行暂停适用。[1]

暂停适用规则的权利由机构的性质,以及其获得权利的方式来决定。关于事务程序优先权的规则,通常被称为秩序规则,是可以暂停适用的。联邦宪法或者州宪法要求的规则,以及保护联邦宪法或者州宪法所赋予权利的规则,均不得暂停适用,除非宪法规定其可暂停适用。享有权利和承担义务的公共机构,在符合条件的情况下有权行使权利和履行义务。任何对权威设置的限制必须约束该权威的行为。如果宪法或成文法规定了某项权利,就必须也规定这些权利应当如何行使。有些规则规定,公共机构甚至可以通过大多数票数的支持而选择采纳不能暂停适用的规则,或选择采纳必须由 2/3 票数支持才能更改的规则。但是法院的有关判决表明,行动即使违反议会法程序规则或者违反选择采纳的规则,仍然是有效的,因为这种违反本身就默示了此类规则被暂停适用。

暂停适用规则的动议可以在没有问题待决时的任何时候提出,也可以在该规则与待决的问题有关时提出。暂停适用规则可以按照动议或决议案中载明的事务顺序提出,也可以按照拟暂停适用的规则本应解决的问题的处理顺序提出。[2] 较为常见的暂停适用规则动议是"我提议暂停适用涉及……(说明暂停适用的对象)的规则"等等。暂停适用规则的动议,应该说明是哪一条或哪几条规则需要暂停适用,并且特别需要说明暂停适用规则的目的。暂停适用规则的动议级别低于先决动议、上诉、程序议题、议院询问、当日秩序命令、除因暂停适用规则引发的偶发动议之外的其他动议。暂停适用规则的动议不得修改、辩论、搁置、交付委员会、延期,也不得为相同目的在同一天进行重新审议或更新,除非受到其他事务干扰,或者议院形势发生变化。不得将其他附属动议适用于暂停适用规则的动议。

除了正式的提出暂停适用规则的动议外,有时议员会要求征得全体同意以便要求审议规则所不允许审议的特定事务,或者采取规则所不允许采

---

① Reed, Thomas B., *A Manual of General Parliamentary Law* (Reed's Rules), 1898; reprinted: State Printing Plant, Olympia, Washington, 1937, Sec. 191; Sturgis, Alice Fleenor, *Standard Code of Parliamentary Practice*, New York: McGraw-Hill, 1950, and 3rd edition revised, New York: McGraw-Hill, 1988, p.80, 81.

② State of New York Legislature, *New York Manual* (Clerk's Manual), editions of 1936 and 1948-1949, p.459.

取的特定行动。一旦议员提出要求，议长应该询问是否对该要求存在异议。如果无人提出异议，那么议长可以宣布规则暂停适用，并且指示议员进行下一步程序，就如同规则是经由常规投票而暂停适用一样。① 立法机构采取有违一般议院规则的行动，或者采取有违机构或自选规则的行动时，只要没有议员提出异议，往往并不正式暂停适用规则。这种做法可以被视为默示暂停适用规则。只要机构有权暂停适用被违反的规则，那么机构所采取的违反规则的行动就是有效的。此种情况不受强制性宪法条款的约束。②

要求暂停适用议会法规则、自选规则或者选择性权威规则，仅需要大多数票数的支持。如果机构在一般权力之外，另外被赋予了制定或采纳规则的权利，那么机构可以制定或者采纳需要高于大多数票数才能暂停适用的规则。机构不得利用要求高于大多数票数支持才能暂停适用或上诉的规则，来剥夺或者限制自身的特殊权力。比如，如果宪法规定大多数票数支持即可通过立法，机构不得要求 2/3 票数才能通过立法。很多立法机构的规则规定，暂停适用长期生效的规则需要特别投票。暂停适用规则，还需要进行通知。③ 宪法规定的程序是强制性的，除非权威主体规定可以暂停，否则不得暂停。④ 如果这类规则被暂停适用，采取行动时必须遵守其他相关规则。在新规则被采纳之前，暂时适用先前规则。暂时被适用的先前规则可以要求特殊投票以求修改或暂停适用，但是新规则仅需大多数票数支持即

---

① Cushing, Luther Stearns, *Elements of the Law and Practice of Legislative Assemblies in the United States of America—Lex Parliamentaria Americana*, Boston: Little, Brown & Co., 1856 (usually available in the printing of 1847), Secs. 794, 1483.

② Cushing, Luther Stearns, *Elements of the Law and Practice of Legislative Assemblies in the United States of America—Lex Parliamentaria Americana*, Boston: Little, Brown & Co., 1856 (usually available in the printing of 1847), Sec. 794; Hughes, Edward Wakefield, *Hughes' American Parliamentary Guide*, Columbus: F. J. Heer Printing Co., revised 1926, Sec. 583.

③ Hughes, Edward Wakefield, *Hughes' American Parliamentary Guide*, Columbus: F. J. Heer Printing Co., revised 1926, Secs. 575, 580; Cushing, Luther Stearns, *Manual of Parliamentary Practice*, new edition by Albert S. Bolles, Philadelphia: The John C. Winston Company, 1928 (text unchanged in editions from 1907 to 1947, inclusive), Sec. 164

④ Capito v. Topping (1909), 65 W. Va. 587, 64 S.E. 845; State of Missouri v. Alt (1887), 26 Mo. App.673.

可被适用。[①] 如果暂停适用规则的动议得到通过，该规则所针对的事务应该立即开始进行。如果议员为了陈述行动或事务而提议暂停适用规则，那么议长应给与该议员许可。

七、针对问题审议的异议

针对异议进行审议是为了避免讨论或审议无关的、有异议的、无意义的，或其他被认为无须讨论的事项。[②] 异议只能针对主动议提出。异议不得针对以下事项：(1)按照议院已有秩序而待决的事项，比如委员会就提交事项作出的报告，(2)有权以文件形式交流的主体所进行的交流，比如源于其他议院或行政部门的消息，(3)议院程序中的偶发事项，比如就规则提出的修改。如果有规则要求所有提出的法案必须提交委员会，或者其他类似要求，那么该规则必须在针对法案介绍提出异议之前暂停适用。任何议员均有权就问题审议提出异议。议长可决定将"问题是否应审议"的问题交由议员处理。如果议长认为问题完全超出审议范围，那么问题可被裁定为已超出秩序范围。这一裁定是可上诉的。审议异议必须在问题陈述完毕后立即提出。异议必须在辩论开始之前、行动采取之前，或者议长陈述附属动议之前提出。审议异议不得更新，因为在审议已经开始后就不得再提出异议了。[③]

有意愿提出审议异议的议员应在辩论之前起立，并且无须等待许可即可发言："议长先生或者女士(主席先生或者女士)，我要针对问题审议提出异议(如有必要，则进一步确定问题)。"审议异议的表达形式可以是"参议院(众议院)是否将审议该问题"或者"该问题是否应该得到审议"？审议异议

---

① Armitage v. Fisher (N.Y. 1893), 74 Hun 167, 26 N.Y.S. 364.

② Sturgis, Alice Fleenor, *Standard Code of Parliamentary Practice*, New York: McGraw-Hill, 1950, and 3rd edition revised, New York: McGraw-Hill, 1988, p.223, 224; Tilson, John Q., *Parliamentary Law and Procedure*, Washington, D.C.: Ransdell Incorporated, 1935, p.54; Robert, General Henry M., *Robert's Rules of Order*, Newly Revised, 1970, p.227.

③ Reed, Thomas B., *A Manual of General Parliamentary Law* (Reed's Rules), 1898; reprinted: State Printing Plant, Olympia, Washington, 1937, Sec. 112; Tilson, John Q., *Parliamentary Law and Procedure*, Washington, D.C.: Ransdell Incorporated, 1935, p.54.

不可辩论，因为辩论会导致异议的目的无法实现。由于具有程序动议的性质，审议异议不得适用任何其他附属动议。审议异议不得修改。在立法机构中，审议异议很少能被正确地提出，而立法实践要求审议异议得到大多数票数的支持。如果审议异议得到支持，那么整个问题会被撤回。如果异议被否决，那么程序继续进行，就如同异议从未产生过一样。针对审议异议的投票结果不得重新审议，并且异议所针对的主题不得在会议上再次陈述，除非提案或者形势发生重大变化，以致有必要提出一个本质上全新的问题。①

八、问题审议的秩序和方式

在机构对问题进行审议之前，必须先确定审议的秩序。针对问题审议秩序的动议优先于问题本身的动议，并且一般而言，其级别高于紧随审议异议的偶发问题。在问题审议秩序得到解决之后，通常就应该确定审议的具体程序。其中常见的棘手问题是：(1)审议是否应按照段落顺序？(2)问题是否应先进行整体讨论？(3)如果问题涉及多个不同方面，应首先审议哪一方面？确定问题审议的秩序和方式，属于简单的程序议题，并且与其他单纯程序事务适用同样的规则。此类问题不得辩论，但是，在有些情况下可以评论或者建议。不过，通常情况下，所涉问题非常简单以致任何讨论都将是浪费时间。一般而言，针对问题审议的秩序和方式不得修改。不过，如果议员陈述一个关于审议行动的整体安排，那么该安排可以修改，因为安排所涉行动可能会被更改，或者所涉行动的审议秩序可能会被更改。此类动议不得适用其他关于暂时延迟、定期延迟、交付委员会、无限期延迟的附属动议。此类问题不得重新审议，但可以通过不同的形式予以更新，或者在议院形势发生变化后予以更新。有关未来审议的问题是主议题，并且适用与主动议相同的规则。不过，如果被陈述的问题涉及正在进行的审议，那么关于审议

---

① Hughes, Edward Wakefield, *Hughes' American Parliamentary Guide*, Columbus: F. J. Heer Printing Co., revised 1926, Secs. 230, 233; Reed, Thomas B., *A Manual of General Parliamentary Law* (Reed's Rules), 1898; reprinted: State Printing Plant, Olympia, Washington, 1937, Secs. 110, 112; Waples, Rufus, *A Handbook on Parliamentary Practice*, Chicago: Callaghan, 1883, Sec. 4; Tilson, John Q., *Parliamentary Law and Procedure*, Washington, D.C.: Ransdell Incorporated, 1935, p.54; Robert, General Henry M., *Robert's Rules of Order*, Newly Revised, 1970, p.63.

的问题跟偶发问题一样享有特权，并且有权先于被审议问题进行审议和决定。针对问题审议的秩序方式的动议，因问题不同而在形式上差别很大。它们可根据各自不同的目的和作用加以识别。

九、投票、提名和选举

投票的基本程序由议会法规定，并且在大多数情况下议会法就投票程序的规定是充分的。关于投票的特殊规则包含在机构的规则中。不过，在有些情况下，必须或者最好是在投票当时决定投票如何进行或者作出其他有关投票的决定。比如，如果投票是口头的，并且有议员认为针对某特殊行动投票应该点名或采用书面选票，那么该议员有权在投票开始之前提议投票应该采取的方式。如果投票采取书面选票方式，那么议员可以就如何使书面投票生效或者如何规制书面投票提出建议。虽然提名和选举的一般规则是由议会法规定的，但是经常会有些即时问题需要借助专门规定来解决。在提名或者选举之前，或者必须作出决定时，议员有权提出其认为合适的程序。[①]

关于投票、提名、选举的动议比引发它们的问题享有更高的级别，并且必须在投票、提名、选举开始之前得到处理。此类动议的级别，低于问题审议秩序方式的动议，高于问题分列的动议。此类动议不可辩论，因为它们属于简单的程序动议，需要得到即时处理。基于同样的原因，此类动议也不适用附属动议，但提议修改的动议除外。此类问题的决定不可重新审议，并且相关决定一般都会被立即执行。一个被否决的动议可以作为一个新的提案，在任何时候提出，只要主题事务仍处于机构控制范围之内并且形势发生了明显的变化。由于产生此类动议的情况各不相同，此类动议的目的和形式也各不相同。对它们进行识别，应该通过其目的而不是形式上的某些特

---

① Sturgis, Alice Fleenor, *Standard Code of Parliamentary Practice*, New York: McGraw-Hill, 1950, and 3rd edition revised, New York: McGraw-Hill, 1988, p.140; Demeter, George, *Demeter's Manual of Parliamentary Law and Procedure*, Boston: Bostonia Press, revised 1969, p.135.

征。一个合格的议长应该能够毫无困难地识别和处理此类动议。[①]

十、问题分列

许多州宪法要求法案不得包含两个或以上的主题。有些时候，州宪法还包含其他相关条款，比如，要求对选举中的候选人分别进行投票。此类条款的目的在于，确保议员判断问题的独立性，并且避免议员为使一个议案得以执行而被迫赞成另一个他们本不赞成的议案。自选规则经常赋予议员坚持独立议案进行分别投票的权利。在有些机构中，即使宪法或者成文法没有明确规定，单一主题原则也得到认可。如果一个决议案或者其他提案适合分为两个或两个以上部分，议员可以要求分列提案，以使各部分分开处理，而不必被迫接受一些包含于其他内容中的行动。分列的各部分不一定是内容相反或矛盾的，只要彼此不同且独立完整，并从性质上看议员有可能会赞成一个而反对另一个，就足以提出分列要求。[②] 如果宪法或者成文法中包含单一主题原则或者分开投票的规定，那么该规定对机构具有约束力并且不得被暂停适用。如果规则只是作为机构的自选规则存在，那么该规则跟其他规则一样，可以被暂停适用。如果规则作为议会法予以适用，那么跟其他议会法规则一样，可以被暂停适用。

如果宪法或成文法包含单一主题原则或者分列投票的规定，那么该要

---

① Sturgis, Alice Fleenor, *Standard Code of Parliamentary Practice*, New York: McGraw-Hill, 1950, and 3rd edition revised, New York: McGraw-Hill, 1988, pp.140-152; Demeter, George, *Demeter's Manual of Parliamentary Law and Procedure*, Boston: Bostonia Press, revised 1969, p.135, 136; Robert, General Henry M., *Robert's Rules of Order*, Newly Revised, 1970, p.241, 142.

② Waples, Rufus, *A Handbook on Parliamentary Practice*, Chicago: Callaghan, 1883, Sec. 83.

求对机构具有约束力，且不得暂停适用。① 如果规则只是作为机构自选规则而存在，那么可以跟其他规则一样被暂停适用。如果规则是作为议会法规则而存在，那么可以跟其他议会法规则一样被暂停适用。一个可分列的问题，必须是包含可分的不同观点，并且其中一个被分离后不会影响其他部分的完整性。一个未经分列的问题，将会被异议其含有多个主题。无论一个单个提案多么复杂，只要它只含有一个主题，议员就没有权利坚持对其进行分列。议员的救济措施是，如果问题可分就提议对其进行分列，如果问题不能分就提议将存有异议的部分移除，而保留一个清晰的提案。② 对于一系列与不同主题相关的独立决议案，则必须在单个议员提出请求时加以分列，并且如果一个问题中含有多个标题，那么必须应议员的要求对它们进行分别投票。如果一个委员会针对提交给它的问题提出若干修改，且没有议

---

① Sturgis, Alice Fleenor, *Standard Code of Parliamentary Practice*, New York: McGraw-Hill, 1950, and 3rd edition revised, New York: McGraw-Hill, 1988, pp.91-94; U. S. Congress: provisions of the U.S. Constitution and rules of the House of Representatives are cited from the *Manual of the U.S. House of Representatives*, XVI, Par. 6 and notes following; Hughes, Edward Wakefield, *Hughes' American Parliamentary Guide*, Columbus: F. J. Heer Printing Co., revised 1926, Secs. 403-405; Tilson, John Q., *Parliamentary Law and Procedure*, Washington, D.C.: Ransdell Incorporated, 1935, p. 70, 163; Cushing, Luther Stearns, *Manual of Parliamentary Practice*, new edition by Albert S. Bolles, Philadelphia: The John C. Winston Company, 1928 (text unchanged in editions from 1907 to 1947, inclusive), Secs. 81, 82; Cushing, Luther Stearns, *Elements of the Law and Practice of Legislative Assemblies in the United States of America—Lex Parliamentaria Americana*, Boston: Little, Brown & Co., 1856 (usually available in the printing of 1847), Secs. 1342-1348; Reed, Thomas B., *A Manual of General Parliamentary Law* (Reed's Rules), 1898; reprinted: State Printing Plant, Olympia, Washington, 1937, Secs. 151, 152.

② Jefferson, Thomas, *Jefferson's Manual*, 1781, available as a document of the U. S. Congress; e.g., House Document No. 416, 93rd Congress, 2nd Session, published by the U. S. Government Printing Office, 1975, Sec. XXXVI; Sturgis, Alice Fleenor, *Standard Code of Parliamentary Practice*, New York: McGraw-Hill, 1950, and 3rd edition revised, New York: McGraw-Hill, 1988, pp.91-94; Cushing, Luther Stearns, *Elements of the Law and Practice of Legislative Assemblies in the United States of America—Lex Parliamentaria Americana*, Boston: Little, Brown & Co., 1856 (usually available in the printing of 1847), Sec. 1348.

员提出异议，那么需要就修改的采纳和通过进行投票。但是，如果议员要求就针对不同问题的一个或多个修改分开投票，那么必须分开投票。其他内容则一并投票。

分列要求属于偶发动议级别，级别低于先决动议和其他偶发动议。如果议员有权要求分列，那么针对该议员的要求不得辩论、修改或者适用其他附属动议。一个提案是否包含两个或者两个以上主题，首先由议长作出决定，但是该决定可上诉。① 即使规则未赋予议员就各提案分开投票的权利，议员仍然有权提出动议，要求对包含两个或两个以上提议的问题进行分列。如果行动包含若干提议，但需修改其书写方式才能进行分列，那么行动不能直接分列。一个分列问题的指令，只要求秘书按照要求对决议案进行格式分列，包括给每一分列部分加上前缀（如“决定如下”或“指令如下”）、必要时去除重复点、用名词替换代词、重新编号以及其他类似改动。② 如果问题被分列，每一个独立的问题必须结构完整并且表达正确，也不受其他行动的影响。意在删除某些用词或者加入某些用词的修改动议，属于一个提议，因而是不可分列的。

如果一个议案包含若干部分，且每一部分都无法在其他部分被移除的情况下作为单独提议存在，那么该议案可以通过动议而以特殊方式进行分列。该动议必须清楚表明问题应该如何分列。其他任何议员都可以提出不同的分列方式。这些不同的提议是可供选择的方案，并且应该按照提出的顺序进行投票。不过，如果这些提议是关于问题数目的，那么首先就最大数目进行投票。分列问题的动议或者要求，可以适用于主动议，也可以适用于包含两个或两个以上不同议案的修改。分列问题的动议或者要求可以在问题可被

---

① Tilson, John Q., *Parliamentary Law and Procedure*, Washington, D. C.: Ransdell Incorporated, 1935, p.70; Cushing, Luther Stearns, *Elements of the Law and Practice of Legislative Assemblies in the United States of America—Lex Parliamentaria Americana*, Boston: Little, Brown & Co., 1856 (usually available in the printing of 1847), Secs. 1347, 1348.

② Cushing, Luther Stearns, *Manual of Parliamentary Practice*, new edition by Albert S. Bolles, Philadelphia: The John C. Winston Company, 1928 (text unchanged in editions from 1907 to 1947, inclusive), Sec. 83; Sturgis, Alice Fleenor, *Standard Code of Parliamentary Practice*, New York: McGraw-Hill, 1950, and 3rd edition revised, New York: McGraw-Hill, 1988, p.92, 93.

分列的任何时候提出，或者在无限期延迟问题的动议被即时暂停处理时提出。如果一名议员享有议席，任何其他议员无权在动议中坚持分列问题，不过为了节省时间或者为了更有序地审议事务，在决定是否需要分列问题时，可以要求议员放弃议席。分列问题的动议属于偶发动议的级别，级别高于所有附属动议。旨在去除无关事项或者重新书写包含一个以上不可分列主题的动议，是修改动议，级别亦属修改动议。分列问题的动议可以就问题的分列事项进行修改，但是不得适用其他附属动议，也不得辩论。问题分列，一般无须进行正式投票，因为通常都能够达成一致意见。不过，如果未能达成一致意见，那么需要一个正式的分列动议，并在动议中说明具体的分列方法。①

第三节　附属动议

一、搁置动议(暂时搁置)

搁置动议的目的是使机构能够搁置待决问题，并且能够在此后将搁置问题优先于其他问题审议。出于该目的，搁置动议不可辩论并且需要大多数票数通过。② 搁置动议可适用于：(a)主动议，(b)先决问题，(c)尚未提交议院审议的当日秩序，(d)上诉，(e)被即时暂停处理的重新审议动议，(f)在任何阶段的未经其他议院修改而被退回的议院议案，(g)议院实际待处理的

---

① Cushing, Luther Stearns, *Elements of the Law and Practice of Legislative Assemblies in the United States of America—Lex Parliamentaria Americana*, Boston: Little, Brown & Co., 1856 (usually available in the printing of 1847), Secs. 1343-1353; Sturgis, Alice Fleenor, *Standard Code of Parliamentary Practice*, New York: McGraw-Hill, 1950, and 3rd edition revised, New York: McGraw-Hill, 1988, pp. 91-93; Reed, Thomas B., *A Manual of General Parliamentary Law* (Reed's Rules), 1898; reprinted: State Printing Plant, Olympia, Washington, 1937, Sec. 151.

② Tilson, John Q., *Parliamentary Law and Procedure*, Washington, D. C.: Ransdell Incorporated, 1935, p.58; Robert, General Henry M., *Robert's Rules of Order*, Newly Revised, 1970, p.177; Demeter, George, *Demeter's Manual of Parliamentary Law and Procedure*, Boston: Bostonia Press, revised 1969, pp.98-99; People ex rel. MacMahon v. Davis(1918), 284 Ill. 439, 120 N.E. 326.

问题。搁置动议不可适用于：(a)程序动议，(b)先决动议，(c)与程序有关的偶发动议或附属动议，(d)事务的处理，(e)非议院实际待处理的问题。有些问题的搁置是违反程序的，比如当日秩序、未完成事务、委员会报告，因为一次只能暂停一个主动议。[①] 问题得以陈述之后且议员获得许可之前，或者问题尚待机构处理之时，均可提出搁置动议。动议可由取得许可的议员提出。[②]

搁置动议的级别高于所有其他附属动议，低于先决动议和偶发动议。搁置动议可以有不同的形式。较为常见的形式是"我提议搁置该问题"，或"提议将该问题(动议、法案或决议案等)搁置"，或"我提议暂时延迟对该动议的审议(或进一步审议)"。此类动议不便限定为某一种形式，因为一旦限定为某一种形式，则会导致其功效丧失。提议将问题搁置一段时间再行解决的动议，是有限期延迟的动议，且级别较低。[③] 搁置动议不得辩论。无须辩论或延迟，机构就可以将一个问题安排至稍后处理。这一权力对于机构至关重要。如果允许针对搁置动议进行辩论，那么会有损搁置动议的目的和效果。搁置动议不得修改。任何修改动议或者其他附属动议不得适用于

---

① Hughes, Edward Wakefield, *Hughes' American Parliamentary Guide*, Columbus: F. J. Heer Printing Co., revised 1926, Secs. 278, 285; Sturgis, Alice Fleenor, *Standard Code of Parliamentary Practice*, New York: McGraw-Hill, 1950, and 3rd edition revised, New York: McGraw-Hill, 1988, p.64, 65.

② Hughes, Edward Wakefield, *Hughes' American Parliamentary Guide*, Columbus: F. J. Heer Printing Co., revised 1926, Sec. 278; Sturgis, Alice Fleenor, *Standard Code of Parliamentary Practice*, New York: McGraw-Hill, 1950, and 3rd edition revised, New York: McGraw-Hill, 1988, p.62, 63.

③ Sturgis, Alice Fleenor, *Standard Code of Parliamentary Practice*, New York: McGraw-Hill, 1950, and 3rd edition revised, New York: McGraw-Hill, 1988, p.62; Demeter, George, *Demeter's Manual of Parliamentary Law and Procedure*, Boston: Bostonia Press, revised 1969, p.98; Robert, General Henry M., *Robert's Rules of Order*, Newly Revised, 1970, p.184.

搁置动议。[①]即使问题仅是暂缓，而不是重新审议，搁置动议也只需要大多数票数支持。

采纳搁置动议的效果是待决的问题及其相关事务被搁置。根据立法机构的实践，一个被搁置的动议可以在任何时候被重新提起，包括在被搁置的当天。有时立法机构适用的特殊规则会规定，搁置动议院会使问题得到相反的最终处理结果。如果该种特殊规则得以批准，那么对动议提出者是有利的，因为问题的处理将会被无限期延迟。此类动议不可辩论，并且具有较高级别。问题被搁置，不等于问题得到了最终解决，除非规则有相反规定，或者业已形成的实践习惯与之相反。一般规则是，被搁置的动议可以被重新提起。[②] 美国众议院和有些州有关搁置动议的实践，与一般议会法有所区别。在有些机构中，仅在希望产生相反结果时才会采用搁置动议。[③] 被搁置的问题在整个会议期间保持搁置状态，除非在会议结束前被重新提起。[④]

如果问题被搁置，与该问题相关的主动议、偶发动议与附属动议，均一同被搁置。如果修改意见悬而未决，主议题又被搁置，那么修改意见也将被搁置。当主动议被重新提起，待决的修改也随之被重新提起。修改动议可以被单独搁置，而不会导致主动议随之被搁置。如果重新审议动议被搁置，有待重新审议的问题也随之被搁置。但是，如果被搁置的动议涉及其他议院针对修改意见的投票结果，那么动议被搁置并不导致法案被搁置。[⑤] 先决问题被搁置，并不导致被其中断的问题被搁置。针对议长的决定提起的上诉可以被搁置。如果此类上诉被搁置，那么效果等同于驳回上诉，维持原决定。无论是上诉所针对的问题，还是其他问题，均随上诉一同被搁置。但

---

① State of New York Legislature, *New York Manual* (Clerk's Manual), editions of 1936 and 1948-1949, p.464; Cushing, Luther Stearns, *Elements of the Law and Practice of Legislative Assemblies in the United States of America—Lex Parliamentaria Americana*, Boston: Little, Brown & Co., 1856 (usually available in the printing of 1847), Sec. 1523.

② Wright v. Wiles (1938), 173 Tenn. 334, 17 S.W.2d 736, 119 A.L.LR. 456.

③ People ex rel. MacMahon v. Davis(1918), 284 Ill. 439, 120 N.E. 326.

④ People ex rel. MacMahon v. Davis(1918), 284 Ill. 439, 120 N.E. 326.

⑤ Hughes, Edward Wakefield, *Hughes' American Parliamentary Guide*, Columbus: F. J. Heer Printing Co., revised 1926, Sec. 642.

是主议题不受影响，仍然有待议院处理。委员会报告和少数派意见报告，均可被搁置，同时其他报告不受影响。如果一个对与会者进行指导和通知的动议被搁置，并不导致法案随之被搁置。

提议将某问题搁置的动议，可以在辩论或事务处理过程中进行更新，也可以在问题修改后进行更新。如果搁置动议被否决，或者问题被重新提起，那么在事务进行处理之前或辩论之前，不得再提议搁置该问题，除非无法预见的突发事务要求予以立即关注。议院不得被要求在搁置问题的当天进行投票，除非形势变化使得该问题成为一个新问题。[①] 通常规则规定，针对搁置动议的通过票数，不得重新审议，因为随后的正确程序是重新提起并处理问题；针对搁置动议的否决票数，不得重新审议，因为随后的正确程序是更新动议。[②] 重新提起问题的动议或重新开始审议问题的动议，是主动议。因此，在另一个问题正值处理之时，不得提出此类动议。如果紧急事务要求即时关注而需搁置某问题，那么一旦紧急事务处理完毕，该被搁置问题应立即被重新提起。[③] 立法机构只有在预料问题会在干扰问题解决完毕后或是在某一方便时刻进行重新审议的情况下，才会决定暂时搁置问题。一旦问题被重新提起，则该问题及相关问题一同有待立法机构解决，正如当初一同被搁置一样。[④] 搁置动议有时又被称为暂时延迟动议。这一名称，比搁置动议更为贴切。因为搁置动议的真实目的，就是要将问题的处理延迟一段不确定但通常比较短的时间。无论冠以何种名称，对此类动议都应适用相同的规则。此类动议可以表述为“我提议（指明提案名称）应该暂时延迟处理”。

---

① Reed, Thomas B., *A Manual of General Parliamentary Law* (Reed's Rules), 1898; reprinted: State Printing Plant, Olympia, Washington, 1937, Sec. 116.

② Hughes, Edward Wakefield, *Hughes' American Parliamentary Guide*, Columbus: F. J. Heer Printing Co., revised 1926, Sec. 274; State of New York Legislature, *New York Manual* (Clerk's Manual), editions of 1936 and 1948-1949, p.502.

③ Cushing, Luther Stearns, *Elements of the Law and Practice of Legislative Assemblies in the United States of America—Lex Parliamentaria Americana*, Boston: Little, Brown & Co., 1856 (usually available in the printing of 1847), Sec. 1449.

④ People ex rel. MacMahon v. Davis(1918), 284 Ill. 439, 120 N.E. 326.

二、先前议题

大量未严格定义的动议,可以用于限制、结束或者防止辩论。先前议题与其他具有相同或者类似目的的动议有一个本质的区别,就是先前议题具有明确且与众不同的形式,以及其他一些特质。先前议题可以用于结束针对任何问题的辩论。先前议题可以用于阻止产生附属动议的问题(只要该问题是可能产生附属动议的)。一旦采纳,此类动议的效果就是要求立即就问题进行投票。"立即进行投票"是恰当且普遍使用的表述。① 先前议题适用于即时待决的主动议及其相关问题。如果以先前议题形式进行陈述的动议不是要求针对主动议投票,那么就会导致辩论终结。先前议题如果涉及要求延迟的动议或要求提交的动议,那么不影响主动议。先前议题适用于先决问题和其他可辩论的问题。只有享有审议优先权的问题,才是先决问题,可以就一系列决议案提出先前议题,先前议题的提出不妨碍出于分别投票的目的而将决议案进行分列。

在早先的实践中,只有当提出要求的议员达到议院中一定比例时,才能就先前议题进行投票。现在某些州立法机构仍然要求先前议题必须由一定比例的议员提出。如果规则没有专门要求先前议题必须由一定数量或比例的议员提出,那么先前议题的提出条件与其他动议是相同的。先前议题动议的形式是"我提出先前议题"。其他正确的表述形式还包括"我建议关注先前议题"和"我建议我们立即投票"。先前议题的形式,包括"主议题是否

---

① Jefferson, Thomas, *Jefferson's Manual*, 1781, available as a document of the U. S. Congress; e.g., House Document No. 416, 93rd Congress, 2nd Session, published by the U. S. Government Printing Office, 1975, Sec. XXXIV; Cushing, Luther Stearns, *Elements of the Law and Practice of Legislative Assemblies in the United States of America—Lex Parliamentaria Americana*, Boston: Little, Brown & Co., 1856 (usually available in the printing of 1847), Sec. 1428; Sturgis, Alice Fleenor, *Standard Code of Parliamentary Practice*, New York: McGraw-Hill, 1950, and 3rd edition revised, New York: McGraw-Hill, 1988, p.58, 61.

应该现在提出”？此种形式只适用于正待议院解决的问题及其相关问题。[①]结束辩论的问题通常以如下形式交付投票：如果支持针对（说明问题）的先决问题，请说“是”或者“支持立即投票”等。如果以此种形式提出的问题得到批准，那么下一步的做法应该是，对先决问题所涉及的待决问题进行说明。终结辩论的动议有其自身的适用规则。

先前议题的级别高于产生先前议题的那个问题，亦高于所有可辩论的问题和所有附属动议，但搁置动议除外。先前议题的级别低于先决动议、偶发动议、搁置动议。先前议题被提出后，其他问题可被搁置，直至先前议题得以解决且先前议题的投票结束。在先前议题得到处理后，可以提出分列问题的动议或要求。[②] 先前议题不可辩论、不可修改，也不可涉及附属动议。此类问题不可辩论和修改，原因在于，此类动议的目的就是阻止进一步的辩论和修改以使投票立即进行。此类动议不可搁置、延迟，或提交委员会，因为此类动议的性质要求其在其他行动采取之前得以解决。先前议题要求针对主议题及其相关问题立即投票。先前议题的形式，已由议院实践固定下来，因而不可更改。如果先前议题提议重新审议某一动议，那么先前议题仅用于该动议。

在立法机构中，采纳先前议题仅需要大多数票数的支持。[③] 先前议题需要取得与主议题相同票数的支持，没有理由要求先前议题取得 2/3 的票数支持，而且这种要求本身也违反多数规则的基本原则。

---

① Cushing, Luther Stearns, *Elements of the Law and Practice of Legislative Assemblies in the United States of America—Lex Parliamentaria Americana*, Boston: Little, Brown & Co., 1856 (usually available in the printing of 1847), Sec. 1427; Waples, Rufus, *A Handbook on Parliamentary Practice*, Chicago: Callaghan, 1883, Sec. 114.

② Cushing, Luther Stearns, *Manual of Parliamentary Practice*, new edition by Albert S. Bolles, Philadelphia: The John C. Winston Company, 1928 (text unchanged in editions from 1907 to 1947, inclusive), Sec. 174; Sturgis, Alice Fleenor, *Standard Code of Parliamentary Practice*, New York: McGraw-Hill, 1950, and 3rd edition revised, New York: McGraw-Hill, 1988, p.61; Robert, General Henry M., *Robert's Rules of Order*, Newly Revised, 1970, p.167.

③ Tilson, John Q., *Parliamentary Law and Procedure*, Washington, D. C.: Ransdell Incorporated, 1935, p.79. A majority vote only is required by the rules of many of the states.

针对主动议颁布先前议题的效果包括：立即结束辩论、不再进行修改、不再提出其他附属动议、就即时待决的主议题及其附属问题立即投票。①如果先前议题得以颁布，议长应该立即将需要投票的问题搁置、延迟或交付委员会，直至所有相关问题得以解决，或者直至待决动议在投票中获胜。国会规则规定，在先前议题有效执行期间，上诉是不可辩论的。如果没有此种规定，那么在就某问题的程序和上诉提出的先前议题得以解决后，上诉是可辩论的。如果先前议题被否决，那么动议可在干扰事务得以处理之后，或辩论进行之后，或议院形势发生变化之后，得以更新。先前议题不可重新审议。

三、终结、限制或放宽限制辩论的动议

结束辩论、限制辩论或放宽辩论限制的动议，一般而言是一组目的相同的动议，并且适用相同规则。此类动议与先前议题联系紧密，但是来源不同，且具有明确的形式，部分适用不同的规则。② 终结辩论、限制辩论或放宽辩论限制的动议，可以用于任何可辩论的动议。如果没有相反的规定，此类动议仅用于解决需即时解决的问题。如果待决的事务是一系列问题，那么终结辩论、限制辩论或放宽辩论限制的动议可以用于解决待决的一系列问题，或者系列问题中的某段连续部分。如果问题的辩论已经终结或受到限制，那么辩论的终结和限制会持续至问题得到最终解决或针对动议的指令发生变化。如果针对一个或多个问题的限制与终结辩论的动议得到批

---

① Jefferson, Thomas, *Jefferson's Manual*, 1781, available as a document of the U. S. Congress; e.g., House Document No. 416, 93rd Congress, 2nd Session, published by the U. S. Government Printing Office, 1975, Sec. XXXIV; Sturgis, Alice Fleenor, *Standard Code of Parliamentary Practice*, New York: McGraw-Hill, 1950, and 3rd edition revised, New York: McGraw-Hill, 1988, p.58, 59, 225; Cushing, Luther Stearns, *Manual of Parliamentary Practice*, new edition by Albert S. Bolles, Philadelphia: The John C. Winston Company, 1928 (text unchanged in editions from 1907 to 1947, inclusive), Sec. 175; State of New York Legislature, *New York Manual* (Clerk's Manual), editions of 1936 and 1948-1949, p.466.

② Sturgis, Alice Fleenor, *Standard Code of Parliamentary Practice*, New York: McGraw-Hill, 1950, and 3rd edition revised, New York: McGraw-Hill, 1988, pp.56-58; Robert, General Henry M., *Robert's Rules of Order*, Newly Revised, 1970, p.161.

准,那么只有等到所有问题经过投票,或者投票结果是将主议题提交委员会,或者已将主议题延迟(无限期或有限期),动议效力才会终止。限制发言次数和长度的指令得到采纳之后,可以就待决问题提出附属动议。任何问题的辩论时间都可通过全体同意的方式进行限制。①

结束辩论、限制辩论、放宽辩论的动议具有多种形式。常见形式包括:(a)为了终结辩论并提出相关问题,常用形式为"我建议终结辩论,并在下午3点时提出问题"。(b)为了限制辩论的时间,常采用的形式为"我建议辩论时间为20分钟"。此类动议也可以规定支持者和反对者应享有同等辩论时间。(c)为了减少或增加发言次数和时间,动议的形式可类似于"我建议,针对议案及其修改的辩论应限定为每位议员发言一次,每次5分钟"或"我建议每次发言限时5分钟"。(d)为了放宽辩论限制,则常见形式为:"我建议每位发言者发言时间可放宽至5分钟"或者"我建议辩论时间延长至20分钟"。

限制辩论或放宽辩论限制的动议是不可辩论的。如果就此类动议进行辩论,将会有损动议的目的。② 结束或限制辩论的动议可以更改。如果一个此类动议有待处理,另一个与其不冲突的同类动议可作为修改意见被提出。此类动议级别低于先决动议、偶发动议、搁置动议,以及先前议题。此类动议级别高于附属动议,及产生此类动议的可辩论动议。终结辩论、限制辩论或放宽辩论限制的动议,不适用于除修改动议外的附属动议。此类动

① Sturgis, Alice Fleenor, *Standard Code of Parliamentary Practice*, New York: McGraw-Hill, 1950, and 3rd edition revised, New York: McGraw-Hill, 1988, pp.56-58; Cushing, Luther Stearns, *Manual of Parliamentary Practice*, new edition by Albert S. Bolles, Philadelphia: The John C. Winston Company, 1928 (text unchanged in editions from 1907 to 1947, inclusive), Sec. 221; Hughes, Edward Wakefield, *Hughes' American Parliamentary Guide*, Columbus: F. J. Heer Printing Co., revised 1926, Sec. 697; Robert, General Henry M., *Robert's Rules of Order*, Newly Revised, 1970, pp.161-166.

② Cushing, Luther Stearns, *Elements of the Law and Practice of Legislative Assemblies in the United States of America—Lex Parliamentaria Americana*, Boston: Little, Brown & Co., 1856 (usually available in the printing of 1847), Sec. 1428; Sturgis, Alice Fleenor, *Standard Code of Parliamentary Practice*, New York: McGraw-Hill, 1950, and 3rd edition revised, New York: McGraw-Hill, 1988, p.58.

议仅需要获得大多数票数支持即可通过。[①]

当限制发言次数和时间的动议被采纳后，或放宽这些限制的动议被采纳后，可以提出其他附属动议，因为附属动议不会影响它们所适用于的动议本身。如果辩论受到限制，辩论时间可通过全体同意的方式延长，也可通过采纳一个能够延长辩论时间的动议来实现该目的。如果辩论受到限制，并且一名议员的发言已超时，那么议长应作出指示，并通知议员其已超时。如果其他议员没有要求发言继续进行，那么发言议员本人有权要求发言继续进行。如果终结辩论的动议在规定时间内被采纳了，仍然有机会提出修改。先前议题被采纳后，也仍有机会提出修改。限制辩论或放宽辩论限制的动议，如果被否决，那么可以在辩论取得一定进展后作为新问题被更新。在结束或限制辩论的动议被采纳后，所设限制经常通过延长辩论时间的动议或扩展辩论的动议得以更改，而原动议无须重新审议。只要情况变化需要议院作出新的决定，则可在任何时候提出更改辩论限制的动议。辩论的限制也经常通过全体同意的方式进行修改。立法机构可将问题搁置，从而暂时中止辩论。如果议院暂无需要解决的问题，那么针对符合级别要求的问题可以重新被提起。立法机构可以在任何时候通过采纳先决问题来阻止或终止辩论。[②] 如果企图阻止针对某问题的讨论，最有效的方法是在辩论或其他附属动议开始前，针对问题的审议提出异议。辩论的终结也可以通过特定时间延迟、有限期延迟或将问题提交委员会来实现。

四、特定时间延迟或有限期延迟的动议

特定时间延迟的动议仅能适用于主动议。如果允许此类动议适用于先决动议、偶发动议、附属动议，那么会使问题越来越复杂，因而是不允许的。为了避免问题复杂化，还有一个简单的方法，就是投票否决此种附属动议或

---

① Hughes, Edward Wakefield, *Hughes' American Parliamentary Guide*, Columbus: F. J. Heer Printing Co., revised 1926, Secs. 703, 704, 738; State of Massachusetts, Legislature, *Manual of the General Court of Massachusetts*, 1947-1948, p.667.

② Sturgis, Alice Fleenor, *Standard Code of Parliamentary Practice*, New York: McGraw-Hill, 1950, and 3rd edition revised, New York: McGraw-Hill, 1988, pp.62-64.

在稍后时间对其进行更新。当先决问题是主议题时,先决问题可以延迟。[①]特定时间延迟或有限期延迟的动议,级别高于委托动议、修改动议、无限期延迟动议、主动议;级别低于先决动议、偶发动议、搁置动议、先前议题,以及终结辩论、限制辩论,或放宽辩论限制的动议。被规定为仅在特定时刻或仅在特定指令中才能进行的事务,是不可事先延迟的,但是当该特定时刻到来之后,此类事务可延迟至稍后时间或推迟其处理顺序。有些事务是不可延迟的,比如委员会报告。但是,如果问题已经被宣布,那么该问题的处理可延迟,或者可暂停适用规则以解决问题。在议院准备就当日秩序或先决问题采取行动之后,可延迟对其进一步的审议,其他附属动议也可适用于当日秩序和先决问题。[②]

通常此类动议的形式是"我建议延迟对(某问题)的审议(或进一步审议)直至(特定时间)",或"我建议将对(表述问题)的审议(或进一步审议)延迟至(特定时间)"。动议应说明事务延迟的时间和顺序,比如"在上午10点",或在某一特定日期"紧随第二次宣读"。如果想将问题作为特殊指令,那么动议可为"我建议将问题延迟并且作为在(特定时间)的特殊指令"。针对有限期延迟的动议,延迟问题是可辩论的,但是主议题不可辩论。对主议题实质内容的涉及程度,以议院就延迟的正当性作出决定的需要为限。被延迟处理的问题不得辩论,其理论基础是延迟动议的目的在于推迟辩论,若在此阶段允许对议案实质内容进行辩论,则完全无法实现此类动议的目的。先前议题,以及结束辩论、限制辩论或放宽辩论限制的动议,可用于有限期

---

① Jefferson, Thomas, *Jefferson's Manual*, 1781, available as a document of the U. S. Congress; e.g., House Document No. 416, 93rd Congress, 2nd Session, published by the U. S. Government Printing Office, 1975, Sec. XXXIII; Cushing, Luther Stearns, *Elements of the Law and Practice of Legislative Assemblies in the United States of America—Lex Parliamentaria Americana*, Boston: Little, Brown & Co., 1856 (usually available in the printing of 1847), Secs. 168, 169, 180; Sturgis, Alice Fleenor, *Standard Code of Parliamentary Practice*, New York: McGraw-Hill, 1950, and 3rd edition revised, New York: McGraw-Hill, 1988, p.53.

② Sturgis, Alice Fleenor, *Standard Code of Parliamentary Practice*, New York: McGraw-Hill, 1950, and 3rd edition revised, New York: McGraw-Hill, 1988, p.53, 54.

延迟动议，但是此类动议在适用过程中不影响其他待决动议的处理。[①]

有限期延迟或特定时间延迟的动议不可被搁置。如果此类动议悬而未决，那么主议题可随之被搁置。有限期延迟动议不可提交委员会，但是如果提交或委托动议待决，并且主议题被搁置，那么交付或委托动议随之被废止。有限期延迟动议，可就时间问题作出修改，但只能是作为特殊指令进行修改。更好的办法是，视延迟至另一时刻的动议为备选动议，同时将问题进行最大限度的延迟。有限期延迟动议本身不能延迟，既不能延迟一段特定时间，也不能无限期延迟。[②] 如果延迟至特定日期的动议被否决，那么议长可以提出动议要求延迟至另一日期。简单的有限期延迟要求大多数票数支持。立法机构的一般规则是，特殊指令仅要求大多数票数支持。但是，如果延迟动议将问题设为特殊指令，并且规则规定特殊指令需 2/3 票数支持，那么作为特殊指令的延迟动议需要 2/3 票数支持。不过，即使延迟动议的修改是作为特殊指令作出的，而规则也要求特殊指令需要 2/3 票数支持，延迟动议的修改也仅需要大多数票数支持。针对原动议的修改，则需要 2/3 票数支持。[③]

延迟动议，可在干扰事务得到处理后或辩论有所进展后进行更新。如果问题被延迟，并且机构有意愿在延迟日期之前进一步审议该问题，那么问题可被重新提起，无须考虑延迟决定所基于的支持票数。将问题的处理延迟至特定日期或特定时刻，会使问题成为延至之日的当日秩序。如果到时

---

① State of New York Legislature, *New York Manual* (Clerk's Manual), editions of 1936 and 1948-1949, p.364, 463; Reed, Thomas B., *A Manual of General Parliamentary Law* (Reed's Rules), 1898; reprinted: State Printing Plant, Olympia, Washington, 1937, Secs. 118, 201.

② Hughes, Edward Wakefield, *Hughes' American Parliamentary Guide*, Columbus: F. J. Heer Printing Co., revised 1926, Sec. 316; Sturgis, Alice Fleenor, *Standard Code of Parliamentary Practice*, New York: McGraw-Hill, 1950, and 3rd edition revised, New York: McGraw-Hill, 1988, p.56.

③ Hughes, Edward Wakefield, *Hughes' American Parliamentary Guide*, Columbus: F. J. Heer Printing Co., revised 1926, Sec. 316; Sturgis, Alice Fleenor, *Standard Code of Parliamentary Practice*, New York: McGraw-Hill, 1950, and 3rd edition revised, New York: McGraw-Hill, 1988, p.54, 55; Robert, General Henry M., *Robert's Rules of Order*, Newly Revised, 1970, p.153.

问题仍未解决，那么该问题成为未尽事务。将问题延迟至特定时刻，并不使之成为特殊指令，除非动议中专门说明。如果问题被延迟至特定时刻，那么该问题成为该特定时刻的当日秩序。[①] 问题被延后的时间，必须是在会议期间内。如果有限期延迟动议或有限期延迟动议的修改，产生了无限期延迟的效果，那么是不符合规程的。这种情况包括，延迟行动至最后一次休会之后，或延迟行动以至来不及实施，或延迟行动直至行动失效。如果延迟动议事实上是一个无限期延迟动议，并且该动议提出时符合规程，那么议长可依其自由裁量权进行处理。但是，该动议就不能被视为有限期延迟动议了。[②]

五、要求提交或委托委员会的动议

将议题提交委员会一般出于以下目的：(a)希望对议题进行更为充分的讨论；(b)争取调查的时间和机会；(c)希望对未经披露的议题进行审议；(d)希望给支持者和反对者提供更多发表意见的机会，并进行听证；[③](e)批准更多非正式的审议；(f)修改或重拟建议案或报告，并使其具有较规范的形式；(g)使审议更为全面；(h)拖延审议直至更为合适的时机；(i)阻止或拖延关于某议题的行动。在立法机构中，除非主议题要求直接采取行动，否则较

---

① Sturgis, Alice Fleenor, *Standard Code of Parliamentary Practice*, New York: McGraw-Hill, 1950, and 3rd edition revised, New York: McGraw-Hill, 1988, p.54, 55; Cushing, Luther Stearns, *Elements of the Law and Practice of Legislative Assemblies in the United States of America—Lex Parliamentaria Americana*, Boston: Little, Brown & Co., 1856 (usually available in the printing of 1847), Sec. 1377.

② Demeter, George, *Demeter's Manual of Parliamentary Law and Procedure*, Boston: Bostonia Press, revised 1969, pp.66-68, 88-99.

③ 听证制度，最早可以追溯到英国历史上有关"法律保护权"的观念和"自然公正"原则。起初只在司法程序中应用，后来美国把该制度在行政和立法领域逐渐推广开，而今美国已成为听证制度非常发达的国家。听证制度被当作正当法律程序的基本制度之一，其核心是保障公民的参与权，要求在作出对他人可能产生不利影响的决定时，必须听取利益相关人的意见。因此，听证已经成为议会立法中的一个基本程序，未经委员会听证而通过法案的情况是十分少见的。(陈丽：《浅析立法听证在立法程序中的作用》，载《南京广播电视大学学报》2010 年 3 月。)

好的实践做法是将主要议题提交委员会审议。① 将待决议题提交委员会的动议级别优于修正动议、不定期延迟动议和主动议,低于所有其他附属动议以及所有其他先决动议和临时动议。在议题被提交审议时或在审议议题期间的任何时候,均将动议提交委员会。如果提交委员会的动议是针对非待决议题的,那么该动议具有主动议的位次。

要求提交或委托委员会的动议可适用于任何主动议。当提出关于待决议题的程序动议时,待决议题的程序动议将由机构决定,而不必提交委员会。有关待决议题的程序动议无须委员会研讨,即可在需要时提出。法案或其他议案可以提交给尚未被任命的常设委员会或特别委员会。即使规则要求全部法案需提交委员会,已经由委员会宣读的法案也无须交回委员会做进一步审议。如果将法案提交给一个不适当的委员会,该法案可以按以下方式重新提交:(a)经一致同意由会议主席提交,(b)在议席提起动议,(c)由已收到法案的委员会作汇报,并建议将法案重新提交适当的委员会。② 如果针对法案提交委员会的事宜已有相关规则,而提交动议与规则不符,那么效果上等同于暂停适用相关规则。常用且较好的规则形式是就提交特定委员会事宜进行规定,同时允许机构有不同的做法。

法案可以重新提交给最初审议该法案的委员会,或者重新提交给任何其他委员会,包括全体委员会。如果对重新提交未作限制,整个法案可由委员会开放审议。如果针对法案提出了修正案,委员会的审议范围可仅限于修正案。法案经报告委员会后,只有基于重要事由或特殊原因,才可以重新提交。重新提交的通常做法是将法案提交回同一委员会。如果在议院审议或者批准报告之前重新提交法案,整个议题将再次交由委员会处理,而无须

---

① Jefferson, Thomas, *Jefferson's Manual*, 1781, available as a document of the U. S. Congress; e.g., House Document No. 416, 93rd Congress, 2nd Session, published by the U. S. Government Printing Office, 1975, Sec. XXXIII; Cushing, Luther Stearns, *Elements of the Law and Practice of Legislative Assemblies in the United States of America—Lex Parliamentaria Americana*, Boston: Little, Brown & Co., 1856 (usually available in the printing of 1847), Secs. 73, 181a, 183; Reed, Thomas B., *A Manual of General Parliamentary Law* (Reed's Rules), 1898; reprinted: State Printing Plant, Olympia, Washington, 1937, Sec. 119.

② Hughes, Edward Wakefield, *Hughes' American Parliamentary Guide*, Columbus: F. J. Heer Printing Co., revised 1926, Secs. 49, 792.

考虑委员会的最初报告。[①] 如果针对法案提出了诸多修正案或者需对法案做实质性修改,最可取的方法是将法案交回给委员会。[②] 如果修正案被采用并因此使得法案对财政产生了影响,一些州要求需将法案重新提交给常设财政委员会作进一步审议。

将议程表中法案提交委员会的动议,级别高于主议题。只要所涉法案已被列入日程表且有待议院处理,则可以提出将法案提交委员会的动议。此类动议的通过需要出席会议议员和选票的多数票支持,不过通常都能得到全体同意而获通过。要求提交委员会的动议有多种形式。最常用的形式是"我提议(法案、决议案等)应提交给(委员会的名称)委员会"。在将议题提交给特别委员会时,动议可以表述为"我藉以下引言提议(法案、决议案等)应提交给由会议主席(或议长)指定的五人委员会……"。动议的具体内容可通过修正案予以增补或修改,不过所提出的修改通常不被作为修正案,而是作为备选建议案。要求提交全体委员会审议或"非正式"审议的动议等同于要求提交委员会的动议。在这种情况下,动议形式可以是"为了审议(指明议案或议题),我提议众议院(或参议院)现在将(说明行动和问题)交由全体委员会审议",或者"我提议非正式地审议(指明议案或议题)",或者"我提议如同全体委员会一般地审议(指明议案或议题)"。关于委托或提交委员会动议的规则,[③]也适用于"由全体委员会处理"的动议、"非正式审议"的动议和"重新提交"的动议。[④]

---

① Jefferson, Thomas, *Jefferson's Manual*, 1781, available as a document of the U. S. Congress; e.g., House Document No. 416, 93rd Congress, 2nd Session, published by the U. S. Government Printing Office, 1975, Sec. XXVIII.

② Hughes, Edward Wakefield, *Hughes' American Parliamentary Guide*, Columbus: F. J. Heer Printing Co., revised 1926, Sec. 882.

③ 委员会权限主要依据参议院规则,辅之以先例和委员会之间的正式协议。参议院规则第 25 条规定了各常设委员会处理的议题类型。委员会有义务向参议院长官提交议题,不过在实践中,法案提交是由参议员完成的。通常议题审议方面的议题会由某一委员会提交。经由一致同意,参议院会允许若干跨越权限的提交行为,可以是联合提交,也可以是逐个提交。复合提交可以由联合党的领袖通过动议完成,不过这样的动议尚未在实践中出现过。

④ Sturgis, Alice Fleenor, *Standard Code of Parliamentary Practice*, New York: McGraw-Hill, 1950, and 3rd edition revised, New York: McGraw-Hill, 1988, p.50, 51; Robert, General Henry M., *Robert's Rules of Order*, Newly Revised, 1970, p.148, 149.

要求提交委员会的动议是可辩论的,但仅可辩论是否应将主议题交付给委员会,而不可针对主议题本身进行辩论。如果要求提交委员会的动议附有说明,那么该说明是可辩论的。[①] 要求提交委员会的动议不得修改。如果要求提交委员会的议案涉及待决修正案,那么待决修正案应随之提交委员会。从严格意义上说,一项单独将修正案提交委员会的动议是不符合规程的,但是将主议题和全部待决修正案一并提交委员会的动议是可接受的。如果修正案被采纳,修正案所涉议题或议案也随之被采纳。[②] 请求终止辩论、限定辩论或扩大辩论范围的动议,可以适用于针对提交委员会的动议所进行的辩论,但不适用于对主议题的辩论。提交委员会的动议不得被搁置,但是如果主议题被搁置,那么提交委员会的动议也随之被搁置。要求提交委员会的动议不得延迟至某一特定时间,但是如果主议题被延迟,提交委员会的动议也将随之被延迟。[③] 将议题提交委员会需要得到多数票的支

---

① Hughes, Edward Wakefield, *Hughes' American Parliamentary Guide*, Columbus: F. J. Heer Printing Co., revised 1926, Sec. 330; Reed, Thomas B., *A Manual of General Parliamentary Law* (Reed's Rules), 1898; reprinted: State Printing Plant, Olympia, Washington, 1937, Secs. 120, 201; Tilson, John Q., *Parliamentary Law and Procedure*, Washington, D.C.: Ransdell Incorporated, 1935, p.65; U.S. Congress: provisions of the U.S. Constitution and rules of the House of Representatives are cited from the Manual of the U.S. House of Representatives, XVI, notes 787-789; Cushing, Luther Stearns, *Elements of the Law and Practice of Legislative Assemblies in the United States of America—Lex Parliamentaria Americana*, Boston: Little, Brown & Co., 1856 (usually available in the printing of 1847), Sec. 70a; Sturgis, Alice Fleenor, *Standard Code of Parliamentary Practice*, New York: McGraw-Hill, 1950, and 3rd edition revised, New York: McGraw-Hill, 1988, p. 51, 52; Robert, General Henry M., *Robert's Rules of Order*, Newly Revised, 1970, p.143.

② Reed, Thomas B., *A Manual of General Parliamentary Law* (Reed's Rules), 1898; reprinted: State Printing Plant, Olympia, Washington, 1937, Sec. 166; Sturgis, Alice Fleenor, *Standard Code of Parliamentary Practice*, New York: McGraw-Hill, 1950, and 3rd edition revised, New York: McGraw-Hill, 1988, p.52.

③ Jefferson, Thomas, *Jefferson's Manual*, 1781, available as a document of the U. S. Congress; e.g., House Document No. 416, 93rd Congress, 2nd Session, published by the U. S. Government Printing Office, 1975, Sec. XXXIII; Hughes, Edward Wakefield, *Hughes' American Parliamentary Guide*, Columbus: F. J. Heer Printing Co., revised 1926, Sec. 330.

持。某一议题是否应提交委员会，提交哪一个委员会，以及如何进行提交，通常通过全体一致同意来作出决定。[①] 在处理了干扰事务之后，提交委员会的动议可被更新。不得重新审议提交委员会的动议，但是可以撤回提交委员会的议题。当需要从委员会撤回议题时，可以提交撤回动议。如果动议通过，议题将被交回到机构。从委员会撤回议题的动议需要得到多数票的支持。从委员会撤回的议题可以由机构处理或者提交另一个委员会处理。[②] 在要求撤回法案或文件的动议中讨论该法案或文件，是不符合规程的。

六、要求修正的动议

下面提供一种快速确定动议或建议案是否可被修改的方法。如果动议或建议案还可以以不同的形式被提交，那么该动议或建议案就是可以被修改的。如果不能以不同的形式陈述，那么建议案就是不可被修改的。就先前议题提出的动议、要求搁置的动议或要求不定期延迟的动议都是不可修改的，因为这些动议已无其他适当的形式。要求休会、限制辩论的动议或要求定期延迟的动议都可以修改，因为这些动议均有多种形式。例如，就要求休会 10 分钟的动议而言，还可以提出休会 30 分钟的动议或休会 5 分钟的动议，因此是可被修改的。某些类别的议题不可被修改。例如，议事程序议题、议院询问、请求分列核实票数，这些均不属于对机构动议提出的建议。[③] 每一项最初的主动议都可以被修改，所有其他动议也可以被修改，但以下内容的动议除外：(1)要求休会，(2)上诉，(3)议事程序，(4)唤起日程，(5)反对审议议题，(6)要求分列表决议题，(7)同意撤回动议，(8)议院询问或任何其他类别的要求，(9)在正常程序之外讨论议题，(10)中止适用规则，(11)搁置

---

① Hughes, Edward Wakefield, *Hughes' American Parliamentary Guide*, Columbus: F. J. Heer Printing Co., revised 1926, Sec. 330; Sturgis, Alice Fleenor, *Standard Code of Parliamentary Practice*, New York: McGraw-Hill, 1950, and 3rd edition revised, New York: McGraw-Hill, 1988, p.52; Robert, General Henry M., *Robert's Rules of Order*, Newly Revised, 1970, p.143.

② Sturgis, Alice Fleenor, *Standard Code of Parliamentary Practice*, New York: McGraw-Hill, 1950, and 3rd edition revised, New York: McGraw-Hill, 1988, p.52.

③ Sturgis, Alice Fleenor, *Standard Code of Parliamentary Practice*, New York: McGraw-Hill, 1950, and 3rd edition revised, New York: McGraw-Hill, 1988, p.43, 44, 50.

议案，(12)重启议案，(13)先前议题，(14)修改修正案，(15)弥补空缺，(16)不定期延迟，(17)要求议院分列表决，(18)复议，(19)任何类别的通知，(20)与机构的意见交流，(21)向机构提交报告。① 就任何议题提出的且已被采用的修正案不是附属动议。此种建议案是受制于一级修正案和二级修正案的主动议。

修正动议级别优先于不定期延迟动议和主要动议，但位次于其他附属动议、先决动议和临时动议。修正案优先于最初原动议，必须在最初原动议之前对修正案投票表决。② 对议案的审议应当按其进展顺序进行，修正案应按照其在被修正的议案中出现的顺序被提出。但是当若干修正案为达到一个共同目的而不可分开处理时，则这些修正案可作为一个整体提出来，并作为一个整体进行表决。如果议题不是逐条审议的，那么最早提出的修正案将得到最先审议。修改段落的动议优先于请求批准、加插或删除段落的动议，请求修改章节的动议优先于请求批准、加插或删除章节的动议。③ 在审议来自议员席的修正案之前，先对委员会的修正案进行审议是一个惯例。修正案一旦被采用，不得修改。但是可以对被修正案所涉主议案提出修正案并审议。如果修正案被否决，那么在对投票结果进行首次复议之前，不得

---

① With reference to the right of amendment, see Cushing, Luther Stearns, *Elements of the Law and Practice of Legislative Assemblies in the United States of America—Lex Parliamentaria Americana*, Boston: Little, Brown & Co., 1856 (usually available in the printing of 1847), Secs. 1311-1321; Sturgis, Alice Fleenor, *Standard Code of Parliamentary Practice*, New York: McGraw-Hill, 1950, and 3rd edition revised, New York: McGraw-Hill, 1988, p.43, 44, 50; Robert, General Henry M., *Robert's Rules of Order*, Newly Revised, 1970, p.110.

② Robert, General Henry M., *Robert's Rules of Order*, Newly Revised, 1970, p. 109; Casler v. Tanzer (1929), 234, N.Y.S 571.

③ Jefferson, Thomas, *Jefferson's Manual*, 1781, available as a document of the U. S. Congress; e.g., House Document No. 416, 93rd Congress, 2nd Session, published by the U. S. Government Printing Office, 1975, Sec. XXXV; Hughes, Edward Wakefield, *Hughes' American Parliamentary Guide*, Columbus: F. J. Heer Printing Co., revised 1926, Sec.401; State of New York Legislature, *New York Manual* (Clerk's Manual), editions of 1936 and 1948-1949, p.471.

再次提出内容相同的修正案。①

在传统的做法中，修正案不得被单独搁置。修正动议如经批准，主动议和所有附带动议均随之而获准。在一些立法机构的实践中，允许在不影响主要议题的情形下搁置修正案。其目的是要在不经辩论的情况下，简单地处理修正案。在形式上，修正案可以分为：增补（指放在末尾）、加插、删除、替代。替代是指加插和删除的结合。修正案必须以书面形式提交。② 对动议的修正案可以非正式地提出。例如，当休会 10 分钟的动议待决时，议员可以说，“我提议将该动议修改为‘休会 30 分钟’，以此替代‘休会 10 分钟’”。根据议会法，对动议提出修正案后，经修正的动议必须付诸表决。③ 轻率或荒谬的修正案是不符合规程的，会议主席可以拒绝陈述轻率或荒谬的修正案。不可将一种动议改变为另一种动议或将一种动议替代为另一种动议。不可提交已删除法案制定过程或决定作出过程的动议。④ 不可提交与已定修正案相同的修正案。会议主席不会裁定修正案违反规程，除非修正案违规已确凿无疑。在存疑的情形下，会议主席应该审议修正案，尊重议员质询议事程序的权利，或者将修正案是否符合规程的议题提交众议院。⑤

---

① Cushing, Luther Stearns, *Elements of the Law and Practice of Legislative Assemblies in the United States of America—Lex Parliamentaria Americana*, Boston: Little, Brown & Co., 1856 (usually available in the printing of 1847), Sec. 1308.

② Sturgis, Alice Fleenor, *Standard Code of Parliamentary Practice*, New York: McGraw-Hill, 1950, and 3rd edition revised, New York: McGraw-Hill, 1988, p.42, 43.

③ Leonard v. School District of Cornish (1953), 98 N.H. 296, 99 A. 2d 415.

④ Cooley, Constitutional Limitations, p.169; Heron v. Riley(1930), 209 Cal. 507, 289 p.160.

⑤ 大多数非争议性的法案版本和一些主要法案应当迅速通过，以方便两院之间的修正协调。两院将法案来回传递、不断修正，直至法案的全部条文得到一致同意。通常情况下，两院的修正意见属于非正式谈判，扩大修正意见的交换很少出现，但国会限制了两院之间法案来回穿梭的次数。一般情况下，议院有两次机会修正对方的修正案，因为两院都被禁止进行第三次修正。然而，有时两院会打破国会的限制，进行超过两次的修正案意见交换。当前的记录最多是九次。在此过程的任何阶段，一院都可接受对方的观点、坚持最新的观点、要求会议解决遗留问题，或拒绝进一步行动以扼杀法案。参议院通常会对众议院的修正案采取行动，但也有例外，即修正案被一致同意通过。除了这种特殊情形，参议院通常会为了解决严重分歧而继续进行内部会议程序或与众议院协商，而不是在参议院大会上解决这一问题。

所提出的修正案必须与所涉主题密切相关或与被修正的章节或段落密切相关。对修正案密切相关性的唯一要求，就是修正案必须与同一主题相关联。修正案可以完全改变最初动议或最初议案的精神，但依然与主题密切相关。修正案可以代替一项完整的新提议，只要修正案与最初提议的主题密切相关。① 在修正案被正式介绍之前，提出修正案的议员可请求撤回修正案。在修正案被正式介绍之后，只有得到机构同意方可撤回修正案。在会议主席陈述议员所提动议或决议之前，该议员有权随时修改动议或决议；但在会议主席对动议或决议作出陈述之后，动议或决议为机构所掌管，只有得到机构同意后方可对动议或决议作出修改。② 修正案经正式说明后，为机构所掌管。提出撤回修正案的请求后，处理该请求等同于处理一项提议撤回修正案的动议，不同的只是，撤回修正案的请求必须由提出修正案的议员提出，而撤回动议的请求可以由任何议员提出。③ 委员会不能修正法案。该修正权力仅被赋予机构，委员会仅可向机构提出修改建议。④ 当附有待决修正案的议案提交给委员会时，委员会可以提出一个替代意见并报告。在这种情况下，会议主席应当先将待决修正案提交表决，再将委员会提出的替代意见提交表决。

---

① Hughes, Edward Wakefield, *Hughes' American Parliamentary Guide*, Columbus: F. J. Heer Printing Co., revised 1926, Sec. 361; Hood v. City of Wheeling (1920), 85 W.Va. 578, 102 S.E. 259; State of Nebraska v. Cox (1920), 105 NEB. 175, 178 N.W. 913.

② Sturgis, Alice Fleenor, *Standard Code of Parliamentary Practice*, New York: McGraw-Hill, 1950, and 3rd edition revised, New York: McGraw-Hill, 1988, p.47; Reed, Thomas B., *A Manual of General Parliamentary Law* (Reed's Rules), 1898; reprinted: State Printing Plant, Olympia, Washington, 1937, Sec. 150; Cushing, Luther Stearns, *Manual of Parliamentary Practice*, new edition by Albert S. Bolles, Philadelphia: The John C. Winston Company, 1928 (text unchanged in editions from 1907 to 1947, inclusive), Secs. 92, 93.

③ Sturgis, Alice Fleenor, *Standard Code of Parliamentary Practice*, New York: McGraw-Hill, 1950, and 3rd edition revised, New York: McGraw-Hill, 1988, p.47, 99.

④ State of New York Legislature, *New York Manual* (Clerk's Manual), editions of 1936 and 1948-1949, p.405; Robert, General Henry M., *Robert's Rules of Order*, Newly Revised, 1970, p.232, 434.

除非为了更正笔误或通过机构的动议批准,否则不可更改立法建议。[①] 如果修正案旨在修改法案标题,那么修正案中需包括关于标题的修正意见。[②] 修正规则通常需要预先通知,并得到2/3的票数支持,有时还会有进一步的限制条件。议院规则的修正程序通常由规则本身规定。对规则的修正只需要得到多数票支持,除非规则要求更高的票数。修正案可以修改,但对修正案提出的修改案不得修改。对议案每次只允许提一份修正案(称之为一级修正案),曾一度允许对修正案提出修改意见(或二级修正案)。但三级修正案过于复杂,是不合乎规程的。对修正案的修改意见不得再做修改,但可以采用替代案取代修正案,并且替代案可以被修改。[③] 某一议院对另一议院通过的修正案所作的修改是一级修正案。转换建议案部分内容的较好做法是,删除某些措辞或条款,将其加插入其他地方。如果要将某一内容从一处转换到同一文件的另一处,所面临的第一个议题是将该部分从原处删除,第二个议题是将该部分加插到所需之处。现代立法实践是,既然删除和加插需要二者合一才能完成转换,因此可以将两个建议案合为一个修正案提交。如果要求加插措辞的动议被否决,而另一新动议实质上提出了新的议题,那么可在新动议中将被否决的措辞连同其他措辞一并加插或者用这些措辞替代其他措辞。当新措辞加插在被删除措辞的原先位置,则所加插措辞可以与被删除措辞有本质区别,只要加插措辞与主题密切相关即可。

---

① Jefferson, Thomas, *Jefferson's Manual*, 1781, available as a document of the U. S. Congress; e.g., House Document No. 416, 93rd Congress, 2nd Session, published by the U. S. Government Printing Office, 1975, Sec. XXXV; Cushing, Luther Stearns, *Manual of Parliamentary Practice*, new edition by Albert S. Bolles, Philadelphia: The John C. Winston Company, 1928 (text unchanged in editions from 1907 to 1947, inclusive), Sec. 91.

② Jefferson, Thomas, *Jefferson's Manual*, 1781, available as a document of the U. S. Congress; e.g., House Document No. 416, 93rd Congress, 2nd Session, published by the U. S. Government Printing Office, 1975, Sec. XLII; Hughes, Edward Wakefield, Hughes' American Parliamentary Guide, Columbus: F. J. Heer Printing Co., revised 1926, Secs. 935, 936.

③ Hughes, Edward Wakefield, *Hughes' American Parliamentary Guide*, Columbus: F. J. Heer Printing Co., revised 1926, Secs. 379, 394; Reed, Thomas B., *A Manual of General Parliamentary Law* (Reed's Rules), 1898; reprinted: State Printing Plant, Olympia, Washington, 1937, Sec. 145.

提出在某一处删除措辞，再在另一处加插具有不同效果措辞的动议是不合乎规程的，因为它等于是两个应该分别提交的修正案。[①]

如果一个动议要求删除若干措辞，那么所删措辞必须是连续的。如果需要删除分开的措辞，那么必须通过不同的动议加以删除，或者提出一项动议，删除含有须删除的整个句子或整个字行，再加插所需要的新句子或新字行。当删除某些措辞并加插其他措辞的动议被否决后，仍可以提出请求删除同样措辞的动议，因为拒绝一项建议案不影响提出一项不同的建议案。如果删除某些措辞的动议被采用，那么不能再加插同样的措辞，除非在别处加插或所用措辞的表达已变化，才可提出一项新建议案。如果删除某些措辞的动议被否决，既不影响提出删除同样措辞并加插其他措辞的动议，也不影响提出删除其中部分措辞，或删除其中部分措辞并加插其他措辞的动议；删除同样措辞及其他措辞的动议；删除同样措辞及其他措辞，另外再加插其他措辞的动议亦不受影响。前提是，在上述各情形下，新议题实质上已不同于原议题。[②]

删除并加插措辞的动议被采用后，所加插措辞不能被删除，所删除措辞亦不能被加插，除非该措辞加插在别处，或其表达已发生变化，以至于形成了一个新议题。如果上述动议被否决，不影响就删除或加插同样的措辞再单独提出动议，因为这相当于是将议题分列为两个议题；同时也不妨碍提出删除并加插措辞的另一动议，只要被删除或被加插的措辞已发生实质变化以至于新议题实际上与原有议题已不完全相同。如果删除措辞、加插措辞或二者合一的修正案不尽人意，在将修正案付诸表决之前，应对修正案进行完善。在付诸表决之前完善修正案，应首先考虑被删除的措辞，而后考虑被加插的措辞。加插或增补措辞后，不得改变或删除这些措辞，除非通过动议删除段落，或者此种改变或删除使得议题不同于加插特定措辞的议题，或者将删除段落或删除段落部分内容的动议与加插其他措辞的动议相结合。在

---

① Reed, Thomas B., *A Manual of General Parliamentary Law* (Reed's Rules), 1898; reprinted: State Printing Plant, Olympia, Washington, 1937, Sec. 136; Robert, General Henry M., *Robert's Rules of Order*, Newly Revised, 1970, p.117.

② Tilson, John Q., *Parliamentary Law and Procedure*, Washington, D. C.: Ransdell Incorporated, 1935, p.70; Robert, General Henry M., *Robert's Rules of Order*, Newly Revised, 1970, p.128.

投票结果显示某些措辞应当构成议案的一部分时，不可就完全相同的措辞再提出另一项动议。再次提出加插措辞议题的唯一途径是，请求针对投票表决进行复议。

加插或删除段落的动议属于一级修正案，因此当删除或加插措辞的修正案处于待决状态时，不能提出加插或删除段落的动议。加插段落后，该段落不能再被删除，除非该删除与其他段落相关联并实质上构成了新议题。删除某段落后不能再加插该段落，除非因用词或加插位置的变化而产生了新议题。如果加插或删除段落的动议被否决，不影响提出另一动议，除非该动议实质上与被否决动议是同一议题。即使机构拒绝删除某段落，仍可请求删除该段落中某一部分或修改该段落。如果提议加插某段落或某段落中的某一部分，在付诸表决之前，赞同该段落的议员们可以通过修正案尽量完善该段落。另外，如果提议删除某段落，在付诸表决之前，那么必须先允许赞同该段落的议员们通过修正案尽量完善该段落。① 用某一段落取代另一段落的动议经会议主席陈述后，修改分两步进行。会议主席先审议删除段落的修正案，这类修正案属二级修正案。在议员完善了删除段落的修正案后，会议主席应当询问是否有加插段落的修正案。当删除的段落和加插的段落通过修正案予以完善后，接下来就是对某段落替换另一段落进行表决。如果段落替换的动议被否决，机构仅可决定不进行该种段落替换。机构还有可能用该段落替换其他段落，或者对决议案中保留的该段落作进一步修正，或者删除该段落。不过，针对与已决议题实质相同的问题，是不可再提

---

① Jefferson, Thomas, *Jefferson's Manual*, 1781, available as a document of the U. S. Congress; e.g., House Document No. 416, 93rd Congress, 2nd Session, published by the U. S. Government Printing Office, 1975, Sec. XXXV; Cushing, Luther Stearns, *Manual of Parliamentary Practice*, new edition by Albert S. Bolles, Philadelphia: The John C. Winston Company, 1928 (text unchanged in editions from 1907 to 1947, inclusive), Secs. 103, 105. 106; Reed, Thomas B., *A Manual of General Parliamentary Law* (Reed's Rules), 1898; reprinted: State Printing Plant, Olympia, Washington, 1937, Secs. 138, 143; Robert, General Henry M., *Robert's Rules of Order*, Newly Revised, 1970, p.129.

出修正案的。[①]

如果两个建议案中的议题放在一个建议案中会更好，那么可以拒绝其中一个建议案，然后通过修正案将该建议案中的条款并入另一个建议案中。如果将条款分放在若干建议案中会更好，那么可以通过修正案删除法案的某一部分，将其放到新的建议案中。在逐段审议议案期间，不得提交替代整个议案的替代案，除非会议主席已宣布可对建议案进行修改。即使用一个议案替代另一个议案，也必须进行投票表决。替代案是修正案的一种形式，只要密切相关，且符合规程，就可以采用替代案形式。可将紧随颁布法条的整个议案删除，并替换以一个全新议案。此种做法，只要未改变法条的初衷，就被视为合乎宪法。[②] 通过修改用全新法案替代旧法案，只要与旧法案的初衷紧密相连，就不构成违宪。一项在修改时已经一读和二读的法案，没有必要在通过时再进行一读和二读。[③] 填补空缺的方法有时比普通的修改方法更好。在修改过程中，只有最后建议案才可以付诸表决；而在填补空缺过程中，对最早拟定的建议案或所提议的人员姓名，可以进行第一次表决。备选案作为独立的建议案依次进行表决。当要选择一个人员姓名时，会议主席会重复人员姓名，让所有与会者都能够听见，再进行表决。表决从第一个人员姓名开始，直至某一人员姓名得到多数票支持。当被提议的人员数目少于需选出的人员数目时，可以加插人员姓名而无须对各姓名分别表决。如果被提议的人员多于所需人员，那么对各姓名进行表决，从第一个提议

---

① Jefferson, Thomas, *Jefferson's Manual*, 1781, available as a document of the U. S. Congress; e.g., House Document No. 416, 93rd Congress, 2nd Session, published by the U. S. Government Printing Office, 1975, Sec. XXXV; Cushing, Luther Stearns, *Manual of Parliamentary Practice*, new edition by Albert S. Bolles, Philadelphia: The John C. Winston Company, 1928 (text unchanged in editions from 1907 to 1947, inclusive), Sec. 115; Reed, Thomas B., *A Manual of General Parliamentary Law* (Reed's Rules), 1898; reprinted: State Printing Plant, Olympia, Washington, 1937, Sec. 145; Robert, General Henry M., *Robert's Rules of Order*, Newly Revised, 1970, p.129.

② Reitzammer v. Desha Road Improvement District No. 2 (1919), 139 Ark. 168, 213 S.W. 773; State of Ohio v. Miller (1854), 3 Ohio St. 475; Nelson v. Haywood County (1892), 91 Tenn 596, 20 S.W. 1; State of Nebraska v. Cox(1920), 105 Neb. 175, 178 N. W. 913; Brake v. Callison (1903), 122 F. 722.

③ State of Nebraska v. Cox(1920), 105 Neb. 175, 178 N.W. 913; Hood v. City of Wheeling (1920), 85 W.Va. 578, 102 S.E. 259.

的人员姓名开始，直至有足够多的人员取得多数票支持。如果没有指明需要选出多少名人员，那么需对各姓名进行表决，取得多数票支持的人员姓名均可加插进去。备选建议案或者填补空缺的做法与其他修正案，在处理方式上存在差异。用以填补空缺的人员姓名或人员数，可由若干议员提出，但每一个议员提出的人员姓名或人员数不得超过一个，除非全体议员同意其超过一个。用人员姓名填补空缺类似于提名。多个人员姓名可同时处于待决状态，如同独立的建议案，而非彼此关联的修正案。对多个人员姓名将按照提议的先后顺序进行表决，直至其中一个取得多数票支持而获选。

填补数量空缺或者时间空缺时，首先应考虑大数量或长时间能否吸纳小数量或短时间。如果可以吸纳，那么应先就最大数量或最长时间进行表决。如果不能吸纳，那么应先就最小数量或最短时间进行表决。例如，在审议购买某一特定资产时，对某一确定数额的开价而言，低于该数额的开价更易于被接受，也就是说，高开价吸纳了低开价，所以首先应当对最高价额进行表决。不过，如果是关于待售资产的要价议题，高价就不能吸纳低价，因为如果某一特定价格被接受，并不意味着低于该价格的要价也会被接受。在这种情形下，首先付诸表决的应当是低要价。① 修改某一可辩论议题的动议是可辩论的，并受制于先前议题。关于不可辩论议题的修正案是不可辩论的。修正案实际上提出了新议题，因此已就主要议题发言的议员可以就修正案发言，还可以把限定或扩大辩论限制的先前议题和动议适用于修正案或对修正案的修改。在此情形下，主要议题不受影响。虽然议题本身需要 2/3 票数支持或高于多数票的票数支持才能通过，但是关于待决议题的修正案只需获得多数票支持便可通过。同理，虽然就宪法或规则提出的

---

① Cushing, Luther Stearns, *Elements of the Law and Practice of Legislative Assemblies in the United States of America—Lex Parliamentaria Americana*, Boston: Little, Brown & Co., 1856 (usually available in the printing of 1847), Secs. 1354, 1355; Jefferson, Thomas, *Jefferson's Manual*, 1781, available as a document of the U. S. Congress; e.g., House Document No. 416, 93rd Congress, 2nd Session, published by the U. S. Government Printing Office, 1975, Sec. XXXIII; Sturgis, Alice Fleenor, *Standard Code of Parliamentary Practice*, New York: McGraw-Hill, 1950, and 3rd edition revised, New York: McGraw-Hill, 1988, p.46; Hughes, Edward Wakefield, *Hughes' American Parliamentary Guide*, Columbus: F. J. Heer Printing Co., revised 1926, Secs, 361, 431.

修正案需要 2/3 的票数支持才能通过，但对修正案进行修改则只需取得多数票支持即可。在某些情况下，州长会发出需要即时通过动议的证明，该证明可由议院进行修正。[①]

如果议题是等效的，以致对某一议题的否定相当于对另一议题的肯定，且无其他备选办法，那么某一修正决定必然会影响另一修正决定。例如，否定关于删除的修正案等于是对同意被删内容的肯定，因此，如果在对删除进行表决后再对同意进行表决，实际上是对同一议题进行了两次表决。但这一规律不适用于两院之间的修正案议题。议题审议程序往往开始于议事管理者的公开声明，或者其他参议员的提议。管理者通常是报告委员会或常设分委员会的主持人和少数高级成员。第一个被审议的修正案是那些来自报告委员会的建议。如果该委员会提出了很多修正案，管理者通常通过一致同意协议采纳这些修正案，但是所有修正议题都可以进行公开再修正。当委员会修正案被处理后，则可对议题的任何部分内容提出动议。如果委员会对所有议题提出了替代建议，在整个审议过程中，替代建议仍可公开修正。参议院可以通过直接表决或搁置表决的形式处理修正案。搁置表决无须辩论，只要参议院同意，其效力相当于投票表决，可以否决修正案。如果参议院否决了动议，关于修正案的辩论可以继续。如果是待决修正案，参议员可对其提出修正案(第二次修正)，议题的部分内容将根据修正而改变。[②]修正案也可能因为会改进法案而降低该法案被否决的可能性而受到抵制。阿肯色州民主党参议员戴尔·邦佩斯(Dale Bumpers)评论道："是单纯地将法案弄得尽可能的糟糕，还是为使总统在否决该法案时有更多的理由而试图将其弄得尽可能的糟糕，你不需要是一个行家里手便能明白。"[③]

在第一次修正案表决之前，参议院要对这些二次修正案进行逐一表决。也会存在其他复杂情形。如，完整的替代措施是待决的，在表决之前，参议员可以提出六个以上针对第一和第二修正案的替代措施。如果修正案审议有时间限制，参议员不可提出动议、指正违规行为、提出其他修正案，直到修正案辩论的所有时间用完或撤回动议。然而，有时为审议另一些议题的修

① People ex rel. Durham Realty Corporation v. La Setra (1920), 185 N.Y.S 638.

② 《当代美国参议院立法程序》，李店标译，载《人大研究》2015 年第 7 期(总第 283 期)。

③ Congressional Quarterly Weekly Report, July 21, 1990, p.2316.

正案，参议院会通过一致同意协议搁置当前待决修正案。国会将在大会表决前进行第三次“宣读”。美国众议院的众议员都可以为立法提供事实、主题，此次为“三读”，政府不能直接提出立法草案，一院审议通过的议案须交另一院审议，但要在提出两天后方能付诸表决。修正程序止于参议院的专注命令和法案的三读，此后进行参议院的最后表决阶段。①

七、不定期延迟的动议

提出这种动议的目的并不是要延迟，而是要避开表决会直接否决主要动议的风险，或者是避免针对议案进行有记录的表决。不定期延迟的动议实际上是要求否决主要动议，它只适用于主要动议。② 如果不定期延迟某议题的动议被采纳，其效果就是阻止会议期间进一步讨论该议题。更深一层的效果是，使已经用尽就主要议题辩论权利的议员能够再次发言。因为严格来说，这时摆在议院面前的是两个不同的议题。在议题审议时限之外提出延迟审议议题的动议，相当于在无限期休会后提出延迟议题的动议，意味着完全不赞成议题，因此应被视作不定期延迟的动议来处理。除不定期延迟的动议所涉主要动议外，不定期延迟的动议不优先于其他任何动议，且让位于先决动议、临时动议和其他附属动议。不定期延迟动议的常见形式是“我提议对该（必要时再作识别的）议题的论证（或进一步的论证）应不定期地延迟。”

不定期延迟的动议是可辩论的，并将启动对主要议题的辩论。因为建

---

① 《当代美国参议院立法程序》，李店标译，载《人大研究》2015 年第 7 期（总第 283 期）。

② Sturgis, Alice Fleenor, *Standard Code of Parliamentary Practice*, New York: McGraw-Hill, 1950, and 3rd edition revised, New York: McGraw-Hill, 1988, p.224, 225; Hughes, Edward Wakefield, *Hughes' American Parliamentary Guide*, Columbus: F. J. Heer Printing Co., revised 1926, Secs. 325, 326; Tilson, John Q., *Parliamentary Law and Procedure*, Washington, D.C.: Ransdell Incorporated, 1935, p.68.

议对议题做最终处理的动议，都将启动对实体议题的辩论。[①] 不定期延迟的动议不能被修改，也不适用于其他附属动议，但先前议题和终止辩论、限定辩论或扩大辩论限制的动议除外。当先前议题适用于不定期延迟动议时，不影响主要议题或其他待决动议。不定期延迟的动议以最简明的形式陈述了一个简单提议，因此是不能修改的。修改这样一项关于时间的动议，其结果是把一项阻止性的动议变成了一项延迟动议，这是不允许的。当不定期延迟的动议处于待决状态时，如果又向委员会提交一项议案，那么不定期延迟的动议就会被否决，因为向委员会提交议案与不定期延迟的动议是相抵触的。如果不定期延迟的动议被否决，那么可以对主要议题提出其他动议，就像不定期延迟的动议从未被提出过一样。[②] 不定期延迟动议的采纳，需要得到多数票的支持。

立法机构一般允许将复议动议适用于对不确定延迟动议的表决。国会规则曾经规定，已经被不定期延迟了的议题不能在同一次会议上进行更新。该规定虽然已被废止，但是在实践中仍然存在这种做法。当不定期延迟动议用于立法的最终处理时，不定期延迟的动议将被作为主动议对待。不定期延迟动议不得更新。[③] 如果不定期延迟动议启动了对主要议题的辩论，并且处理了主要议题，那么不定期延迟动议通常会被视为主动议并受制于复议。不过，当不定期延迟动议被视为附属程序动议时，则不得复议。根据惯例，不定期延迟的动议不可更新。

---

① Sturgis, Alice Fleenor, *Standard Code of Parliamentary Practice*, New York: McGraw-Hill, 1950, and 3rd edition revised, New York: McGraw-Hill, 1988, p. 224; Hughes, Edward Wakefield, *Hughes' American Parliamentary Guide*, Columbus: F. J. Heer Printing Co., revised 1926, Sec. 322; State of New York Legislature, *New York Manual* (Clerk's Manual), editions of 1936 and 1948-1949, p.442.

② Jefferson, Thomas, *Jefferson's Manual*, 1781, available as a document of the U. S. Congress; e.g., House Document No. 416, 93rd Congress, 2nd Session, published by the U. S. Government Printing Office, 1975, Sec. XXXIII; Cushing, Luther Stearns, *Manual of Parliamentary Practice*, new edition by Albert S. Bolles, Philadelphia: The John C. Winston Company, 1928 (text unchanged in editions from 1907 to 1947, inclusive), Sec. 180.

③ Cushing, Luther Stearns, *Elements of the Law and Practice of Legislative Assemblies in the United States of America—Lex Parliamentaria Americana*, Boston: Little, Brown & Co., 1856 (usually available in the printing of 1847), Sec. 1447.

第四节　主动议

一、主动议

“主动议”一词，广义上包含所有呈交并有待机构审议的提议和事务。为方便起见，“主动议”一词适用于所有此类动议，无论它们是联邦立法机构的议案或者任何形式的有待机构作出决定的议题。一个主动议呈现出一个需要由立法机构决定的议题。主动议有别于程序动议，比如休会、搁置或延期等。程序动议关乎机构处理实体事务（也就是主动议）的程序步骤。[①] 主动议的提交方式如下：有待采纳，有待通过，有待证实，有待更改，有待肯定，有待同意，有待指定，有待决定，有待拒绝，有待撤销，有待废除，有待失效，有待撤职，有待拒绝同意。为了方便起见，主动议分为两类：一类为普通主动议，另一类为附属或专门主动议。普通主动议直接表述事务的一个项目。附属或专门主动议则是指其他形式的被广泛适用并冠以专门名称的主动议。[②]

最常见的附属或专门主动议包括：提交并有待复议动议、撤销动议、搁置动议（或复议动议）。另一类广泛适用的主动议，关乎实质性议题和处理程序。此类动议用于：为休会设定未来的重启会议日期，创建一个关于尚未审议议题的专门秩序，为休会做准备，从委员会撤销议案，搁置议案，通过议程表或文件，省略宪法性宣读，搁置尚未处理的事务规则。这些动议是程序性动议，但是不包含级别高于主动议的程序议题。虽然从呈现事务项目的意义上说，它们不是主动议，但是它们在级别分类上被归为主动议。复议动

---

① Sturgis, Alice Fleenor, *Standard Code of Parliamentary Practice*, New York: McGraw-Hill, 1950, and 3rd edition revised, New York: McGraw-Hill, 1988, p.30, 31.

② Cushing, Luther Stearns, *Elements of the Law and Practice of Legislative Assemblies in the United States of America—Lex Parliamentaria Americana*, Boston: Little, Brown & Co., 1856 (usually available in the printing of 1847), Secs. 1279-1281; Sturgis, Alice Fleenor, *Standard Code of Parliamentary Practice*, New York: McGraw-Hill, 1950, and 3rd edition revised, New York: McGraw-Hill, 1988, pp.30-32.

议和撤销动议,因其复杂性而要求更广泛的处理。所有类型的主动议,包括附属动议,在级别上是最低的。如果有其他事务悬而未决,那么不能处理主动议。主管官员无须处理未到顺序的事务,而且只要有一个反对意见,针对该议题的审议就必须停止。不过,当有其他事务悬而未决时,任何此类动议可以在全体同意的情况下得到处理,或者在规则暂停适用时的任何时刻得到处理。①

更改动议是主动议,用于确认某些行为或使某些行为生效。立法机构只能在得到事先授权的情况下,才能更改官员行动、委员会行动或者候选人行动。任何更改或生效都不能违反宪法。更改动议是可辩论的,并且使整个议题成为可辩论的。更改动议可以通过替换否定动议或批评动议得到修改,反之亦然。如果打算不仅撤销行动,而且要表达强烈的反对,立法机构则会以投票的方式来撤销该行动,并删除记录。当删除记录时,首席立法官应该划掉文件中的相关字句,并注明"根据议院规则已删除"。首席立法官员需要签字。"删除"一词不得被污染以至无法阅读。如果文件打印或出版时,删除部分应该略去。删除动议没有特权地位,位阶等同于主动议,并适用主动议的规则。②

当立法机构召开会议时,会议不可无限期休会,也不可解散,除非法律另有规定。无限期休会动议或提议、赋予无限期休会一个确定期限的动议、具有解散立法机构效果的休会动议,若无涉及其他会议的条款,则都呈现一个主议题,并且都是可辩论、可修改的,并且受制于所有附属动议。无限期休会动议具有闭会的效果,即停止议院一切事务的处理。所有因无限期休会而搁置的立法活动随闭会而到期。从某日休至另一日的休会动议,不影

---

① Hughes, Edward Wakefield, *Hughes'American Parliamentary Guide*, Columbus: F. J. Heer Printing Co., revised 1926, Sec. 444; Sturgis, Alice Fleenor, *Standard Code of Parliamentary Practice*, New York: McGraw-Hill, 1950, and 3rd edition revised, New York: McGraw-Hill, 1988, p.21, 41.

② Sturgis, Alice Fleenor, *Standard Code of Parliamentary Practice*, New York: McGraw-Hill, 1950, and 3rd edition revised, New York: McGraw-Hill, 1988, p. 38; Hughes, Edward Wakefield, *Hughes' American Parliamentary Guide*, Columbus: F. J. Heer Printing Co., revised 1926, Sec. 474.

响会议的持续性。未尽事务则按照日程表,在接下来的日子得到处理。[①]

二、复议的动议

一般而言,就其行为的投票结果,每一个立法机构都有权进行复议。[②] 所有公共机构均有权在会议中按照它们认为正确的方式复议其所采取的行动,并只在复议后才会得出最终结果,除非法律有另外规定。[③] 除非涉及第三人权利,否则所有审议机构有权在会议过程中按照它们认为正确的方式复议它们的程序。无论投票结果是通过还是否决,都可以进行复议。[④] 根据一般议会法,大多数议案(无论是通过还是否决)都可以复议。[⑤] 审议机构的复议权利应做广义解释。复议也存在一些限制。受制于相同的限制,一项被确认的动议可以被撤销。这表明改变主动议或同等动议的权利是机构的基本特征。只要议题有待机构处理且能更改,就可以复议。是否有权撤销行动仅取决于机构能否推翻行动,因为撤销并不受制于复议时限。撤销动议和复议动议一般只适用于主动议及修正案等实质性事项。在处理简单、不可辩论的程序动议时,情况有所不同。在这种情况下,如果动议被否决,仍可以在适当时间更新。为防止恶意拖延,更新是有时间限制的。当一个程序性议案正在处理时,动议可以通过如下动议撤销:从日程表中撤出项目动议、退出委员会动议、改变辩论限制动议、重置或改变审议时间动议。

---

① Jefferson, Thomas, *Jefferson's Manual*, 1781, available as a document of the U. S. Congress; e.g., House Document No. 416, 93rd Congress, 2nd Session, published by the U. S. Government Printing Office, 1975, Sec.101.

② Reiff v. Connor (1849), 10 Ark. 241; McConoughey v. Jackson (1894), 101 Cal. 265, 25 p.863; Crawford v. Gilchrist (1912), 64 Fla. 41, 59 So. 963; Red v. August (1858), 25 Ga. 386; People ex rel. MacMahon v. Davis (1918), 284 Ill. 439, 120 N.E. 326; Tetley v. Vancouver (1897), 5 B.C. 276; Re De War (1905), 10 Ont. L.R. 463; Byron v. Timberlane Regional School Dist. (1973), 113 N.H. 449, 309 A. 2d 218.

③ Crawford v. Gilchrist (1912), 64 Fla. 41, 59 So. 963; State of New Jersey v. Forster (1823), 7 N.J.L. 101; People ex rel. MacMahon v. Davis (1918), 284 Ill. 439, 120 N. E. 326; Neill v. Ward (1931), 103 Vt. 117, 153 A. 219.

④ Kay Jewelry Co v. Board of Registration in Optometry (1940), 305 Mass. 581, 27 N.E.2d 1.

⑤ Witherspoon v. State of Mississippi ex rel. West (1925), 138 Miss. 310, 103 So. 134.

这是因为对程序性动议的更新或撤销不是终局的。更新主动议也无法扭转该种动议的失败。原则上讲，最简单和最直接的程序应该被使用，并且只有主要议案可以复议，程序议案如果被否决，则是可以续期的。

如果一个动议不能以任何理由取消或作废以前采取的行动，那么该动议就是不能被复议的。在如下情况下，行动一般不能被取消或失效：行动已赋予某些权利、根据宪法或法律权利不可被剥夺、采取原行动的机构已经无权管辖该事务、根据通知要求行动被禁止。复议动议一般不适用于程序动议，因为程序问题需要更直接、更简单的处理。复议也不适用于在合理期限内可更新的议案。[①] 复议未生效时，不能提出复议动议。当机构的赞成票实质上是一个合同或具有修改合同的效果，并且合同另一方已获通知，那么投票不得通过复议来取消或作废。对选举官员的投票，在官员接受和取得职位后，不可复议。以下是有关选举或确认人员的法院实践。[②] 当一个人被选为议员或官员后，如果该议员或官员出席会议且未离席，或虽然缺席，但是以通常方式知悉了选举情况且没有拒绝获选，那么选举结果不可复议。当被授予权力的人或机构进行了所要求的行为后，任命或确认就完成了。然而，在通过投票确认或选择的方式实施某种行为之前，投票结果仍可以复议。[③] 只要复议动案在适当的时间内提出，州参议院就可以复议一个确认或批准任命的肯定性的投票结果。选举的投票结果可在会议结束前进行复议。直到选举证明书发出之时，如果选举尚未结束，那么可在签发证书前复议投票结果。如果规则规定了复议动议的申请时限，那么确认书就不是终局的，且可在时限内进行复议。已确认的提名脱离众议院管辖后，不得复议。当任免权包含撤换权时，可以随时复议原任命并选定继任人。[④]

除非机构有权管辖某行动，否则不得复议该行动。在两院制的立法机构中，行动必须被退回原议院后，方能复议。当行政长官收到行动通知后，

---

① Robert, General Henry M., *Robert's Rules of Order*, Newly Revised, 1970, p.268; Waples, Rufus, *A Handbook on Parliamentary Practice*, Chicago: Callaghan, 1883, Sec. 137.

② State of Wisconsin v. Tyrrell (1914), 158 Wis. 425, 149 N.W. 280.

③ State of Minnesota ex rel, Todd v. Essling (1964), 128 N.W. 2d 307.

④ State of Connecticut v. Starr (1906), 78 Conn. 636, 63 A. 512.

不得复议其对任命所投的反对票。[1] 法案经通过并成为法律后，此类机构若试图通过机构休会和法案颁布来复议该法案，都是违背议会法和先例的。任何不可逆转的行动都不得审议。如果规则修改需要事先通知，而基于通知修改已经作出，那么机构不得在随后会议上复议该修改，亦不可采取有违通知要求的其他行动。如果选举需要事先通知，审议机构不能通过复议再次提出议题，亦不可未经通知而继续选举。根据议会法规则，程序议案（如休会、搁置、提交委员会）均不可复议。究其原因，在于如果复议未被批准，那么有更简单、直接的方式可达到复议效果。一般情况下，如果程序议案未被采纳，那么在干预业务或情况发生了变化以致机构可能会形成不同的决定时，程序议案可被更新。当程序动议正在处理时，新议案的提出可能导致情况变化。例如，当一个被搁置的议案可以被重新提出时，一个被提交给委员会的议案可以被撤回。[2]

主动议、主动议修正案、特别动议（如果涉及实质性议题）、上诉等均须复议。这些都涉及比简单的程序动议更为基础的问题。这些动议解决的议题通常需要效力更为持久的决定。至关重要的是，这些议题的机构能够作出最终决定，否则将有可能导致多数人意愿被少数人阻挠。不过，为避免考虑步骤、行动不慎、信息缺乏等情况，可在一定时限内对此类议题的投票结果进行复议。为防止滥用复议权力，同一议题不能复议两次。当一个动议实质上演变为另一个不同议题时，则可以以新的形式再次复议。当行政机构将议案附带反对意见返还给立法机构时，对该议案的进一步审议不是议会法意义上的复议。进一步审议的表决结果，无论是通过还是否决，都可以复议。[3] 在两院制立法机构中，只要行动尚未赋予某种权利，各院均有权复

---

① State of New York Legislature, *New York Manual* (Clerk's Manual), editions of 1936 and 1948-1949, p.693.

② Cushing, Luther Stearns, *Manual of Parliamentary Practice*, new edition by Albert S. Bolles, Philadelphia: The John C. Winston Company, 1928 (text unchanged in editions from 1907 to 1947, inclusive), Sec. 253; Sturgis, Alice Fleenor, *Standard Code of Parliamentary Practice*, New York: McGraw-Hill, 1950, and 3rd edition revised, New York: McGraw-Hill, 1988, p.34; Hughes, Edward Wakefield, *Hughes' American Parliamentary Guide*, Columbus: F. J. Heer Printing Co., revised 1926, Sec. 618.

③ Kay Jewelry Co. v. Board of Registration in Optometry (1940), 305 Mass. 581, 27 N.E. 2d 1.

议自己的行动。一个议院关于复议行动的规则并不当然适用于另一个议院。凡已由两院通过并返回原议院的法案,另一议院不能复议该法案的表决结果。因为在此情况下,该另一院对该法案已无控制权。如果原议院拒绝退还该法案,那么复议投票结果不损害该法案的有效性。尽管行动被否决并不得复议的裁定是终局裁定,但是一个议院否决动议,并不影响另一个议院的决定,因为源自不同议院的两个动议不是同一个行动。一项议案在议会一院的通过并不能保证其能被另一院通过。在 1991 届议会中,众议院否决了 41 项参议院通过的议案,参议院否决了 108 项众议院通过的议案。当两院举行联席会议时,他们就有权在会间复议之前的议题或表决。①

立法机构制定程序规则的权利,包括有权规定如何使用和规范复议程序。② 如果立法机构决定复议其通过的行动,那么该决定对法院有约束力。复议使之前的投票结果失效,所涉行动转为待决状态。复议动议只能由复议对象的作出机构来决定,任何其他机构或法庭无权将复议视为无效。如果休会动议先于复议动议被采纳,那么复议动议需留待机构再次开会时提出。如下情形中,不得提出复议动议:(a)机构已失去对事务的控制权;(b)采取的行动已经生效;(c)已来不及出于任何理由否决已采取的行动。实践中,也常通过规则进一步限制复议动议的提出时间。有时将复议动议的提出时间限于采取行动的当天。更为常见的做法是,限于采取行动的当日或第二日。有些立法机构允许投票后第二日提出复议动议,而少数机构同意在表决后三日内提出复议动议。③ 议会法规则规定,不要求复议议案必须在投票当日或第二日提出。如果需要限制提出时间,就应按照规则进行。在实践中,权利在时间方面受到严格限制,因为议案不能在投票所涉事务脱离机构控制后进行。通常,规则禁止在最后一个会议日复议立法议案。复

---

① Witherspoon v. State of Mississippi ex rel. West (1925), 138 Miss. 310, 103 So. 134.

② Cushing, Luther Stearns, *Manual of Parliamentary Practice*, new edition by Albert S. Bolles, Philadelphia: The John C. Winston Company, 1928 (text unchanged in editions from 1907 to 1947, inclusive), Sec. 257.

③ Sturgis, Alice Fleenor, *Standard Code of Parliamentary Practice*, New York: McGraw-Hill, 1950, and 3rd edition revised, New York: McGraw-Hill, 1988, p. 34; Hughes, Edward Wakefield, *Hughes' American Parliamentary Guide*, Columbus: F. J. Heer Printing Co., revised 1926, Sec. 632.

议动议或关于复议动议的通知有时可以打断发言者的发言。如果上诉决定已作出且上诉标的物已处理，就来不及复议上诉的投票结果了。[①] 针对复议的表决，不一定非要在同一次或下一次会议上进行，但必须在表决结果已对权利发生影响或现状已经改变之前提出。

在国会实践中，复议议案常被优先审议。如果规则没有要求优先处理复议动议，就按照附带议案的方式或顺序来审议。复议动议的通知与复议动议本身具有相同的优先权。下列动议，优先权顺序如下：(a)复议动议；(b)复议及载入刊物以备稍后审议的动议（经特别规则准许）；(c)次日复议的通知。[②] 一般而言，针对与议案相关的事项，均可提出复议动议。这通常发生在审议新的主动议之时。有时，复议动议会被视为未完成的事务，而按照该事务的处理进行审议。规则可要求复议动议被安排在日程表上的第二天，以便议员得到通知。在某些机构中，必须提前一天通知复议动议。这种情况下，动议通知会暂停一切进一步的行动，因为表决结果等同于复议动议的作出。[③]

规则通常规定，主导方的一名议员就可以提出复议动议。这一规定是如此常见，以致有时被认为是议会法规则。但有些立法机构专门规定，任何议员均有权提出复议动议。Luther Cushing 在他的《法律和立法大会的实践》一书中提道："如果没有就这一问题进行特别规定，那么任何议员均可提出复议动议。"事实上，议会法并未将复议动议的提出权限制在多数票议员

---

① State of New York Legislature, *New York Manual* (Clerk's Manual), editions of 1936 and 1948-1949, pp.695-696.

② Sturgis, Alice Fleenor, *Standard Code of Parliamentary Practice*, New York: McGraw-Hill, 1950, and 3rd edition revised, New York: McGraw-Hill, 1988, p.37; Cushing, Luther Stearns, *Elements of the Law and Practice of Legislative Assemblies in the United States of America—Lex Parliamentaria Americana*, Boston: Little, Brown & Co., 1856 (usually available in the printing of 1847), Sec. 1266; Hughes, Edward Wakefield, *Hughes' American Parliamentary Guide*, Columbus: F. J. Heer Printing Co., revised 1926, Sec. 635.

③ Sturgis, Alice Fleenor, *Standard Code of Parliamentary Practice*, New York: McGraw-Hill, 1950, and 3rd edition revised, New York: McGraw-Hill, 1988, p.34, 35; State of New York Legislature, *New York Manual* (Clerk's Manual), editions of 1936 and 1948-1949, p.451; Hughes, Edward Wakefield, *Hughes' American Parliamentary Guide*, Columbus: F. J. Heer Printing Co., revised 1926, Sec. 640.

范围内。法院也支持投票失败一方议员提出的复议动议。①

复议动议的形式如下："我提议复议当天经由表决通过(或否决)的众议院(或参议院)编号为(　)的法案"，或者，当需要复议的是已通过行动的修正案时，"我提议复议经由表决通过的决议(必要时应进行描述)和在修正案中删除(　)和插入(　)的做法"。当议院没有业务需要处理时，可审议复议动议。当众议院需要处理其他业务时，首席执行官就重复一遍复议动议，复议动议会被记录在案，然后众议院继续该其他业务的处理。当在实践中要发出复议通知时，该通知书的形式可能是"我在此通知我将在下一个立法日提出复议当日经由众议院(或参议院)表决通过(或否决)的编号为(　)的法案"。当需要就复议动议事先通知时，则该动议的实际处理过程与其他情况下相同。如果没有较高优先权的其他业务需要优先审议，那么复议动议可在作出时即予审议。如果须就复议动议事先通知，那么需要在日程表上注明该通知，并在该日期提出并审议该复议动议。当一名议员希望提出一个复议动议时，该议员可以按照适当的业务秩序获得议席，并发言，"我申请(或想申请)复议经由众议院(或参议院)表决通过(或否决)的编号为(　)的法案"。在处理复议动议的过程中，首席审议官宣布议题，并提问："议院(或参议院)是否将复议并投票表决众议院(或参议院)已通过(或否决)的编号为(　)的法案？"②

除非经全体同意，否则复议动议不得过期撤回；除非经全体同意，否则不得复议被否决的复议动议。如果复议动议的审议被推迟，那么另一议员可再次申请审议。③ 复议动议或复议动议通知的目的在于，中止复议对象的所有行动，直至复议生效。除非紧急情下，否则任何非动议提出者或通知

---

① Witherspoon v. State of Mississippi ex rel. West (1925), 138 Miss. 310, 103 So. 134.

② Sturgis, Alice Fleenor, *Standard Code of Parliamentary Practice*, New York: McGraw-Hill, 1950, and 3rd edition revised, New York: McGraw-Hill, 1988, p. 34; Hughes, Edward Wakefield, *Hughes' American Parliamentary Guide*, Columbus: F. J. Heer Printing Co., revised 1926, Sec. 620; Robert, General Henry M., *Robert's Rules of Order*, Newly Revised, 1970, p.279.

③ Reed, Thomas B., *A Manual of General Parliamentary Law* (Reed's Rules), 1898; reprinted: State Printing Plant, Olympia, Washington, 1937, Sec. 205.

提出者的其他议员都不应在未经允许的情况下提出复议或发出通知。如果规则同意在当次会议上复议选票，那么一个延期会议可被认为属于当次会议，并且原会议上的投票可以在延期会议上复议。如果规则只规定了动议可获复议并将记录在案以待稍后审议，但未进一步规定操作方法，那么动议不能在当日进行复议。① 如果投票结果被复议，该投票结果即被取消，如同从未产生一样。当复议申请已经通过时，针对议题的复议随即开始。复议动议的级别高于其他动议。此类动议的目的是防止就有待复议的表决结果采取行动。复议动议优先于任何平等级别的新议案。当没有议题悬而未决时，复议动议可在任何时候按适当的顺序提出并表决。如果复议被提出但另一事务有待众议院处理，那么复议动议不能中断未决的事务。然而，一旦该事务处理完毕，复议可优先于其他主动议得到处理。如果复议动议按照事务处理顺序进行，且议院没有待决事务，那么议长可立即陈述复议议题，并在众议院审议。当议员提出复议时，可以把相关事项定位特殊顺序或者将动议审议延迟，除非规则要求动议需在一定时限内审议完毕。在某些州，在法案第二次和第三次审议之前，可在一个特别部门中按日程表复议动议。②

在表决通过一项主动议后，若须复议对修正案的表决，则须针对主要议题及修正案的表决一并复议。如果希望在修正案被采纳后复议针对修正案的修改，那么必须针对二者一并复议。因此，当有需要复议两个或三个表决结果时，可共同提出一项议案，但辩论只限于第一个表决的议题。复议动议是可辩论的，除非被复议的动议本身不可辩论。当要复议的议题可辩论时，整个议题自复议动议提出时即可辩论。只要复议议题是可辩论的，那么先前议题，结束、限制或放宽辩论限制的动议，均可适用于复议动议。③ 即使规则禁止议员在一天内多次提问，任何在投票前用尽辩论的议员，仍有权就议题的复议进行辩论。复议动议，是一个单独且不变的命题，因而不可修

---

① First Buckingham Community v. Malcolm (1941), 177 Va. 710, 15 S.E.2d 54.

② State of New York Legislature, *New York Manual* (Clerk's Manual), editions of 1936 and 1948-1949, pp.451-453; Hughes, Edward Wakefield, *Hughes' American Parliamentary Guide*, Columbus: F. J. Heer Printing Co., revised 1926, Sec. 623.

③ Robert, General Henry M., *Robert's Rules of Order*, Newly Revised, 1970, p.269.

订。多数议员出席并表决是复议的必要条件。如果一项行动要求超过多数票支持才能通过时，那么它也需要多数票支持才能复议。[①] 机构可以规定复议所需的选票，但除非需要另行表决，否则任何表决的复议都只需要多数票支持。[②]

三、撤销动议

撤销动议与复议动议有很多共同点，目的也很相似。许多法院判决甚至把二者视为一种动议。在实践中，撤销动议通常针对已经采取并生效的行动。它在许多方面类似于废除动议，因为它也会使先前行动失效。它也具有修正案的性质，此种修正是删除整个提案，不留下任何剩余内容。撤销针对行动表决结果的动议，并不中止先前采取的行动。撤销动议主要用于在审议期限届满后推翻先前行动。当问题可以通过复议动议解决时，就不宜提出撤销动议。[③] 立法机构可以撤销先前行动，只要先前行动尚未赋予某项权利。在这一点上，撤销动议与复议动议是相同的。法院有关决定将在下文提及。只要没有影响权利，撤销动议可以在任何后续会议上提出，且不受时间限制。[④] 若行动已经实施，则撤销权不复存在。立法机构批准的合同，因该批准行为而成为不可撤销的。[⑤]

撤销动议可由任何议员提出，不论该人员是否属于投票胜利方。撤销动议是可辩论的，并会开启针对整个议题的辩论。撤销动议与其他主动议一样，让位于偶发动议，受制于附属动议。与其他主动议一样，撤销动议在同一会议不得更新。不过，可以通过与主动议相同的方式，进行复议。撤销驱逐议员的动议，只能通过将该议员保留的行动来完成，而这需要经过与选举相同的程序。撤销已颁布的法案，则需要进行通知并将法案宣读三遍。

---

① Hughes, Edward Wakefield, *Hughes' American Parliamentary Guide*, Columbus: F. J. Heer Printing Co., revised 1926, Sec. 642; Crawford v. Gilchrist (1912), 64 Fla. 41, 59 So. 963.

② Wingert v. Snouffer & Ford (1906), 134 Iowa 97, 108 N.W. 1035.

③ Hughes Sec. 469.

④ Schieffelin v. Hylan (1919), 174 N.Y.S. 506.

⑤ Brown v. Winterport(1887), 79 Maine 305, 9A. 844.

该颁布行为不可通过动议进行撤销。[①]

四、程序主动议

有一组程序动议与主动议具有相同的优先权，因而被视为与主动议同类。这类程序动议不同于其他程序性动议，它们只与未来的程序有关，比如休会动议和延期动议。该类动议还包括只在与主动议共同使用时才具有优先权的程序动议。重新审议动议，恢复审议动议，或按日程表通过动议，也都属于该类动议。[②] 一般来说，在处理顺序上，有关未来程序的动议必须与主动议竞争，因为没有必要赋予其优先权。由于不存在紧迫性，这种类议题是可辩论的。有关未来程序的动议，受制于延期动议、提交委员会动议，或重新审议动议，也受制于修订和限制辩论动议。这些动议可能会在议院情况发生改变后更新，但不得复议。此类动议包括：(a)规定何时休会或休会至何时的动议，(b)规定休会时间或者与休会相关的其他条件动议，(c)规定与全体委员会有关的时间或其他条件的动议，(d)规定未来审议事项的动议，(e)规定有关未来会议、程序的议案。

机构经常运用主动议级别的动议来处理业务。有些动议（如重新审议动议）是必须按顺序处理的，无论是否存在悬而未决的事务。其他动议（如按日程表通过的动议），可适用于悬而未决的主动议。这些优先于主动议的动议与其他简单程序性动议适用相同的规则。它们是不可辩论的，但有时撤回委员会或解雇委员会的动议允许进行有限的辩论。它们不受附属动议的影响，在议院的情况有所改变后可以更新，但不可复议。除非采用某些特别规则，否则程序主动议需要获得多数票支持才能通过。使用频率较高的程序主动议包括：(a)从委员会撤回或解雇委员会的动议，(b)恢复审议动议，(c)按日程表通过动议，(c)重启动议（有时在搁置动议受规则限制时使用），(d)与辩论有关的特殊规则、悬而未决的议题审议。程序主动议中，只

---

① Tetley v. Vancouver (1897), 5 B.C. 276; Naegely v.Saginaw (1894), 101 Mich. 532, 60 N.W.46; Stockdale v. Wayland School Dist. (1881), 47 Mich. 226, 10 N.W. 349; Allen v. Taunton (Mass. 1837), 19 Pick. 845; Estey v. Starr (1884), 56 Vt. 690; McConoughey v. Jackson (1894), 101 Cal. 265, 25 p.863.

② Hughes, Edward Wakefield, *Hughes' American Parliamentary Guide*, Columbus: F. J. Heer Printing Co., revised 1926, Secs. 443-452, 479-488.

有退出委员会动议和继续审议动议,需要进一步审议。[1] 如果机构希望审议或实施法案及其他事项,可以通过提出动议将事项撤出委员会,或阻止委员会继续审议。撤回议题或阻止委员会继续审议的动议,并不是暂停适用规则,且无须另行通知。撤回动议,享有主动议的级别。此类动议不受制于延期动议、提交委员会动议、搁置动议、修订。针对解散委员会或从委员会撤回议题的动议,不可讨论其实体内容。从委员会撤回动议的辩论,必须严格限制在议案目的的范围之内。否则,任何议题的实体内容都可能因一个撤回动议而被讨论。解散委员会或撤回议案的动议要求多数票支持,或得到全体同意。[2] 将法案从委员会撤回的动议,重新打印法案的动议,重新提交委员会的动议,都是可以被提出的。

重新审议动议没有特权地位,所以当机构正在处理事务时不得优先处理重新审议动议。[3] 重新审议议案让位于先决动议和附属动议,但优先于正待处理的新主动议,除非新主动议享有优先权。当动议符合处理顺序时,理论上,一个议题只能暂时搁置,在干扰问题处理完毕后,或是在一个更方便的时候,它的审议会继续。但在干扰问题得到处理前,不可重新审议被搁置的动议。当被搁置的议题享有优先地位时,重新审议动议与被搁置的动议本身享有同等的处理顺序。在第三次宣读时,可重启针对投票否决结果的复议动议。重新审议动议不得复议,因为其在干扰事务得到处理后可以更新。一个动议可以被搁置两次,然后重新审议。重新审议动议,不得搁置、延期、移交,亦不适用任何附属议案。重新审议动议不可辩论,且需多数票支持才能通过。当重新审议一个议题时,动议所涉问题及所有附属问题,

---

① Hughes, Edward Wakefield, *Hughes' American Parliamentary Guide*, Columbus: F. J. Heer Printing Co., revised 1926, Secs. 454-467.

② Hughes, Edward Wakefield, *Hughes' American Parliamentary Guide*, Columbus: F. J. Heer Printing Co., revised 1926, Secs. 462, 463.

③ Hughes, Edward Wakefield, *Hughes' American Parliamentary Guide*, Columbus: F. J. Heer Printing Co., revised 1926, Secs. 454, 455; Reed, Thomas B., *A Manual of General Parliamentary Law* (Reed's Rules), 1898; reprinted: State Printing Plant, Olympia, Washington, 1937, Sec. 114; State of New York Legislature, *New York Manual* (Clerk's Manual), editions of 1936 and 1948-1949. p.416, 453; U.S. Congress: provisions of the U.S. Constitution and rules of the House of Representatives are cited from the *Manual of the U.S. House of Representatives*, XVI, Note 784.

将全部呈现在议院面前。因此，如果决议案附随有修正案和移交动议，那么当重新审议时，首先处理的是移交动议，然后处理修正案。如果议题在被搁置的当天又被提上议程，那么已用尽辩论权的议员不得再次讨论这个议题。当上一个议题已经宣布后，如果搁置动议得到批准，那么即使这个议题在另一日重新审议，该议题的处理也并未终结。根据特殊规则，搁置动议有时会载明议题无须再继续审理，这时搁置动议就转化为一个终局处理动议。在国会实践中，当法案仅通过暂停规则来重新审议时，就属于这种情况。

当有事项被搁置时，若尚未采取行动而有议员希望审议该事项，则可就此目的提出动议。当其他业务在众议院进行时，不得提出此类动议。此类动议只需得到多数票支持，且不受制于附属动议。[①] 搁置动议，非正式通过或暂时通过，目的都只是在不影响已决事项的前提下审议并通过条例或行动。规则未赋予该类动议任何优先权。此类动议不受附属议案影响，且不可辩论。[②] 在宪法允许的情况下，经宪法性宣读而被废除的动议，级别高于暂停适用宪法的主要议题。如果三次宣读的宪制要求被暂停适用，那么废除宪法性宣读的动议可适用于多项法案。[③]

---

① Hughes, Edward Wakefield, *Hughes' American Parliamentary Guide*, Columbus: F. J. Heer Printing Co., revised 1926, Sec. 483.

② Hughes, Edward Wakefield, *Hughes' American Parliamentary Guide*, Columbus: F. J. Heer Printing Co., revised 1926, Secs. 479-481, 715.

③ Hughes, Edward Wakefield, *Hughes' American Parliamentary Guide*, Columbus: F. J. Heer Printing Co., revised 1926, Sec. 482; People v. Glenn County (1893), 100 Cal. 419, 35, p.302.

第五章　法定人数，表决，选举

第一节　法定人数

为使业务得到有效处理，任何审议机构（立法机构、行政局或法院）必须有法定人数出席会议。[①] 法定人数一般指议员中的多数人数。[②] 机构的议员总人数是计算法定人数的基础。机构的设立主体可以确定机构的法定人数，可以是全部或一部分的议员数量或比例。机构本身没有权力要求比大多数更多的票数，除非机构的设立主体专门授予它此种权利。规定法定人数是宪法的强制性要求。通常，“法定人数”是指有投票权议员中的大多数。在特殊时期确定法定人数时，不应将不符合要求的议员计算入内。每一个有权投票的议员都应被计入法定人数，但与议题有利害关系的人则不能被计入。如果首席审议官是该组织的一名常驻议员，那么该首席审议官也须被计入法定人数。如果首席审议官只是临时议员，那么他就不被计算入法

---

① Daniels v. Bay less Stores (1935), 46 Ariz. 442, 52 P. 2d 475; Kay Jewelry Co. v. Board of Registration in Optometry (1940), 305 Mass. 581, 27 N.E. 2d 1; Bray v. Barry (1960), 91 R.I. 34, 160 A. 2d 577; Davidson v. State of Indiana (1966), 248 Ind. 26, 221 N.E. 2d 814, oig., 220 N.E. 2d 340, rehearing denied, cert, denied, 387 U.S. 911, 87 S. Ct. 1696, 18 L. Ed. 2d 631 (1967); U.S. v. Reinecke (1975), 524 F. 2d 435, 173 U.S. App. D.C. 274.

② U.S. v. Reinecke (1975), 524 F. 2d 435, 173 U.S. App.D.C. 274; Chase v. Board of Trustees of Nebraska State College (1975), 194 Neb. 688, 235 N.W.2d 223. 宪法规定，多数参议员出席才可处理参议院事务。如果有参议员提出法定人数不足、大多数参议员不以自己名字进行回应，参议院只能休会、暂停或寻找其他参议员出席。法定人数的目的在于暂停议事活动以满足个别参议员要求、讨论程序或政策问题、安排下一步程序等。法定人数要求通常在秘书清点人员完成前经一致同意而结束。

定人数。在立法机构联席会议上,也没有相反的规则,会议必须召集各分会的法定人数。一旦参议院和众议院联合会议召开,会员们就成为一个整体,两院所有议员的大多数构成法定人数,每个议员享有平等的投票权。[①] 委员会须遵守与其他机构相同的法定人数规则。委员会成员的大多数组成法定人数。如果机构的当然成员是机构的正式工作人员,那么该当然成员应被计入法定人数。机构的附带成员则不被计入法定人数。法定人数是由出席人数决定,而非投票人数决定。只要出席议员达到法定人数,就不必考虑究竟多少议员实际上参加了讨论。只要没有证据证明未达到法定人数,那么就应该认定已达到法定人数。当出席议员达到法定人数时,决议案可以由大多数票数或法律规定的其他多于大多数的票数来作出。当没有相反规定时,根据普遍接受的议院程序规则,只要出席议员达到法定人数,那么即使某些出席议员拒绝投票,决议案也可以由大多数票作出。[②]

如果出席议员达到法定人数,那么只要保持法定人数出席,就可以持续处理事务。除非有议员提出关于法定人数的质疑,或者从投票结果发现确已不存在法定人数,否则推定法定人数一直存在。如果先前点名显示存在法定人数,但某个特定命题的点名又显示已不存在法定人数,那么应认定处理该特定命题时未达到法定人数。[③] 如果已表明出席人员达到法定人数,那么只要没有休会记录,就应推定法定人数一直存在。如果发现出席人员不够法定人数,议员可要求议院计算出席人数,若发现确不足法定人数,则

---

① 一州两名参议员的模式意味着,代表选民的所有参议员比代表选民的大多数众议员呈现出更多的异构性。参议员在代表角色上必须承受更大范围的利益和压力。因为无论参议员代表州的人口多少,每名参议员享有平等的投票权,所以参议院席位分配机制有些奇怪:来自 26 个小州的参议员代表了这些州人口比例的 17.8%,但却构成了参议院的大多数。虽然,制宪者们无法预见国家人口增加、大规模移民或各州模式上的巨大变化,但事实上人口较多州(如加利福尼亚州)的参议员比人口较少州(如怀俄明州)的参议员面临更多的压力。

② McCormick v. Board of Education of Hobbs Municipal School Dist. No.16 (1956).

③ Cushing, Luther Stearns, *Elements of the Law and Practice of Legislative Assemblies in the United States of America—Lex Parliamentaria Americana*, Boston: Little, Brown & Co., 1856 (usually available in the printing of 1847), Sec. 369; Hughes, Edward Wakefield, *Hughes' American Parliamentary Guide*, Columbus: F. J. Heer Printing Co., revised 1926, Sec. 663.

应暂停审议。议员提出的关于法定人数的质疑是一个有关秩序的议题，可在任何时候提出。惯例甚至允许议员打断演讲，提出关于法定人数的质疑。当一个议员想提出关于法定人数的质疑时，他/她应该起立，无须等待批准即可对主持官员说："我认为出席人员未达到法定人数。"主持人可以对议员进行计数，也可以不计数直接声称存在或不存在法定人数。① 议长就是否达到法定人数的议题作出决定，该决定可上诉。是否达到法定人数的议事，经议长决定后不得撤回。②

除进行法定传召、休会命令外，机构不得在未达到法定人数的情况下采取正式行动。在未达到法定人数的情况下，即使是宣读前一天的日志也是不符合规定的。当未达到法定人数时，众议院可以通过传召来强迫议员出席。机构可以取消对所有缺勤申请的批准，要求所有议员出席。③ 在未达到法定人数的情况下，可以进行两项议案：一是要求众议院缺席议员出席，二是休会动议。当出席人员不足法定人数的事实在经由点名或其他途径被披露时，该机构活动并不会因此而延期，因为虽然不能进行实质性立法活动，但不足法定人数的事实可以迫使缺席议员出席。由于缺席议员的到来而使出席人员达到法定人数后，机构可以继续处理事务。如果由于未达到法定人数而中断了一次点名，那么当法定人数得到满足后，第一个业务与被中断的点名将一并继续。④ 如果投票结果显示出席人员未达到法定人数，那么投票是无效的，投票所针对的事项仍处于未经表决的状态。如果一项行动已实施，那么不可再提出关于法定人数的质疑。但是需要达到法定人数才能实施的行动，若在未达到法定人数时就实施，则是无效的。如果日志显示出席人员已达到法定人数，除非有相反证据，否则就将推定法定人数一直存在。在未达到法定人数的情况下，辩论仍可继续，除非有议员提出关于

---

① Sturgis, Alice Fleenor, *Standard Code of Parliamentary Practice*, New York: McGraw-Hill, 1950, and 3rd edition revised, New York: McGraw-Hill, 1988, p.105.

② Hughes, Edward Wakefield, *Hughes' American Parliamentary Guide*, Columbus: F. J. Heer Printing Co., revised 1926, Sec. 660.

③ State of New York Legislature, *New York Manual* (Clerk's Manual), editions of 1936 and 1948-1949, p.422.

④ Hughes, Edward Wakefield, *Hughes' American Parliamentary Guide*, Columbus: F. J. Heer Printing Co., revised 1926, Sec. 662.

法定人数的质疑。发言议员有权坚称出席人员已达到法定人数。一般规则是,少于法定人数时可休会,但不得进行其他业务。机构可根据情况在未达到法定人数时休会。

第二节　表决要求

如果出席人员达到法定人数,那么法定票数的多数就足够提起一项动议,除非宪法、宪章或法规要求更多的票数。在决定是否采取行动的过程中,可忽视出席但未投票的议员。① 如果未指明票数比例是针对全体议员,还是针对出席的议员,还是针对出席并投票的议员,那么票数比例就是针对出席并投票的议员数。② 在没有明文或宪法规定的情况下,议院通过多数票支持来作出一项决议案,即使部分出席议员未投票也不发言,机构仍可行使立法权。在处理事务的过程中,主要依据多数原则。议会法也是以多数原则为基础的。多数原则是大众自治的基石。如果一个宪法、章程或法律规定采取特定行动需要全体议员的多数票支持,或与会议员的多数票支持,或任何其他数量或比例,那么投票结果必须符合此种要求。许多州宪法要求,众议院必须获得获选议员的多数票支持才能通过法案。宪法关于通过法案所需票数的要求是强制性的。③

如果宪法、章程或法律规定达到某一目的需要 2/3 的选票,那么就必须获得 2/3 选票才能实现该目的。2/3 的选票意味着赞成票是反对票的两倍。除另有规定外,2/3 的选票是指为法定选票的 2/3,而不是全体议员的 2/3。如果宪法、章程或法律规定要求全体议员的 2/3 票数支持,那么仅获得法定人数的 2/3 票数是不够的。宪法规定,某些行动需要两院 2/3 的选票,意指分别获得两院的 2/3 票数支持,而非指获得两院议员总数的 2/3 票

---

① Shaughnessy v. Metropolitan Dade County (Fla. 1970), 238 So. 2d 466; Chase v. Board of Trustees of Nebraska State Colleges (1975), 194 Neb. 688, 235 N.W. 2d 223.

② Doll v. Flintkote Co. (1956), 231 La. 241, 91 So. 2d 24, orig., 79 So. 2d 575, aff'd (1975).

③ Fisher v. Perroni (1989), 771 S.W.2d 766, 299 Ark, 277

数支持。[①] 如果宪法或有权机构规定采取某种行动只要求多数票支持，那么审议机构不能依照自己的规则而要求 2/3 的票数支持。针对一个需要 2/3 票数支持的行动，超过 1/3 的反对票就足以阻止该行动。如果宪法规定某些类型的法案需要超过多数票支持才能通过，那么只要不涉及其他需要多数票支持的议案，这些类型法案的修改只需要得到多数票的支持即可。不过在国会的实践中，通过宪法修正案要求 2/3 票数支持。[②] 要求 2/3 投票支持的议案，可以通过多数票予以废除。一般来说，需要通过 2/3 支持的法案，可以通过多数票进行复议或撤销。[③] 虽然议会法要求程序性议题必须获得 2/3 的票数支持（如：限制辩论、指定特殊秩序、破例处理议题、甚至停止适用规则），但法院并未强制这一要求，实践中也未见该要求被普遍采用。议会法的一项基本原则是，在议题的决定过程中，多数人的意愿和判断就是足够的，因此 2/3 票数支持的要求只是一种例外。除非在管控机构规定的特殊情况下，否则是不需要 2/3 支持票数的。

当支持票和反对票一样多时，就会产生一个平局。平局决定不了任何事情。除非另有明文规定，否则立法机构依法选举的宗旨是以多数人意见为准。如果出现平局，那么之前的立法不发生改变，因为没有形成大多数的支持意见。一个针对上诉的平票不能否决主持官员的决定。在某些情况下，有些规定可用于打破平局。这是通过让议长参与投票以防平局来实现的。议长这一票被称为“决定票”。只有在面临平局时，议长才能投下这一票。只有在议长不是常规议员，且平时不享有投票权时，才有权在平局时投下决定票。仅在很少情况下，一个作为常规议员的议长会先以议员身份投票，再以议长身份投决定票。[④] 如果议长不是机构议员，那么只能在得到明确授权的情况下，才可以投票。在普通法下，决定票有时是指，平时不投票的人在平票情况下投的一次票；有时则是指一人先投一次票，然后在平票时再投一次票。同时身为议员的议长，如果已经投了一次票，除非规则或法令

---

① Morton v. Comptroller General (1873), 4 S.C. 430; Belote v. Coffman (1915), 117 Ark. 352, 175 S.W.37.

② U.S. Constitution, Art. V, Note 224 in Hours Manual.

③ Crawford v. Gilchrist (1912), 64 Fla. 41, 59 So. 963.

④ Center Bank v. Department of Banking and Finance of State of Nebraska (1981), 210 NEB. 227, 331 N.W.2d.

明文许可,否则不得投第二票以打破平局。[1]

只有在平票的情况下,才能投决定票。所谓平票,是指针对两个候选人的支持票数相等,或者针对一个议题支持和反对的票数相等。在一次选举中,若一个候选人的得票最多,其他选票分散在其他候选人中,则无须投决定票。如果票数是四票对四票,则可以投决定票。如果一名候选人得三票,另一名候选人得一票,又一名候选人得一票,则无须投决定票。决定票的目的不是给一个候选人争取更多的票数。当议长同时身为议员时,且有权与其他议员一起投票时,该议员被选为议长的事实,不会剥夺其作为议员投票的权利,反而使其获得以第二次投票打破平局的权利。在平局的情况下,议长可就决定票的理由进行解释,并将理由记入日志。宣布投票加上议长自己的投票,在有些情况下已经足够打破平局了,不过在另一些情况下可能还不够。[2] 在就上诉进行表决时,尽管议题是"议长的决定(或发言者、主席)所做决定应否作为参议院(或众议院、委员会)的决定",同时身为议员的议长可以投票。此时,即使议长投票会形成平局,也仍应适用议长的决定只能由多数人推翻的原则。

关于未投票议员所产生的影响,有很多讨论。主要涉及两种不同情况:(a)当仅要求法定票数的多数票支持时,未投票或投弃权票,就减少了所需的赞成票票数,因此一定程度上相当于投了赞成票。有时,未投票议员会被推定为同意投票所针对的决定。(b)当要求特定票数支持或全部议员大多数或其他比例的票数支持时,未有效投票不会减少所需选票,但减少了选票数。因此,在一定程度上,产生了反对票的效果。尽管如此,也不能说未投票议员是在投反对票。[3] 如果无投票权的人投了票,或者投票票数多于有权投票的人数,或者似乎存在非法投票的情况,那么应宣布投票结果无效,并应重新投票。当非法投票票数不足以影响投票结果时(比如存在2票非法投票,但获胜候选人以领先11票取胜),投票结果不应非法投票而无效。

---

① O'Neil v. O'Connell (1945), 300 KY. 707, 189 S.W. 2d 965.

② Casler v. Tanzer (1929), 234 N.Y. S. 571.

③ Hartford Accident and Indemnity Co v. City of Sulpher (1942), 123 F.2d 566, cert. denied, 315 U.S. 805, 62 S.Ct. 633, 86 L.Ed. 1204 (1942); Ixta. Rinakdu (1987), 241 Cal. Rptr. 144, p.156, review granted 243 Cal. Rptr. 86, 747 P. 2d 527, cause dismissed 257 Cal. Rptr. 64, 770 P. 2d 244.

只有当非法投票可能影响投票结果时,投票才无效。如果需获得多数票支持或其他比例票数支持时才能采取行动,那么非法票和空白票均不被计算入内。比如,当48票中包括3张空白选票和2张非法选票时,则只有43张合法选票,而22票即为多数,故只要取得22票支持票,候选人就赢得选举或议案就得以通过。① 任何议案或行动,均不得与宪法或条约相冲突。如果议案或行动与宪法或条约相冲突,那么即使一致表决通过,该议案或行动也是无效的。② 任何与高阶规则冲突的规则都是无效的。比如,一项全体同意暂停适用宪法的规则就是无效的。不合法或无效的立法行为,可以在事后得到批准并确认,前提是机构确有权批准,且程序和表决均符合要求。③ 立法机构不得将立法权或采取行动的自由裁量权授予少数人、委员会、官员或议员或其他机构。④ 立法机构可以任命一名议员为部长或行政职务,代表机构行事。立法调查委员会在委任委员会的决议中,不得将调查权力委托给一名议员。⑤

第三节 表决规则

审议机构只能通过会议表决来做决定。议员就议题发表的个人意见不是机构决定,也没有法律效力。⑥ 投票行为是一种积极行为,表明支持或反对的立场。如果投票者没有表明支持或反对的立场,那么不能仅凭推测判

① Murdock v. Strange (1904), 99 MD. 89, 57 A 628.

② Jefferson, Thomas, *Jefferson's Manual*, 1781, available as a document of the U. S. Congress; e.g., House Document No. 416, 93rd Congress, 2nd Session, published by the U. S. Government Printing Office, 1975, Sec. XLI; Cushing, Sec. 249.

③ Hansen v. Town of Anthon (1919). 187 Iowa 51, 173 N.W. 939.

④ Mcfaddin v. Jackson (Tenn. 1987), 738 S.W. 2d 176.

⑤ In re Leach (1922), 232 N.Y. 600, 19 N.Y.S. 135, 134 N.E.588.

⑥ Landers v. Frank St. Methodist Episcopal Church (1889), 114 N.Y.626, 21 N.E. 420; Mobile v. Kiernan (1910), 170 Ala. 449, 54 So. 102; Pierce v. New Orleans Building Co. (1836), 9 La. 397, 29 Am. Dec. 448; Whitney v. City of New Haven (1890), 58 Conn. 450, 20 A. 666.

断他/她的立场。[1] 一般来说,立法机构不能强迫议员出席会议,但可以要求他们投票,除非机构禁止所涉议员投票。[2] 众议院根据自己的权力制定自身管理规则,并有权阻止议员投票。[3] 在州议院中,若议员在投票所涉事项上存在个人利益,或出于其他合理考虑,州议院可禁止该议员投票。通常,当议员未投票时不存在此种问题,但是,如果议题的通过需要特定票数或特定比例票数,那么议员可能要求某议员进行投票或陈述不投票的理由。根据一般规则,议员不得就与其有直接的个人或金钱利益的议题进行投票。议员的投票权利非常重要,因而议员只在其知晓议题与其个人有直接利益时,才不得投票表决。这项规则无须议员主动执行,除非投票受到质疑,否则议员就可以投票。[4] 国会规则规定,议员无权就其有利害关系的事项进行表决,不过允许议员自行判断是否存在利害关系。

如果一个议题是不可辩论的或辩论已经结束,那么议长应在陈述问题后立即宣布表决,仅留有时间让议员考虑是否提出级别更高的动议。议题需先以肯定形式提出,然后以否定形式提出。第一名议员点名表决后,就不

---

① Heimbach v. State of New York (1982), 89 App.Di. 2d 138, 454 N.Y.S. 2d 993, aff'd 59 N.Y. 2d 891, 452 N.E. 2d 1264, 465 N.Y.S.2d 936, appeal dismissed, 464 U.S. 956, 104 S. Ct 386, 78 L.Ed. 2d 331.

② Cushing, Luther Stearns, *Elements of the Law and Practice of Legislative Assemblies in the United States of America—Lex Parliamentaria Americana*, Boston: Little, Brown & Co., 1856 (usually available in the printing of 1847), Sec. 1795; Cushing, Luther Stearns, *Manual of Parliamentary Practice*, new edition by Albert S. Bolles, Philadelphia: The John C. Winston Company, 1928 (text unchanged in editions from 1907 to 1947, inclusive), Sec. 244; State of New York Legislature, *New York Manual* (Clerk's Manual), editions of 1936 and 1948-1949, p.371; Heimbach v. State of New York (1982), 89 App.Div. 2d 138, 454 N.Y. 2d 993, aff'd 59 N.Y. 2d 891, 452 N.E.2d 1264, 465, N.Y. S. 2d 936, appeal dismissed, 464 U.S. 956, 104 S. Ct. 386, 78 L. Ed. 2d 331.

③ Heimbach v. (1982), 89 App.Div. 2d 138, 454. N. Y. S. 2d 993, aff'd 59 N.Y. 2d 891, 452 N.E.2d 1264, 465 N.Y.S.2d 936, appeal dismissed, 464 U.S. 956, 104 S. Ct. 386, 78 L. Ed. 2d 331.

④ Melland v. Johanneson (N.D. 1968), 160 N.W. 2d 107.

可继续辩论了。[①] 第二次投票时，如有需要分列的问题，除非经全体同意，否则不得进行辩论。在日常事务中(比如收到请愿书、报告、撤回议案、阅读文件等)，只要没有议员提出异议，议长就会认为已征得全体同意。[②] 如果表决过程中提出一个足以影响秩序的问题，那么主持人应立即就该问题作出决定。议长的决定可以上诉。如果表决是分开进行的，那么不可就上诉进行辩论，因为分开进行的方式，使得议长无须承认上诉。但是，如果议长的决定不符合常规，那么会遭到机构的谴责。[③]

在宣布表决时，议长应首先陈述票数情况，然后宣布结果，最后宣布下

---

① Jefferson, Thomas, *Jefferson's Manual*, 1781, available as a document of the U. S. Congress; e.g., House Document No. 416, 93rd Congress, 2nd Session, published by the U. S. Government Printing Office, 1975, Sec. XXXIX; Cushing, Luther Stearns, *Elements of the Law and Practice of Legislative Assemblies in the United States of America—Lex Parliamentaria Americana*, Boston: Little, Brown & Co., 1856 (usually available in the printing of 1847), Secs. 1610, 1615.

② Jefferson, Thomas, *Jefferson's Manual*, 1781, available as a document of the U. S. Congress; e.g., House Document No. 416, 93rd Congress, 2nd Session, published by the U. S. Government Printing Office, 1975, Sec. XXXIX. 在每次参议院休会后，新的立法日开始。在新立法日的早晨常规事务中，参议院规则规定了"早晨一小时"制度，用于引入法案或提交委员会报告。在此期间，参议员也可根据非争议动议，提出将法案列入日程表。在实践中，参议院常常在一天的最后时间暂停会议，而不是休会。政党领袖有时希望暂停，因为暂停能够给参议院日常事务处理提供更多的灵活性。因为此后的参议院会议没有"早晨一小时"制度，多数领袖通常以一致同意的方式争取一段早晨常规事务的时间，以引入议题。参议员经常在此阶段进行简要发言。在"早晨一小时"或早晨常规事务之后，参议院正常恢复对先前事务的审议工作。如果多数领袖通过动议或一致同意请求，此事项可能作废、暂停或无限推迟。在一天之内的任何时间，非争议性事务也可以根据一致同意请求而进行处理。

③ Hatsell, John, *Precedents of Proceedings in the House of Commons*, 4th edition, London, 1818, pp.198-199; Jefferson, Thomas, *Jefferson's Manual*, 1781, available as a document of the U. S. Congress; e.g., House Document No. 416, 93rd Congress, 2nd Session, published by the U. S. Government Printing Office, 1975, Sec. XLI; Reed, Thomas B., *A Manual of General Parliamentary Law* (Reed's Rules), 1898; reprinted: State Printing Plant, Olympia, Washington, 1937, Sec. 235; Cushing, Luther Stearns, *Manual of Parliamentary Practice*, new edition by Albert S. Bolles, Philadelphia: The John C. Winston Company, 1928 (text unchanged in editions from 1907 to 1947, inclusive), Sec. 248.

一项业务。在采取口头表决或不计数举手表决时，主持人可宣布“通过”。如果采取计数表决或点名表决，那么主持人应当宣布投票：“40票支持，无反对票。”宣布票数情况之后，议长应立即宣布“通过决议”“执行议案”“采纳修正案”“确认任命”“通过法案”或“某某先生/夫人当选”。议长的主要职责之一是提醒机构处理业务。在一项业务得到处理之后，议长应宣布下一项业务。投票后的公布方式可以是“35票反对，参议院（或众议院）的65号法案通过。日程表中的下一个法案是由参议员（代表/先生/女士）提出的参议院（或众议院）67号法案”。议长有义务根据事实公布票数。公告不当不会导致投票失效，也不会使得未能获得法定票数的官员当选。由于议长的声明不涉及裁判权和自由裁量权，故不具有司法性质，因此可受到附带攻击。宪法和有关表决记录方式的要求，必须遵守。如果表决未遵守要求，那么法案不能正式通过。[①] 如果在表决过程中及表决结果的公布中出错或存在欺诈，且有议员就此即时提出质疑，那么表决将被视为违规且无效，机构可能进行再次表决或更正之前的表决结果。如果已产生拖延或其他业务已经介入，那么可能无法再次表决。立法机构始终有权纠正记录，使真相得以陈述。[②] 在某些机构中，经机构同意，议员可以解释投票理由，并在日志上刊登。在一些机构中，如果议长在平票情况下投票，那么议长拥有与议员相同的权利，可以解释投票理由，并在日志上刊登。[③]

---

① McClellan v. Stein (1942), 229 Mich. 203, 20 N.W. 209.

② Jefferson, Thomas, *Jefferson's Manual*, 1781, available as a document of the U. S. Congress; e.g., House Document No. 416, 93rd Congress, 2nd Session, published by the U. S. Government Printing Office, 1975, Sec. XLI; Pevey v. Aylward (1910), 205 Mass. 102, 91 N.E. 315.

③ Cushing, Luther Stearns, *Elements of the Law and Practice of Legislative Assemblies in the United States of America—Lex Parliamentaria Americana*, Boston: Little, Brown & Co., 1856 (usually available in the printing of 1847), Sec. 311; State of New York Legislature, *New York Manual* (Clerk's Manual), editions of 1936 and 1948-1949, p.464.

第四节 表决方式

如果有权机构或规则未规定投票方式，那么可根据议会法一般规则确定投票方式。[①] 如果宪法、章程或法规规定了特定的投票方式，那么必须以该种方式进行投票。[②] 除宪法另有规定外，投票可以采取口头、举手、点名等方式。当宪法或法律没有规定时，就适用议院规则。[③] 在大多数情况下，州宪法要求在投票时表明“赞成”或者“反对”。“赞成”和“反对”通常通过唱名来表明，不过许多州也开始安装投票机器。立法机构选举和一些特定情况需要投票表明“赞成”或者“反对”。州宪法也可以规定，少于大多数的议员数或议员比例就可以要求唱名表决，并在日志上记录表决结果。[④] 如果州宪法、法律或议会规则的有所规定，或议长认为有必要，或 1 名议员就表决方式提出动议而且该动议受到一定数量的议员的附议，议会的采用唱名的方式。立法机构拟采取的每一个行动，通常都应该进行专门表决。法院的态度是，只要不违背宪法，表决方式是立法机构的“内部”事务。

如果宪法规定法案的最终通过需由“赞成”或“反对”票数来决定，那么

---

① Richardson v. Union Congregational Soc. of Francestown (1877), 58 N.H. 187.

② Hopkins v. Mayor of Swansea (Eng, 1839), 4 N.& W. 621; Presbyterian Church v. New York City (1826), 5 Cow. 538; Hicks v. Long Branch Commission (1903), 69 N.J. L. 300, 54 A. 568; O'Neil v. Tyler (1892), 3 N.D. 47, 53 N.W. 434.

③ Cushing, Luther Stearns, *Elements of the Law and Practice of Legislative Assemblies in the United States of America—Lex Parliamentaria Americana*, Boston: Little, Brown & Co., 1856 (usually available in the printing of 1847), Sec. 1792; Reed, Thomas B., *A Manual of General Parliamentary Law* (Reed's Rules), 1898; reprinted: State Printing Plant, Olympia, Washington, 1937, Sec. 229; Lincoln v. Haugen (1891), 45 Minn. 451, 48 N.W. 186; State of Connecticut v. Barbour (1885), 53 Conn. 76, 55 Am. R. 65.

④ 美国宪法第 1 条第 5 款第 3 项规定，在 1/5 出席议员的请求下，议员对于任何问题均可投赞成票和反对票，这被称为唱名表决或记录表决。参议员经参议院同意后，对待决问题投赞成票和反对票，并不意味着表决会立即进行。投赞成票和反对票仅仅意味着表决时，唱名表决应被记入会议记录，否则，一般采用口头表决。

这就是一个必须遵守的要求。[①] 如果宪法或规则没有规定,那么需要多数票支持才能进行计票,点名投票或记名投票,否则投票方式就是口头形式。[②] 决定投票方式的动议级别等同于偶发动议,位级低于先决问题和其他偶发动议,但提名或选举的动议除外。涉及投票方式的动议不可辩论,也不适用任何附属动议。应将不同的投票方式建议视为备选命题。在实践中,投票方式一般无须正式表决即可达成一致意见。如果超过多数票支持或全体议员的多数票支持,就有必要进行点名表决或分割表决,以确保获得所需票数,除非待表决措施已获全体一致同意。除非章程或规则要求点名表决,否则法案投票的常规方式是由议长要求议员发声表明"赞成"或"反对",然后由根据语音大小判断投票结果。这就是通常所指的口头表决,也是最快和最简单的投票方式。但这种投票的缺点就是,如果持赞成和反对的人数接近,就很难确定到底哪一种态度占优势。不过,在大多数议题上存在一个压倒性的大多数,因而口头表决可以被适用。[③] 议长陈述议题,然后提问,"赞成动议(或其他议院处理的动议)的有多少议员"或"有多少议员针对(陈述命题)表明'赞成'"? 然后立即询问反对情况,"反对动议(或其他议院处理的动议)的有多少议员""有多少议员表明'反对'"? 通常可以更简单

---

① County Commissioners of Washington v. Baker (1922), 141 Md. 623, 119 A. 461.

② Cushing, Luther Stearns, *Elements of the Law and Practice of Legislative Assemblies in the United States of America—Lex Parliamentaria Americana*, Boston: Little, Brown & Co., 1856 (usually available in the printing of 1847), Sec. 1792; Sturgis, Alice Fleenor, *Standard Code of Parliamentary Practice*, New York: McGraw-Hill, 1950, and 3rd edition revised, New York: McGraw-Hill, 1988, p.134; Tilson, John Q., *Parliamentary Law and Procedure*, Washington, D. C.: Ransdell Incorporated, 1935, p.163.

③ Cushing, Luther Stearns, *Manual of Parliamentary Practice*, new edition by Albert S. Bolles, Philadelphia: The John C. Winston Company, 1928 (text unchanged in editions from 1907 to 1947, inclusive), Sec. 238; Reed, Thomas B., *A Manual of General Parliamentary Law* (Reed's Rules), 1898; reprinted: State Printing Plant, Olympia, Washington, 1937, Sec. 230; Cushing, Luther Stearns, *Elements of the Law and Practice of Legislative Assemblies in the United States of America—Lex Parliamentaria Americana*, Boston: Little, Brown & Co., 1856 (usually available in the printing of 1847), Secs. 385, 403; Tilson, John Q., *Parliamentary Law and Procedure*, Washington, D.C.: Ransdell Incorporated, 1935, p.34.

地表述为："赞成的人请说'是'"和"不赞成的请说'不'"。

议长确定票数情况后，可以立即宣布结果，但是如果议长还不能够确定票数情况，议长可以说，"似乎支持"或"似乎反对"，以便给议员一个验证机会。如果没有议员立即要求分割投票或以进一步核实，那么议长可以宣布投票结果。当无法确定哪一方是口头表决中的大多数时，议长可以喊"赞成"和"反对"两次甚至三次。如果认为有必要进一步核实，议长可以清点人手，让议员举手然后计算，也可以进行表决或点名，视议长的判断和机构的实际情况而定。如果由于票数接近或者怀疑某议员是否投票，一个议员口头质疑投票结果，那么议员可以要求分割投票，进而要求再次投票。这种要求动议可以在议长表明投票结果时提出。① 如果要求是立即作出的，那么可以无须认可。此种要求可表述为"我要求进行分割"或"我怀疑投票"，或者就呼叫"分割"。此种要求不需要附议，即使偶尔需要附议，也不能进行辩论或修改，也没有任何附属议案适用于它。②

当进行分割投票时，议长应该再次组织投票，首先让持支持意见的议员投票，并计算票数，待这些议员坐下后再让持反对意见的议员投票。虽然唱名表决是通常的投票验证方法，但是议员有时也会被要求"举手表决"。任何议员都有权坚持分割，但当已有一个完整的投票程序和明显的大多数时，议长不会允许议员滥用这种特权而使机构受到干扰。③ 举手表决是大多数立法机构接受的表决方式。这种方法很有用处，有时也是非常必要的，特别当需要一定数量的选票或超过多数票时。它也有一些缺点，比如它不像唱名表决那样能够记录个人投票，以及它不像投票表决那样能够保密。分割

---

① State of New York Legislature, *New York Manual* (Clerk's Manual), editions of 1936 and 1948-1949, p. 469; Hughes, Edward Wakefield, *Hughes' American Parliamentary Guide*, Columbus: F. J. Heer Printing Co., revised 1926, Sec. 1100.

② Sturgis, Alice Fleenor, *Standard Code of Parliamentary Practice*, New York: McGraw-Hill, 1950, and 3rd edition revised, New York: McGraw-Hill, 1988, p.134; Cushing, Luther Stearns, *Manual of Parliamentary Practice*, new edition by Albert S. Bolles, Philadelphia: The John C. Winston Company, 1928 (text unchanged in editions from 1907 to 1947, inclusive), Secs. 238, 240; Robert, General Henry M., *Robert's Rules of Order*, Newly Revised, 1970, p.237

③ Hughes, Edward Wakefield, *Hughes' American Parliamentary Guide*, Columbus: F. J. Heer Printing Co., revised 1926, Secs. 240, 241.

表决通常用于验证口头表决。表决时,议长可以说"支持动议的议员请起立",然后继续说"请就座,反对动议的议员请起立"。如果不能确定哪种意见取胜,议长应说"支持议案的议员请起立,直到计票完毕","反对议案的议员请起立,直到计票完毕"。计票完毕后,议长宣布结果。应议长要求,首席立法官还应核实计票结果。在一个小型机构中,举手表决可以代替起立表决。① 要求众议院分割投票的主要目的是检验议长所宣布的表决结果。

英国众议院采用计票员表决方式来决定某项措施的通过。在美国国会和其他立法机构也采用相同的做法。在国会,法定人数的 1/5 议员可要求计票员表决方式。发言人从两方各选出两名计票员,并说:"支持议题的议员请从两名计票员中间走过,计票员请计数。"然后,支持方的两名计票员站到台前,记下从他们中间走过的议员人数。支持方计票完毕后,发言人说:"反对议题的议员请从两名计票员中间走过,计票员请计数。"反对票数以相同方式记录和宣布。在旧时英国,会使用两扇独立的门,让支持者和反对者先离开议事大厅,然后在他们再次进门时计数。②

---

① Jefferson, Thomas, *Jefferson's Manual*, 1781, available as a document of the U. S. Congress; e.g., House Document No. 416, 93rd Congress, 2nd Session, published by the U. S. Government Printing Office, 1975, Sec. XIII; Sturgis, Alice Fleenor, *Standard Code of Parliamentary Practice*, New York: McGraw-Hill, 1950, and 3rd edition revised, New York: McGraw-Hill, 1988, p.134, 135; Cushing, Luther Stearns, *Manual of Parliamentary Practice*, new edition by Albert S. Bolles, Philadelphia: The John C. Winston Company, 1928 (text unchanged in editions from 1907 to 1947, inclusive), Secs. 238-242; Reed, Thomas B., *A Manual of General Parliamentary Law* (Reed's Rules), 1898; reprinted: State Printing Plant, Olympia, Washington, 1937, Sec. 231; Tilson, John Q., *Parliamentary Law and Procedure*, Washington, D. C.: Ransdell Incorporated, 1935, p.35.

② Cushing, Luther Stearns, *Elements of the Law and Practice of Legislative Assemblies in the United States of America—Lex Parliamentaria Americana*, Boston: Little, Brown & Co., 1856 (usually available in the printing of 1847), Secs. 404, 1801-1803; Tilson, John Q., *Parliamentary Law and Procedure*, Washington, D.C.: Ransdell Incorporated, 1935, p.35; Cushing, Luther Stearns, *Manual of Parliamentary Practice*, new edition by Albert S. Bolles, Philadelphia: The John C. Winston Company, 1928 (text unchanged in editions from 1907 to 1947, inclusive), Secs. 241, 242; Reed, Thomas B., *A Manual of General Parliamentary Law* (Reed's Rules), 1898; reprinted: State Printing Plant, Olympia, Washington, 1937, Sec. 233.

点名或口头表明“支持”和“反对”的投票方式起源于美国，并常用于联邦各州的投票实践。此种方法是使用最多的，也是最准确、最容易验证的方法。它还有一个优点，就是能够记录议员的个人投票，因为议员投票是代表选民的，他们的选民有权知道代表是如何投票的。① 绝大多数众议员认为议事记录对他们能否连任具有决定性作用。虽说事实上只有少数选民了解众议员的议事记录，但这些选民在势均力敌的选举中会起到关键作用。此外，即使选民们对议员的议事记录的具体内容一无所知，他们也可能已经对议事记录有了一个大致的印象。当首席立法官点到议员的名字时，议员回答“支持”或“反对”，首席立法官就在不同的栏中记下回答。如果一名议员在会场却不愿投票，他/她可能不回答或仅回答“在场”。在竞选投票时，议员直接答出心仪候选人的姓名。② 当表决采用唱名方式时，议长可以用如下形式提出问题：“议题是由（　）参议员（先生或女士）提出的参议院（或众议院）（　）号法案是否通过。赞成的人请投赞成票，反对的人请投反对票。秘书（或书记员）请点名。”在点名时记录投票的便捷办法是，秘书或书记员在点名时，在每一个栏中记下“支持”或“反对”的票数情况。比如，第一个议员投票表决“支持”，则将“支持”记录在“支持”的一栏中；第六个议员投票表决“反对”，则将“反对”记录在“反对”的一栏中。通过这种方式记录表决，首席立法官可以在表决结束后立即向议长陈述表决结果。唱名期间入场或还未投票的议员，可以在唱名之后、宣布票数之前起立并向议长说明情况。在议长认可或点名之后，这些议员可以投票。首席立法官出于验证的目的，重

---

① Cushing, Luther Stearns, *Elements of the Law and Practice of Legislative Assemblies in the United States of America—Lex Parliamentaria Americana*, Boston: Little, Brown & Co., 1856 (usually available in the printing of 1847), Sec. 405; Sturgis, Alice Fleenor, *Standard Code of Parliamentary Practice*, New York: McGraw-Hill, 1950, and 3rd edition revised, New York: McGraw-Hill, 1988, p.135; Reed, Thomas B., *A Manual of General Parliamentary Law* (Reed's Rules), 1898; reprinted: State Printing Plant, Olympia, Washington, 1937, Sec. 232; Cushing, Luther Stearns, *Manual of Parliamentary Practice*, new edition by Albert S. Bolles, Philadelphia: The John C. Winston Company, 1928 (text unchanged in editions from 1907 to 1947, inclusive), Sec. 246

② Heimbach v. Stateof New York (1982), 89 App.Div. 2d 138,454 N.Y.S 2d 993, aff'd 59 N.Y. 2d 891, 452 N.E. 2d 1264, 465 N.Y.S 2d 936, appeal dismissed 464 U.S. 956, 104 S. Ct. 386, 78 L.Ed.2d 331.

复这些议员的姓名和投票。在这种情况下,议员们未经认可也可以宣布他们的选票。唱名结束后、投票结果公布前,议员在经认可后,可以向议长声明更改投票,“支持变反对”或相反。首席立法官记录投票变化,并且宣布“参议员(先生或女士)由支持变为反对”或相反。议员可以未经认可就改变他们的选票,不过最好还是先获得认可再表决改变。若投票结果已经宣布,则不得再投票或改变投票了。当议员投票时,首席立法官会重复一次投票,再点下一位议员的名字,以便及时改正任何错误。在点名后,如果产生大量变化或需要进一步验证,首席立法官可以直接宣读支持者的名字,然后宣读反对者的名字,最后宣读仅回答“到场”的议员的名字。[①] 在唱名结束或确认完毕后,首席立法官立即将支持方和反对方的票数告知议长,由议长宣布投票结果。议长宣布投票结果后,议员可质疑投票的准确性,并要求点名验证。会员在宣布投票后不得再改变选票。当表决结果为一致同意时,所作决定不得遭到质疑。通常会在机构日志上列出所有投肯定票议员的名字、投否定票议员的名字、回答“在场”的议员的名字、没有回答但是出席会议的议员的名字。被记录下来的选票构成日志的一部分。[②]

立法机构很少使用记名投票方式,因为议员是由选民选出来的,而选民有权知道议员的态度。议员们应该坚定地为选民服务,仔细把握选民的观点,这一理论明显地影响着许多美国议员的思想和行为。为了确保选民的知情权,宪法通常要求所有法案通过唱名表决,并将表决记录在日志中,为

---

① Sturgis, Alice Fleenor, *Standard Code of Parliamentary Practice*, New York: McGraw-Hill, 1950, and 3rd edition revised, New York: McGraw-Hill, 1988, p.138; Cushing, Luther Stearns, *Manual of Parliamentary Practice*, new edition by Albert S. Bolles, Philadelphia: The John C. Winston Company, 1928 (text unchanged in editions from 1907 to 1947, inclusive), Secs. 245, 246.

② Sturgis, Alice Fleenor, *Standard Code of Parliamentary Practice*, New York: McGraw-Hill, 1950, and 3rd edition revised, New York: McGraw-Hill, 1988, p.135; Reed, Thomas B., *A Manual of General Parliamentary Law* (Reed's Rules), 1898; reprinted: State Printing Plant, Olympia, Washington, 1937, Sec. 232.

数不多的议员就可以要求唱名表决和将表决记录在日志上。① 凡宪法或规则未禁止记名投票方式的,就可以经多数票支持或经一般性同意而进行记名投票表决。如果机构规定应通过记名投票委任官员或启动行动,那么就必须采取记名投票方式。如果需要进行记名投票,那么就不能让议员起立表明投票意见。在记名投票选举中,有效票数的大多数票数支持是必要的。如果选票数量多于有表决权的议员人数,就应重新投票。如果多出来的选票足以影响选举结果,那么选举是无效的。

在没有异议也没有特别要求的情况下,议长可询问针对提议的行动是否有异议,如果没有异议,就可以认为行动被认可而不必进行正式投票。因此行动会被视为经由普遍同意或一致同意而通过。在问题按照规定陈述并给予了异议机会的前提下,如果没有议员提出异议,就可假定议员们一致同意采取行动。无论议会法如何规定,立法机构都可以通过一致同意来采取任何行动,但立法机构需遵守宪法或法律中有关如何投票和投票记录的规定。即使议长已经宣布行动通过,一个及时提出的异议也可以打破一致同意的假定,而使得常规投票成为必要。如果议长也是机构成员,那么议长享有和其他成员一样的异议权,也可以拒绝承认一致同意的假定。议长当然也有权把议题交付机构进行表决。在宪法或其他规定没有对缺席人员权利进行特殊保护的情况下,一致同意是指的出席议员的一致同意。② 一致同意的假定不得复议或撤回,但一致同意所针对的事务完成之前,可以提出进行常规程序。③ 立法机构中的规则表明,议员必须出席才能投票。"配对"是一种缺席投票的方式,一直被用于国会实践,且已被一些美国法院认可。

---

① Sturgis, Alice Fleenor, *Standard Code of Parliamentary Practice*, New York: McGraw-Hill, 1950, and 3rd edition revised, New York: McGraw-Hill, 1988, p.135, 136; Cushing, Luther Stearns, *Elements of the Law and Practice of Legislative Assemblies in the United States of America—Lex Parliamentaria Americana*, Boston: Little, Brown & Co., 1856 (usually available in the printing of 1847), Secs. 103-114.

② Atkins v. Philips (1890), 28 Fla. 281, 8 So. 429; Zeiler v. Central Railway Co. (1896), 84 Md. 304, 35 A. 932.

③ Hughes, Edward Wakefield, *Hughes' American Parliamentary Guide*, Columbus: F. J. Heer Printing Co., revised 1926, Sec. 616.

每一个议院的立法机构,根据自己的权力制定规则,以规定什么是所谓的“配对”①。

第五节　提　名

提名是选举的先决条件,除记名投票或唱名外,所有议员都可以提名他们的候选人。如果本规则没有规定指定提名的方法,那么任何议员均可就提名方法提出议案。动议可提出由议长提名、议席提名、委员会提名或通过记名投票提名。当提出多种方法时,这些方法将作为备选方案,按照下面的顺序投票:(a)由记名投票提名(如果允许记名投票),(b)由议席提名,(c)由委员会提名,(d)通过决议或动议选定,(e)由议长提名,(f)由议长选定。提名方式的动议,是一个附带动议;但如果选举不是即时悬而未决的,那么提名动议就是一个主要议题。如果动议针对即时悬而未决选举的提名,那么动议不可辩论,也不受制于任何附属动议(除修改动议外)。当提名动议是主要问题时,它就可辩论且受制于其他动议。② 当提名由议席提出时,任何议员均可提名一位候选人。提名不要求复议,但可以复议。③

当提名需由一个委员会作出时,该委员会以与其他特别委员会相同的方式组建,并会得到就特定职位的提名指导。提名委员会通常提交一份候选人名单,以供填补空缺职位,但委员会也可以提出一个以上的候选人。委员会提名与议席提名处理方式相同,除非委员会动议旨在增加候选人或替代候选人。无须就委员会提名的候选人再进行投票。议长提供提名后或程序正式开始时,议长可以提名某一职位的候选人,这时议员可以提出动议要求替换该候选人或将该候选人剔除出名单。提名被机构接受后,可以单独或作为一个整体得到批准。当有足够数量的名称被提出以填补职位,并已

---

① Wise v. Bigger (1884), 79 Va. 269; In re Opinion of the Justices (1934), 228 Ala. 140 152 So. 901.

② Sturgis, Alice Fleenor, *Standard Code of Parliamentary Practice*, New York: McGraw-Hill, 1950, and 3rd edition revised, New York: McGraw-Hill, 1988, pp.140-147.

③ Sturgis, Alice Fleenor, *Standard Code of Parliamentary Practice*, New York: McGraw-Hill, 1950, and 3rd edition revised, New York: McGraw-Hill, 1988, p.141, 142.

给予合理时间以供进一步提名之后,便可以结束提名。如果有权进一步提名的议员希望进一步提名并即时提出要求,那么不能结束提名。结束提名的动议享有偶发动议的级别,让位于先决动议。结束提名的动议不适用任何附属动议。结束提名的议案是不可辩论的。在进行选举前,如果提名已由议席或委员会作出,那么议长须询问是否有进一步提名,如无回应,则议长就可宣布该提名,而不必另提结束提名的动议。① 如果在提名结束后,希望做进一步提名,那么可以通过多数票支持提出重启动议。重启提名动议不可辩论,可以修改,不能适用附属动议。重启提名动议是偶发动议,让位于先决动议和更高级别的偶发动议。

第六节 选 举

在作出提名后或在无须提名情况下进行唱名或记名投票时,选举依规则规定的方式进行,或若规则未规定选举方式,则依认可的方式进行。选举方式动议是一个偶发动议。当选举正待进行时,选举方式动议仅让位于先决动议和更高级别的偶发动议。许多州宪法规定了选举方式,通常要求选举以唱名表决进行,且需将票数情况刊登在刊物上。如果表决是口头或通过分割进行的,那么按候选人提名顺序进行。如果表决是以记名投票进行的,那么表决需在投票结果确定和已知悉后才算完成。投票完成后且公告已清楚表明某人获得足够票数而被选任,这时任命已经完成,无须采取进一步行动。此后若无正当理由,不可撤销该任命。② 当候选人未能获得所需票数时,议长不得宣布某人获选。③ 在没有特别规则的情况下,获选需要多

---

① Hughes, Edward Wakefield, *Hughes' American Parliamentary Guide*, Columbus: F. J. Heer Printing Co., revised 1926, Sec. 97; Sturgis, Alice Fleenor, *Standard Code of Parliamentary Practice*, New York: McGraw-Hill, 1950, and 3rd edition revised, New York: McGraw-Hill, 1988, p.141, 142.

② State of Connecticut v. Starr (1906), 78 Conn. 636, 63 A. 512.

③ Hughes, Edward Wakefield, *Hughes' American Parliamentary Guide*, Columbus: F. J. Heer Printing Co., revised 1926, Secs. 87-101; Dingwell v. Detroit (1890), 82 Mich. 568, 46 N.W. 938.

数票支持,仅相对多数票是不够的。职位选举中,如果没有候选人获得多数票,那么选举不发生法律效果,相当于从未投票一样。如果没有具体规定,那么只要有法定人数出席且候选人获得多数选票,即使整个机构的大多数议员未投票,选举也是有效的。[①] 如果针对投票比例没有规定,那么正式会议的法定人数的大多数票数就是足够的。

在以下情况中,选举立即生效:(a)候选人出席且不反对选举;(b)候选人虽然缺席,但同意参选。当候选人缺席且未同意参选时,只要通知候选人获选时其未立即拒绝,那么选举就可以立即生效。如果一名议员在知悉获选后没有立即拒绝,那么该议员被视为接受职位并有义务履职,直到有合理的机会接受该议员的辞职。当一名官员或议员已获悉当选且没有拒绝,那么选举生效,此时不可再复议投票结果。除非法律或规则另有规定,一名官员在当选并接受后立即拥有职位,无须另行正式启用。[②] 投票结果公布后,选举就完成了。若在选举中出现舞弊或错误,比如投票数比出席议员人数还多,那么必须重新进行选举。[③] 法令通常要求公职人员就职宣誓,并签署一份任职合同。

如果候选人出席选举并拒绝任职,那么选举就好像没有发生过一样。除非法律或规则规定就职是一项义务,否则拒绝就职不需要提交辞职书也不需要辞职书被接受。如果当选者拒绝就职,并已告知机构,那么该职位仍处于空缺状态。除非另有规定,否则如果当选者未出席会议且主席宣布该人拒绝就职,那么可以马上进行填补空缺的选举。[④]

通常,一个人在就职后,不能通过辞职立即减轻责任,而必须等到辞职被接受,或者至少在一个合理的等待接受时间之后。如果议员当选或被任命,而该议员不能或不愿接受这一强加的职责,那么该立刻拒绝就职。如果议员未出席会议,那么应通知议长或书记员其不能就职。在向立法机构提

---

① Willcock on Municipal Corporations, Sec. 546; Grant on Corporations, Sec. 71.

② Sturgis, Alice Fleenor, *Standard Code of Parliamentary Practice*, New York: McGraw-Hill, 1950, and 3rd edition revised, New York: McGraw-Hill, 1988, p.150, 151.

③ State of Connecticut v. Starr (1906), 78 Conn. 636. 63 A. 512; Gouldey v. City Council of Atlantic City (1899), 63 N.J.I 537, 42 A. 852.

④ State of West Virginia ex rel. Hatfield v. Farrar (1921), 89 W.Va. 232, 109 S.E. 240.

出辞职后，议长可以立即提出是否接受辞职的问题，也可以提出具有此种效果的议案。接受辞职的动议是可辩论的，并可适用于其附属动议。此类动议让位于先决动议和其他偶发动议。议员从某区迁出因而已不再具有资格的假设并不产生职位空缺。在确定议员资格被取消的事实之后，才产生空缺。如果职位任期不固定，那么选举机构可以通过多数票支持来替换官员。[①] 议员的任期问题，是关乎议会能否反映民意、能否代表民意、体现议会效率的重大问题。一般来说，议员的任期宜短不宜长。因为任期短，就会使得议员经常需要参加竞选，只有赢得了选民的信任才能够获得当选。这样，议员会经常处于选民的监督之下，有助于督促议员切实履行民意代表的职责。

---

① State of Missouri v. Reichmann (1911), 239 Mo. 81, 142 S.W. 304.

第六章　立法机构

第一节　会员的选举、资格、纪律、开除

根据宪法的规定，立法机构的每一个部门都有权决定其议员的选举和资格问题。[①] 除非经宪法授权，否则不得对职位设立宪法规定之外的资格要求。[②] 除非特殊情况，否则立法机构对其议员的选举和资格是唯一的，也是最终的，不接受审查（包括国家最高法院的审查）。但如果立法机构拒绝将议席授予合格的且正式当选的议员，并禁止其行使宪法赋予的权利，就可能受到法院的审查。当审查议员资格时，立法机构必须遵守宪法，不得增加宪法未规定的资格要求，除非宪法授权其制定法定资格要求。[③] 决定议员资格和选举是每一个众议院的专属权利，不能随意或通过立法行动而赋予其他法庭或者机构。[④] 根据宪法的规定，立法机构有权决定议员的资格、选举和返回，法院无权决定立法委员是否有权担任公职。法院不得审查被立法机构赋予席位的人的权利。在法律特别授权的情况下，法院可以在立法选举中搜集证据。立法机构是议员选举中的唯一裁判者。在议员选举中，立法机构可以指定一个委员会来作证并将事实和证据报告给立法机构。

---

① Forster v. Harden (Miss, 1988), 536 So. 2d 905. State Constitutions: Ala. IV, 46, 47, 53; Alaska II, 12; Ariz. IV, Part II, 8; Ark, V, 11; Cal. IV, 5; Colo. V, 10; Conn. III, 13; Del. II, 7,8; Fla. III, 2; Harris v. Shanahan (1963), 192 Kan. 183, 387 P. 2d 771; Rogers v. Shanahan (1976), 221 Kan. 221, 565 P. 2d 1384; Hiett v. Brier (1978), 2 Kan. App.2d 610, 586 P. 2d 55.

② Nunn v. Baker (Ala.1987), 518 So. 2d 711.

③ Powell v. McCormick (1969), 395 U.S. 486, 89 S. Ct.

④ English v. Bryant (Fla. 1963), 152 So. 2d. 167.

如果议员接受了不能与其议席相兼容的职位后，他/她就失去该议席。在众议院所讲的一切都受到众议院的监督。针对不当言行，众议院会进行严厉的惩罚，比如要求所涉人员到律师处递交说明、将所涉人员关进监狱、将所涉人员驱逐出议院等。立法机构有权对议员的行为进行规范，并可以其认为适当的方式对议员进行惩戒。[①] 如果议员擅离职守，那么会被视为藐视议院，可由议院根据自由裁量进行处罚。根据宪法的规定，众议院有权强制议员出席会议。为了强迫议员出席，有时会逮捕议员。在被逮捕期间，他们由负责逮捕的官员扣押，直至众议院解除逮捕。众议院逮捕和强迫出席议员的宪法权力，不限于传召期间，也不限于未达到法定人数的情况。如果议院无权强迫议员出席，那么议院将很难履行职能。众议院大多数议员的意见就可以强迫其他议员出席。如果议员无正当理由在会议期间缺席，那么出席议员可以采取必要行动以确保该议员出席，并可令其停职一段时间，也可以进行合适的谴责或罚款。[②]

大多数州宪法规定，只要众议院中 2/3 议员同意，就可以开除议员。如果州宪法中无此规定，同时也没有其他限制，那么众议院仍然享有开除议员的权利，并可由多数议员行使该权利。议院在通过开除议员的议题时，可以采用任何程序，且无须通知即可随时更改。充分通知、正式指控、公开听证以及盘问证人的权利，都是正当程序的必要组成部分。[③] 议员的宣誓誓言及认真履职的行为，可以避免议员被无故开除。这有助于约束政府权力。国家的每个部门都享有一些未受其他部门监管的权力。只有享有权力的主体凭良知行事，才能避免权力被滥用。联邦的正当程序或平等保护审议是否适用于开除议员，取决于议员在其职位上是否享有自由权益或财产权益。[④] 议院按照宪法规定的模式开除议员，其行为一般不会被认为是违反正当法律程序的职位剥夺。创建该职位的主体可以说明其所依据的条款，以及开除议员的事由。对犯罪进行定罪量刑的规定不影响开除议员的权

---

① Bryan v. Liburd，1996 WL 785997，1(Terr. V.I.).

② State of New York Legislature，*New York Manual* (Clerk's Manual)，editions of 1936 and 1948-1949，p.372.

③ McCarley v. Sanders (1970)，309 F. Supp.8.

④ Snowden v. Hughes (1944)，321 U.S. 1；Edwards v. Johnston County Health Dept. (4th Cir. 1989)，885 F. 2d 1215，1220.

力。与开除议员有关的宪法条款只适用于因不当行为而导致的开除。[①] 州立法机构的议员可以辞职。辞呈应提交给有权进行新一轮选举的办公室或机构,并应提交给议院的首席立法官。宪法允许立法机构确定开除议员的程序规则,以及要求开除议员需经2/3议员同意。这些都是排他性的规定,司法部门无权进行修改,即使立法部门在行使上述权力时存在武断的和不公平的行为。法院无权控制、指引、监督或禁止议院开除议员。这些权力是立法部门的职权。如果法院企图指导或控制立法机构或议院,那么就是法院企图行使立法职能,而这是被明文禁止的。法院不会启动任何程序决定被立法机构开除的人员的权利。[②]

如果议员被指控贿赂或贪污,那么众议院有权调查,并传唤指控者出庭作证。如果指控者无正当理由拒绝作证,那么众议院可视该拒绝行为为藐视议院。这种权力不容置疑,且议院行为不得超出其管辖权范围。当有人匿名指控议员收受贿赂,且被指控议员所属分支机构已采用一种解决方式,包括列举指控、开始调查、传唤证人等,那么一个有关防止伪证的新议题便产生了。议院任命一个委员会调查有关行贿的指控,并不影响议院随后传唤证人并进行调查。一旦就议员的不当行为达成了共识,众议院就可以对该议员进行调查,甚至提出控告。[③]

第二节　议员免于逮捕的特权

为了使立法机构正常运转,议员的个人自由需要得到保护,具体而言就是在会议期间使议员免受逮捕。几乎所有的州宪法都规定了这一必要措施。司法豁免权有限地适用于立法机构的职员和雇员。[④] 立法委员和法官

---

① Sincock v. Gately (Del. 1967), 262 F. Supp.739.

② State of Montana v. Cutts (1917), 53 Mont. 500, 163 p.470.

③ Jefferson, Thomas, *Jefferson's Manual*, 1781, available as a document of the U. S. Congress; e.g., House Document No. 416, 93rd Congress, 2nd Session, published by the U. S. Government Printing Office, 1975, Sec. XIII; McCarley v. Sanders (1970), 309 F. Supp.8.

④ State of Wisconsin v. Beno (1984), 116 Wis. 2d 122, 341 N.W. 2d 668.

在履职过程中都免于起诉。[1] 法院通过一系列的决定，就免于逮捕的特权进行解释。逮捕豁免权，过去通常是由议员根据宪法进行批准的。现在这种豁免被认为是一种个人特权。如果所涉议员未提出请求或动议，或已提出无罪抗辩，都会被视为放弃这一个人特权。宪法豁免如今只涉及民事程序，也就是说，如果议员在被控交通违法或其他性质的犯罪，那么不享有免予逮捕的特权。此外，如果议员作为民事争议中的被告，或者作为刑事案件的证人，那么就不能享受逮捕豁免权。[2] 违反宪法而逮捕议员的行为是无效的。如果议员企图殴打某官员，那么不能享受逮捕豁免权。国家宪法中的逮捕豁免条款，以及许多州宪法中的逮捕豁免条款，都受限于对民事诉讼的解释。逮捕豁免条款不适用于任何刑事争议。一套完整的案例法解释并列举了逮捕豁免权的适用情形，比如，如果立法委员的行为属于立法活动的范围内，那么演讲和辩论条款中的逮捕豁免权默示条款就可适用于民事争议。

逮捕豁免权通过选举生效，因为在宣布之前，获选议员可以由委员提名，而且宣誓之前其他议员（该获选议员除外）不可投票。如果立法委员的行为属于立法活动范围内，那么立法委员享有民事争议的逮捕豁免权。判断一个行为是否属于立法活动范围，可以从两个方面入手。第一，行为是否审议和交流的组成部分；第二，行为是否涉及机构宪法管辖权内的立法或其他事务。逮捕豁免权的范围包括禁止调查立法行为及其动机。[3] 立法委员就其受贿行为不得享有逮捕豁免权，因为受贿行为不是立法行为。然而，如果立法委员试图利用其立法委员的身份影响货币交易的监管，那么其行为会被认为是立法行为，因此享有逮捕豁免权。如果议长被控串谋及损害立法委员的公民权利，且议长迫使立法委员在州警察的护卫下出席会议，那么议长可免于逮捕，因为这些行为属于议长的立法活动范围。[4] 然而，这一特权并不能使州立法委员在联邦刑事诉讼中豁免，比如传票所要求的某些信

---

① Krause v. Rhodes (Ohio 1972), 471 F. Supp.430; Krause v. Rhodes (Ohio 1972), 471 F. Supp.430; Gravel v. U.S. (1972), 408 U.S. 606, 92 S. Ct. 2614, 33 L. Ed. 2d 583.

② Gravel v. U.S. (1972), 408 U.S. 606, 92 S. Ct. 2614, 33 L. Ed. 2d 583.

③ Marra v. O'Leary (R.I. 1995), 652 A. 2d 974.

④ Thillens, Inc. v. Community Currency Exchange (1984), 729 F.2d 1128, cert. dismissed, 469 U.S.976, 105 S. Ct. 375, 83 L. Ed. 2d 342.

息的披露，无法以其他方式取得的文件或展品收集。普通法原则并不能使国家立法委员在与立法行为有关的联邦刑事诉讼中享有豁免。如果立法委员被控联邦犯罪或者成为刑事调查的对象，那么就不能主张特权。[①] 议员在被议院开除后，不再享有民事争议逮捕豁免权。[②] 如果一个犯罪已被提交至议院，那么在该议院惩罚罪犯或将事项提交给其他有权机构前，任何人或法院都不得处理该犯罪，否则将被视为藐视议院权利。

第三节　议　长

一般而言，议长负有以下职责：(a)召开会议并传召议员；(b)向机构宣布待处理的事务；(c)承认享有议席的议员；(d)陈述并表决常见议题，并宣布投票结果；(e)维持会场秩序和礼仪；(f)监督议员按照规则顺序进行辩论；(g)决定秩序问题(所作决定可上诉，除非议长决定将议题提交机构决定)；(h)在必要时，或在提出议题时，通知机构有关秩序问题和操作问题；(i)签署或认证机构的行为、程序或命令；(j)接收信息，并向机构宣布有关信息的使用；(k)在受控于机构且体现机构意志的前提下，指导机构的审议程序；(l)执行适用于机构的法律及规则；(m)全面监督立法厅、走廊、委员会室及走廊连接处的情况。[③] 议长有权提出议案的正确形式、程序的适当步骤、业务的处理顺序。[④] 当议长需要签署法案以认证法案的通过时，签署行为仅是行政行为而非立法权；因此，训令会使法案得到执行。反之则会赋予议长针对立法机构行为的否决权。然而，法院不应该要求议长签署一项议长已裁定未通过的立法议案，因为在这种情况下，议长享有自由裁量权。

---

① U.S. v. Gillock (1980), 445 U.S. 360, 100 S. Ct. 1185, 63 L. Ed. 2d 454.

② Hiss v. Bartlett (1855), 69 Mass. 473, 63 Am. Dec. 768.

③ Cockran v. McCleary (1867), 22 Iowa 75; Reynolds v. Baldwin (1846), 1 La. Ann 162.

④ Sturgis, Alice Fleenor, *Standard Code of Parliamentary Practice*, New York: McGraw-Hill, 1950, and 3rd edition revised, New York: McGraw-Hill, 1988, p.13, 14; State of New York Legislature, *New York Manual* (Clerk's Manual), editions of 1936 and 1948-1949, p.443.

当需要证明票数和法定人数时，议长可以凭借个人意见或查阅记录。[①] 如果规则未规定由秘书或书记员制作会议记录，那么议长可委任一人担任秘书或书记员。一个人主持会议同时担任书记员，也是可以的。

如果议长企图阻挠某职位实现其目的，大会有权绕过议长而采取某种措施。如果常设官员缺席，那么大会有权决定选择临时官员。并不是他们的缺席证明了该权利的合理性，而是他们没有履行职责的事实使得这一权利成为必要之举。议员无法或拒绝履职，效果等同于会议中止一般功能时的情况，而这些情况下都需要选举临时议席。这一权利是机构与生俱来的。[②] 当议长拒绝向机构提交一项本应向机构提交的动议时，就应该选择一个临时议长，由临时议长将动议交付表决。由提出动议的议员将动议交付表决，则是违反了法定程序或正当程序。议长不得通过离开议席或离开会场来妨碍事务处理。在这两种情况下，议员可以选举临时议长，由临时议长继续处理事务。如果一个议员质疑议长的休会决定，那么议长需要说明休会原因。如果议长拒绝说明休会原因，那么议员可以选出一位临时议长，机构程序继续进行。[③]

在发生火灾、暴动或其他重大紧急情况时，如果议长认为投票不切实际或者会招致危险，那么议长有权宣布机构休会至特定时间，或将会址改至其他地方。如果由于一些紧急原因或粗心大意，机构休会却没有说明下次开会的时间，议长可以通知下次开会的时间，如果有必要，还可以指定一个不同的会址。不过，如果条件允许，该通知应在发布前先与有关议员商讨。这种行为只能在确实紧急的情况下才可以进行，并且需要经过机构的接受和批准才能生效。在一般情况下，议长的职权完全由机构派生而来。议长服务于机构，体现机构的意志，服从机构的指挥。[④] 议长不得拒绝提出符合议事顺序的动议，不得拒绝提出任何有秩序的议案。议长不得限制或结束辩论，除非得到规则授权，或者根据前一次会议要求，或者得到机构的正式批准。议长不得通过匆忙赶完程序来阻止动议的动议。会员必须得到合理的

---

① State of New York Legislature, *New York Manual* (Clerk's Manual), editions of 1936 and 1948-1949, p.449.

② Hicks v. Long Branch Commission (1903), 69 N.J.L. 300, 54 A. 568.

③ Pevey v. Aylward (1910), 205 Mass. 102, 91 N.E. 315.

④ Casler v. Tanzer (1929), 234 N.Y. S. 571.

通知，以便发言或提出动议。只要议员未违反规则，议长一般就不会打断议员的发言，除非需要决定程序问题、特权问题或其他需要即时解决的问题。议长无权判断法案是否符合宪法，因为这不是议长的权利，而是议院的权利。[①]

根据各州宪法，每个议院都有权选择该院的议长。[②] 如果议长因故缺席或故意缺席，那么出席会议的议员有权选出临时议长，由临时议长继续主持审理。[③] 如果议长需要辞职，那么临时议长、临时发言人或临时主席需要担任起议长职责。如果没有临时主席或副主席，那么就轮到临时议长。在实践中，基于方便和礼貌，当议长需要辞职时，如果没有临时主席或副主席出席，那么由议长来任命一个议员担任议长职责。被委任履行议长职责的议员，履职至下一次休会。议长服务于议院，因此议院有权选举临时议长。[④] 当一个动议涉及议长及他人，出于礼貌，应由副主席或临时议长或秘书将动议交付表决。议长应及时地提出一个构建委员会的动议。[⑤] 在讨论任何有关议长的事务时，议长应该离席。当议员质疑议长行为不当时，议长应该离开议席，让某位议员主持会议直到对违法者采取相关行动。对议长行为的投诉，应直接向议院提交，而无须辩论。由众议院选举产生的议长可经由大多数议员同意而被罢免，一个新的临时主持官员会被选出。[⑥] 在没有固定任期的情况下，机构可按自身需要决定官员任期，或者将任期定至继任人当选并得到批准之时。议长可优先就程序问题向议员发言。议长也可根据其所了解的情况陈述事实。议长在辩论过程中应坐在位子上，宣读和

---

① Hughes, Edward Wakefield, *Hughes' American Parliamentary Guide*, Columbus: F. J. Heer Printing Co., revised 1926, Sec. 28; Cushing, Sec. 102.

② Cushing, Luther Stearns, *Elements of the Law and Practice of Legislative Assemblies in the United States of America—Lex Parliamentaria Americana*, Boston: Little, Brown & Co., 1856 (usually available in the printing of 1847), Sec. 283.

③ Commonwealth v. Vandegrift (1911), 232 Pa. 53 81 A. 153.

④ Cushing, Luther Stearns, *Elements of the Law and Practice of Legislative Assemblies in the United States of America—Lex Parliamentaria Americana*, Boston: Little, Brown & Co., 1856 (usually available in the printing of 1847), Sec. 314.

⑤ Hughes, Edward Wakefield, *Hughes' American Parliamentary Guide*, Columbus: F. J. Heer Printing Co., revised 1926, Secs. 74, 571.

⑥ Malone v. Meekins (Alaska 1982), 650.

介绍问题时也应该坐着，不过，将议题交付表决时、决定程序问题时、就上诉发言时或对机构发表演讲时，则应该起立。如果议长同时身为议员，那么议长有权传唤其他议员入座和参与辩论，且无须事先得到机构的同意。[①] 如果议长同时身为议员，那么议长与其他议员享有相同的投票解释权。另外，如果只允许在平局时投票，议长可以解释这一特殊的投票。如果议长同时身为议员，议长可以像其他议员那样投票，也可投票给少数派，以形成平局挫败动议。当议长不是议员时，议长只能基于宪法授权进行投票，宪法通常允许议长在平局情况下进行投票。[②] 议长同时身为议员时，保留与其他议员相同的权利，介绍事务但不在席位上提出动议。

第四节 立法官及其他官员

在大多数州，首席立法官是参议院的书记和众议院的首席书记员。在一些州，参议院和众议院中也称他们为“首席书记官”。首席立法官的职责在各州差别是很大的。在许多州，他们是每一个众议院的首席行政官，管理所有的人员、财政事务、程序事务。在其他州，他们指导法案研究、法案起草、人员和武器军士事务。在大多数情况下，他们也是日志和日程表的出版商。总体来说，首席立法官负责管理立法机构的会议程序和记录，具体包括下列职责：(a)监督或保管会议的日记及记录，(b)点名，(c)阅读由众议院或首席执行官宣读的所有法案、决议、修订及其他文件，(d)就来源于其他议院的事宜，向其他议院通知本院的相关行为，(e)通过或采纳某法案后，向另一个议院确认或转交法案，以取得另一个议院的即时同意，[③](f)确保已在两院

---

① Marsh v. Chambers (1983), 463 U.S. 783, 103 S. Ct. 3330, 77 L. Ed. 2D 1019.

② Center bank v. Department of Banking and Finance of State of Nebraska (1981), 210.

③ 凡在议会一院内没有争执的议案和获得两党充分支持的议案应迅速通知另一院。为实现议案的迅速通过，议院的多数党领袖会请求全体议员一致同意暂时停止规则的执行或者一名议员会提出动议要求暂时中止规则的执行。如果多数党领袖的请求或提出该动议的议员的请求被通过，该议案随后就处于议会另一院的控制之中。一项议案在议会一院的通过并不能保证其能被另一院通过。议案在第二院经历的程序同其在发起院经历的程序非常相似。

通过的法案获得适当认证，并监督将其转交给行政长官，(g)监督所有书记员和所有雇员的工作。[①]

首席立法官还有其他类似的职责，视具体情况而定。机构规则规定首席立法官的主要职责，而首席立法官听从所属机构的指令。在首席立法官缺席时，立法官的职责由下一级官员履行。如果同一级别有若干官员，就由第一个被选定的人来履职。除非规则另有规定，否则首席立法官不得准许任何记录或文件离开办公桌，或离开官员的看管。在特殊情况下，文件可由委员会主席或委员会主任保管。记录可在恰当时间由议员查阅。委员会履职时所需的记录或文件，应根据要求交给委员会主席或工作人员。组建委员会后，首席立法官应向委员会主席或委员会其他成员提交委员名单及需委员会处理的文件。首席立法官需接收及保留委员会报告，直至该院可根据报告采取行动。一份报告是否需存档并交给总立法官，是无须投票决定的。立法机构可以修改日志，以使日志符合事实。修改后的日志被视为正式版本。立法机构修改记录的权利不是源自成文法，而是其本身的固有权利。无须机构指示，首席立法官就有权纠正首席立法官的失职或失误，包括已送往其他议院的文件中的错误。在机构对外开放时间内，首席立法官应允许公众查阅会议记录。[②] 首席立法官有责任保护公共记录免遭破坏、篡改、遗失、损毁，并有责任进行必要的维护、翻新以及恢复。

一些立法机构设有议事法规专家。在大多数州的众议院和参议院，行政文员秘书或首席书记员代行议事法规专家之责。如果首席审议官没有受

---

① Cushing, Luther Stearns, *Manual of Parliamentary Practice*, new edition by Albert S. Bolles, Philadelphia: The John C. Winston Company, 1928 (text unchanged in editions from 1907 to 1947, inclusive), Secs. 31-35; Reed, Thomas B., *A Manual of General Parliamentary Law* (Reed's Rules), 1898; reprinted: State Printing Plant, Olympia, Washington, 1937, Sec. 43; Tandy v. Hopkinsville (1971), 174 Ky. 189, 192 S.W. 46.

② State of Florida v. Kaufman (1983), 430 So. 2d 904; Legislative Joint Auditing Committee v. Woosley (1987), 291 Ark. 89, 722 S.W. 2d 581.

过议会法相关培训，且欠缺主持审议的经验，那么需要另一名议事法规专家。[①] 议事法规专家有义务建议并协助议长和议员。这种关系相当于律师和客户之间的关系。议事法规专家应接受有关议会法、议院规则、先例，以及机构实践的全面培训，以便成为议长和议员的智囊保障。议事法规专家担任议长的程序问题顾问。议长和机构可以拒绝接受议事法规专家的建议。议事法规专家应谦虚谨慎地提请议长注意程序方面的重大错误。议事法规专家应尽可能地预见到困难，并告知议长可能出现的问题，以及与问题有关的规则、先例、惯例。议事法规专家应该准备随时应议长要求提供咨询服务，比如，可就委员会准备报告的事务或其他特定事务向议长提供建议。[②] 大多数

① Sturgis, Alice Fleenor, *Standard Code of Parliamentary Practice*, New York: McGraw-Hill, 1950, and 3rd edition revised, New York: McGraw-Hill, 1988, pp.219-220. 参议院的宪法渊源在不断完善其组织和运作。处理大部分事务时，三个问题值得特别关注，它们分别是“延展辩论”“议事领袖”和“一致同意”。(1)延展辩论。到目前为止，我们所知世界上没有其他的立法机关拥有像参议院那样的“两个自由”传统。这两个自由是指，在法案审议过程中，参议员可以进行无限制辩论和无限制提出修正案，不管是否与主题相关。参议院由于自身规模较小，因此能够允许这些自由传统出现、发展，始终较少限制，直到1917年参议院才采用了结束规则。因此，在1789年至1917年之间，是没有办法终止参议院的延展辩论的(以拖延时间为目的的演讲被称为“议事阻挠”)，除非出现一致同意、妥协或无人发言的情况。(2)议事领袖。整个19世纪，许多参议员被同事、评论家、学者或其他人称为领袖。今天的参议员在立法过程中发挥着更加核心的领袖管理作用。伍德罗·威尔逊在著作《国会政府》中写道：“直到1885年，除了参议员，没有人能够获得作为公认领袖的信任。”毋庸置疑，早期参议院的较小规模和将议员看作主权国家大使的传统，促成了一个非正式和具有个人特点的参议员领袖的形象。很多学者认为，20世纪初一些参议员开始正式扮演政党领袖的角色，但是会议日志显示，民主党领袖正式当选的日期为1920年。共和党则要晚5年。议事领袖自产生后，不断获取程序资源，如优先发言权等。这些程序资源有助于议事领袖管理参议院的工作。不过，他们的正式权力是有限的。(3)一致同意。从一开始，参议院很多事务的处理都是通过一致同意机制来完成的。参议院规模较小、受规则约束较少和凸显非正式性，使此机制能够越来越多的解决实践问题。单一的异议将会阻碍一致同意请求。为提高参议院日常事务处理的效率，甚至早期的参议院规则也有关于一致同意的规定。今天的参议院广泛使用两种类型的一致同意，分别为简单一致同意请求和复杂一致同意协议。简单一致同意请求用于处理不具有争议性的议题，如参议员要求一致同意减免修正案的宣读次数。复杂一致同意协议是根据参议院处理的事务类型而量身定做的程序。选用哪一种一致同意，通常由政党议事领袖和主管者协商决定。

② Sturgis, Alice Fleenor, *Standard Code of Parliamentary Practice*, New York: McGraw-Hill, 1950, and 3rd edition revised, New York: McGraw-Hill, 1988, pp.219-220.

立法机构都设有一名警卫官，他们要么是选举产生的，要么是被任命的。警卫官必须按照议长的指示，保持议院秩序，确保大厅和相邻房间里的人站立于地板上。警卫应在众议院会议中保持在岗，直至职责解除。[①] 在州议院的议院实践中，一般会请牧师参加会议并在会议开始前进行祈祷。

一些立法机构选举会议记录员、职员、助手，但在大多数议院中，这些官员由首席立法官任命并接受首席立法官的指示。[②] 立法机构对官员的选拔有充分的权威，这是一个不变的规则。任命官员的议案需由州长提出，然后递交参议院，再由负责管理的人员将提名提交给审查候选人资格的常设委员会。常设委员会需向参议院提交书面报告，说明审查结果和意见，再由参议院通过报告，采纳提名。如果提名未获批准，那么州长可再次建议参议院审查批准。州议会可以按照自己的方式任命官员，并可随时撤换，且无须另行通知或审议。宪法规定州立法机构应选择自己的官员，通常包括指定议长、首席书记员和秘书。立法机构的官员通常宣誓后就职。授权人的权力到期时，被其授权的立法官员的职权也同时到期。法规、规则、先例通常规定，主要官员在下次会议中恢复履职，直到议会重组。[③] 议院的官员不代表官员个人，而是代表整个议院。只有议长能够代表机构向官员下达命令。首席立法官及其他官员不会执行个别议员的命令，因为这会影响整个众议院的利益。除非高级官员有所指示，否则任何人员无权干涉另一名官员的履职行为。

---

① U.S. Congress: provisions of the U.S. Constitution and rules of the House of Representatives are cited from the Manual of the U.S. House of Representatives, IV and *House Rule* XIV, Par. 7; Reed, Thomas B., *A Manual of General Parliamentary Law* (Reed's Rules), 1898; reprinted: State Printing Plant, Olympia, Washington, 1937, Sec. 47.

② Cushing, Luther Stearns, *Elements of the Law and Practice of Legislative Assemblies in the United States of America—Lex Parliamentaria Americana*, Boston: Little, Brown & Co., 1856 (usually available in the printing of 1847), Sec, 331.

③ Cushing, Luther Stearns, *Elements of the Law and Practice of Legislative Assemblies in the United States of America—Lex Parliamentaria Americana*, Boston: Little, Brown & Co., 1856 (usually available in the printing of 1847), Sec. 331; U.S. Congress: provisions of the U.S. Constitution and rules of the House of Representatives are cited from the *Manual of the U.S. House of Representatives*, III, Note 637.

第五节　委员会的设立和选择

现代议院实践要求由议长任命常设专门委员会，或由规则指定的其他机构进行任命。此类任命无须确认。在没有任何限制条款的情况下，委员会可以通过机构决定的任何方式选出。设立专门委员会的一种方法就是采纳一项议案，而该议案则说明委员会的宗旨、委员人数，并且能够指导议长任命委员。[①] 如果就特别委员会的议员人数存在多种意见，那么首先针对得票最多的候选人进行投票，然后针对得票第二多的候选人进行投票，直到某一特定人数获得多数票。当一个特别委员会的议案没有提到委员会议员人数时，议长可以使用个人裁量权来决定委员会议员人数。如果需要选出一个特别委员会，但没有供参考的选择方法，那么组织可以按照其他选举所采用的方式，进行提名和选举委员。[②] 议长可能会延迟发布任命公告，以保证有足够时间仔细考虑，以及在必要时咨询议员。不过，该委员会议员的名称必须经过正式公布，未经公布的任命是无效的。出于礼貌，某些团体会委任创设委员会动议的提出者担任委员会主席。这种做法只是出于礼貌，创设委员会动议的提出者甚至不一定需要被委任为委员。[③] 委任机关有权撤换主席或委员。

---

① Hughes, Edward Wakefield, *Hughes' American Parliamentary Guide*, Columbus: F. J. Heer Printing Co., revised 1926, Secs. 752. 754; Cushing, Luther Stearns, *Manual of Parliamentary Practice*, new edition by Albert S. Bolles, Philadelphia: The John C. Winston Company, 1928 (text unchanged in editions from 1907 to 1947, inclusive), Sec. 266; Reed, Thomas B., *A Manual of General Parliamentary Law* (Reed's Rules), 1898; reprinted: State Printing Plant, Olympia, Washington, 1937, Sec. 65.

② Cushing, Luther Stearns, *Manual of Parliamentary Practice*, new edition by Albert S. Bolles, Philadelphia: The John C. Winston Company, 1928 (text unchanged in editions from 1907 to 1947, inclusive), Sec. 265.

③ Hughes, Edward Wakefield, *Hughes' American Parliamentary Guide*, Columbus: F. J. Heer Printing Co., revised 1926, Sec. 762; Reed, Thomas B., *A Manual of General Parliamentary Law* (Reed's Rules), 1898; reprinted: State Printing Plant, Olympia, Washington, 1937, Sec. 64.

第六节　委员会的官员及法定人数

当没有指定主席时，委员会有权选择其中一名议员担任主席，但被任命的第一名委员应召集委员会会议，直至委员会选出主席为止。除非委员会选择另一个主席，否则被任命的第一名委员就继续担任主席。当没有指定主席时，如果第一名委员无法或者拒绝召集委员会议，那么被委任的第二名委员应采取行动，而每一名顺位委员均可在前一位委员缺席或者拒绝行事的情况下采取行动。当主席和副主席缺席会议时，多数党的最高级别委员可以担任代理主席。[①] 委员会主席经委任机构同意可辞去主席职务，可仍保留委员会议员资格。当主席辞职时，委任机构可选定另一名主席。委员会主席的职责包括：(a)召集委员会共同履行职责，(b)主持委员会会议，并提出议题，(c)维持秩序，就程序问题作出决定，(d)监督并指导委员会职员及雇员，(e)制作或监督制作委员会报告，并向机构提交报告，(f)保管委员会所提交的文件，并根据需要将文件转交给首席立法官。[②]

如果委任机构未指定委员会其他官员，那么委员会可经多数票同意选出其他官员。如果一名常设秘书未受雇于委员会，那么通常需要另选一名秘书，来记录委员会的行动、编制报告、执行主席或委员会的其他指示。在一个小型委员会里，主席担任代理秘书。[③] 只有出席人员达到法定人数，委

---

① Jefferson, Thomas, *Jefferson's Manual*, 1781, available as a document of the U. S. Congress; e.g., House Document No. 416, 93rd Congress, 2nd Session, published by the U. S. Government Printing Office, 1975, Sec. XI; Hughes, Edward Wakefield, *Hughes' American Parliamentary Guide*, Columbus: F. J. Heer Printing Co., revised 1926, Sec. 763; Reed, Thomas B., *A Manual of General Parliamentary Law* (Reed's Rules), 1898; reprinted: State Printing Plant, Olympia, Washington, 1937, Sec. 71.

② Reed, Thomas B., *A Manual of General Parliamentary Law* (Reed's Rules), 1898; reprinted: State Printing Plant, Olympia, Washington, 1937, Sec. 73, Sec. XI; Hughes, Edward Wakefield, *Hughes' American Parliamentary Guide*, Columbus: F. J. Heer Printing Co., revised 1926, Sec. 764.

③ Reed, Thomas B., *A Manual of General Parliamentary Law* (Reed's Rules), 1898; reprinted: State Printing Plant, Olympia, Washington, 1937, Secs. 71, 73.

员会的行动才能合法生效。不过,公众听证会的证词是一个例外[①]。除召开此类会议外,不能单独听取委员会议员的意见,亦不能传阅由大多数委员签名的报告。[②] 除非委员会另有规定,否则委员会的法定人数就是委员会议员的多数。达到法定人数的委员可以处理业务。除非规则另有规定,否则法定人数的多数,即使是只占委员会的少数,就可以授权编制报告。由于委员会是机构的一个分支,该机构有权确定委员会的法定人数,可以高于或低于委员会的大多数,也可以规定为固定人数。[③]

---

① 委员会通过听证形式获取立法、监督和调查活动的信息,并审查总统候选人的资格。不论听证属于哪种类型,或者是否在华盛顿举行,听证都要进行事先规划和准备。在参议院开会、闭会或休会期间,常设委员会和分支委员会均有权举行听证。为避免与大会活动发生冲突,如果委员会在参议院会议举行两个小时后没有征得到一致同意或在下午两点以后,委员会就不可举行听证了。参议院规则第 26 条规定,委员会(除了财政和预算委员会)需要至少提前一周发出通告,确定听证的时间、地点和主题;但是如果委员会认为有充分的理由,可以在举行听证之前的一周之内发出通告。这些通告应该发布在国会记录的每日摘要部分,或国会网站上。按照参议院规则的一周公示期,参议院单独议事规则要求参议院委员会在确定听证日程后应尽快通知每日摘要办公室。听证一般对公众开放,但是如果议题属于参议院规则所列的特殊事项范围,委员会也可以通过唱名表决进行秘密听证。尽管委员会主席可以决定议程和选择证人,但是少数派和多数派都是通过非正式邀请的形式来选择代表其观点的证人的。参议院规则允许少数派委员在听证举行的前一天选择他们的证人。根据委员会特殊规则,参议院委员会的证人一般必须在进行口头陈述的前一天,将书面证词副本提供给委员会。通常的做法是要求证人提供书面证词的梗概,以尽量限制其口头发言。证词宣读完毕之后通常是问答问题环节。委员会有权决定参议员询问证人的顺序。虽然参议院规则对每个参议员询问证人的时间长度没有进行限制,但是有些委员会却制定了限制规则。一些委员会还允许委员会工作人员询问证人。

② Jefferson, Thomas, *Jefferson's Manual*, 1781, available as a document of the U. S. Congress; e.g., House Document No. 416, 93rd Congress, 2nd Session, published by the U. S. Government Printing Office, 1975, Sec. XXVI; Hughes, Edward Wakefield, *Hughes' American Parliamentary Guide*, Columbus: F. J. Heer Printing Co., revised 1926, Sec. 765; Reed, Thomas B., *A Manual of General Parliamentary Law* (Reed's Rules), 1898; reprinted: State Printing Plant, Olympia, Washington, 1937, Sec. 72.

③ State of Missouri v. Reichmann (1911), 239 Mo. 81, 142 S.W. 304.

第七节　立法委员会的权力

委员会由机构任命，为机构服务，执行机构意愿。① 立法机构不能把权力委托给一个委员会，但如果机构以恰当的方式批准了一个委员会行为，那么委员会的行为就被视为机构的行为。立法委员会的职能仅限咨询。立法委员会的行为接受机构审查，并由机构予以批准或推翻。除非获得特别授权，否则在未得到机构批准前，立法委员会没有执行力。委员会可就其管辖的事项制作报告，但机构不受该报告的限制，可自行采取行动。经立法机构授权，委员会可雇用必要的人员以实现其立法目的。② 委员会只能对其所提法案提出修订建议，而不能进行实际修订。委员会唯一的权力是向机构提出建议。只有机构采纳，建议才会生效。③ 委员会不应变更法案或其他文件，只能以单独文件的形式向机构提交修正案建议。在收到反馈意见后，委员会有权决定是否进行修改。只要修改关乎法案的初衷，那么所作修改不限数量。所作修改可能非常之多，以至成为该法案的替代版本。委员会有权对所提动议提出修改建议，但不能变更事务主题。所有修改必须与事务主题相关。机构可以拒绝接受或审议与法案主题无关的修改建议。委员会可在法案的一般范围内适当地提出修正案，若修正案数目众多，委员会可制作法案的替代版本，而非进行一系列的修改。如果修正案依赖于一项行动的完成，那么需将修正案与法案一并提交委员会。委员会可建议采纳或建议否决修正案，并提出进一步建议，及提出其他修正案。

---

① State of Louisiana ex rel. Guste v. Legislative Budget Committee (1977), 347 So, 2d 160.

② Terrell v. King (1929), 118 Tex. 237, 14 S.W. 2d 786.

③ State of New York Legislature, *New York Manual* (Clerk's Manual), editions of 1936 and 1948-1949, p.404; Reed, Thomas B., *A Manual of General Parliamentary Law* (Reed's Rules), 1898; reprinted: State Printing Plant, Olympia, Washington, 1937, Sec. 76; Jefferson, Thomas, *Jefferson's Manual*, 1781, available as a document of the U. S. Congress; e.g., House Document No. 416, 93rd Congress, 2nd Session, published by the U. S. Government Printing Office, 1975, Sec. XXVI.

委员会可就法案每一项条款提出修改意见，可以加入与原法案有关的新事项。替代法案被视为一个修正案，而不是一个新法案。委员会提出替代法案的正确方式是，提出修改以推翻整个法案，并附上说明法案制作经过的条文、取而代之的新法案、针对法案名称的修改。[①] 委员会有权就提交的任何事项提出法案。常设委员会则在管辖权内介绍法案。即使规则要求法案提交委员会审议时，已由委员会介绍过的法案无须提交委员会审议。委员会无权惩罚议员，但可将议员的不当行为通知机构。委员会缺席会议可能引起机构的关注。[②] 委员会就指控进行调查后，即使发现确有议员参与其中，也不能对该议员采取任何行动。委员会必须向机构进行特别报告。机构可对涉事议员采取行动，或者授权委员会调查涉事议员。

议题提交委员会时，可附带提示，也可不附带提示。委员会可不受限制，也可受到部分限制或全面限制。规则通常包含对委员会审议法案和反馈方式的指导。委员会收到具体指导意见时，必须严格执行。法案必须整体提交，可以在其中标明有待委员会审议的章节，但不可将法案的某一章节单独提交给委员会。如果法案提交时注明了有待审议的部分，委员会不可针对法案其他部分提出建议。[③] 向委员会提交的议案，可以通过增加说明来修改。除非先前议题有禁止性规定，否则这些说明也可以修改。首席立法官应告知委员会主席（如果委员会主席缺席，那么是其他委员）有关委员会任命通知、议员姓名、文件或其他事项。如果主席未被指定或未被选定，法案可交付给委员会议员，不过通常是交付给委员会位列第一的议员。委员会履行职责所需的文件或书籍，须由立法官根据委员会要求交给立法官。

---

① Hughes, Edward Wakefield, *Hughes' American Parliamentary Guide*, Columbus: F. J. Heer Printing Co., revised 1926, Sec. 870.

② Hughes, Edward Wakefield, *Hughes' American Parliamentary Guide*, Columbus: F. J. Heer Printing Co., revised 1926, Sec. 702.

③ Hughes, Edward Wakefield, *Hughes' American Parliamentary Guide*, Columbus: F. J. Heer Printing Co., revised 1926, Secs. 857, 858.

当委员会的工作完成后，主席应向首席立法官归还所有文件。[①] 法院维持立法机构的权力，授权各委员会在会间进行公开聆讯，收集资料，进行立法工作。[②] 在本机构休会后，即使委员会未获特别授权，委员会仍有权在休会后作出报告。宪法中限制会员延迟缴纳会费的规定，并不禁止立法机构在会议结束后任命委员会使其完成记录。[③]

第八节　委员会会议

委员会只能在会议上采取行动，而不能单独咨询或认可，而委员会无权就任何未达成一致意见的行动编制报告。委员会只能处理在会议上提交给它的事务，并且有一个审议和讨论的过程。[④] 如果委员会未召开会议，那么委员会就无法向机构提交报告。委员会不得就未经正式会议审议的事项进行报告。议长不得违规裁定任何未经委员审议的报告。委员会的行动不得由委员会或委员更改，除非委员会又采取了新的正式行动。委员会应在订好的时间和地点召开会议。如果没有形成常规时间或地点，那么就可由委员来决定时间和地点。如果会议未在原定时间召开，会议的延期不会导致会议无效。但如果会议早于原定时间提前召开，那么就可能会被宣布无效。特殊情况下，主席在征得多数委员的同意后，可以再改变会议的时间和地点。[⑤] 主席的职责是把委员召集在一起，但是如果主席缺席或者疏忽或者

---

① Jefferson, Thomas, *Jefferson's Manual*, 1781, available as a document of the U. S. Congress; e.g., House Document No. 416, 93rd Congress, 2nd Session, published by the U. S. Government Printing Office, 1975, Sec. XXIII; Sturgis, Alice Fleenor, *Standard Code of Parliamentary Practice*, New York: McGraw-Hill, 1950, and 3rd edition revised, New York: McGraw-Hill, 1988, p.158, 159, 170, 171.

② Hagman v. Andrew (1970), 232 So. 2d 1.

③ Russell v. Cone (1925), 168 Ark. 989, 272 S.W. 678.

④ Hughes, Edward Wakefield, *Hughes' American Parliamentary Guide*, Columbus: F. J. Heer Printing Co., revised 1926, Sec. 765; State of New York Legislature, *New York Manual* (Clerk's Manual), editions of 1936 and 1948-1949, p.428.

⑤ Hughes, Edward Wakefield, *Hughes' American Parliamentary Guide*, Columbus: F. J. Heer Printing Co., revised 1926, Sec. 745.

拒绝召开委员会议，那么多数委员就可以召集会议。如果在当日或在指定日期到期之前会议需要继续进行，那么不必另行通知。[①] 如果委员会休会且未提及后续会议，那么等主席再次传召时再开会。特别委员会议是为了处理指定业务，这一点与定期或延期会议不同。召开特别委员会议时，必须通知所有委员。需特别委员会处理的问题必须在传召中说明，特别委员会不得处理任何未在传召中说明的业务。

委员会，除会议委员会外，未经众议院同意不得在会议期间私下会晤。为获得同意，主席需提出请求同意的动议。每当众议院开始会议时，委员在收到通知后，应立即停止委员会议并参加众议院会议。[②] 立法委员会在未获特别授权的情况下，只有在议院会议期间才可以行动，不过立法机构有权在休会后继续存在或委任委员。立法机构的议员，通常有权出席委员会议，也可要求发表意见，但不能投票，且必须让步于委员。根据一般规则，委员会不能排除其他机构议员参与审议。除非委员会已有举行封闭或者秘密会议的先例，否则如果委员会想召开封闭会议，就需要先获得立法机构的明确授权。[③] 只有委员有权提出动议。委员会会议一般会向新闻界、公众、对业务有兴趣的人士开放。从历史的角度看，委员会也常常未做通知就私下召开会议。大多数国家现在宪法中规定，立法委员会会议应向所有议员和公

---

① Hughes, Edward Wakefield, *Hughes' American Parliamentary Guide*, Columbus: F. J. Heer Printing Co., revised 1926, Sec. 743.

② Jefferson, Thomas, *Jefferson's Manual*, 1781, available as a document of the U. S. Congress; e.g., House Document No. 416, 93rd Congress, 2nd Session, published by the U. S. Government Printing Office, 1975, Sec. XI; Hughes, Edward Wakefield, *Hughes' American Parliamentary Guide*, Columbus: F. J. Heer Printing Co., revised 1926, Sec. 875; Reed, Thomas B., *A Manual of General Parliamentary Law* (Reed's Rules), 1898; reprinted: State Printing Plant, Olympia, Washington, 1937, Sec. 70; Cushing, Luther Stearns, *Manual of Parliamentary Practice*, new edition by Albert S. Bolles, Philadelphia: The John C. Winston Company, 1928 (text unchanged in editions from 1907 to 1947, inclusive), Sec. 275.

③ Reed, Thomas B., *A Manual of General Parliamentary Law* (Reed's Rules), 1898; reprinted: State Printing Plant, Olympia, Washington, 1937, Sec. 78, states that a committee has authority to exclude all but members of the committee.

众开放，公开通知，不过如果审议涉及某些特定对象，那么需要严格保密。①

第九节　委员会的程序

委员会议事程序规则与机构的规则相同。② 但是，如果条件允许，可以放宽辩论规则，以便进行自由讨论。这些规则包括：不得提出结束或限制辩论的动议；提出动议，不必起立及请示；主席提出议题无须起立；主席作出动议无须离开席位；动议无须附议（除非机构要求动议附议）；一名议员可在同一阶段多次发言。委员不能就委员会主席的决定向议长提出上诉。③ 主席可制作时间表，并发出通知，然后加快事务处理进度。除非征得一致同意，否则委员会议题都必须付诸表决。④ 立法委员会有权复议仍在其控制范围内的行动。委员会复议一般遵照与处理事务相同的规则。不同之处是，即使机构对申请复议规定了期限，委员会仍可以在任何时间附议属于其控制范围内的事务，而且可以由任何委员提出复议申请，哪怕该名委员并未参与投票。⑤ 委员会的唯一事务权，是变更行动的权力。委员会无须推荐就可以就行动编制报告，委员会也可以建议不采取行动。当然，委员会可以向机构申请变更修改，只要该修改与行动的主题有密切关系。在某些立法机构

① Coggin v. Davey (1975). 233 Ga. 407, 211 S.E.2d 708; Moffitt v. Willies (Fla. 1984), 459 So. 2d 1018.

② 作为参议院的代理部门，委员会需要遵守所有适用于参议院的规则。美国参议院委员会必须遵守引导其程序的书面规则，且不得与参议院的规则相违悖。这些委员会规则一般是有关处理事务的程序。例如，委员会必须在一个月之内选择一个特定的会议日期，并在参议院规则允许的范围内，以表决的形式进行各种委员会活动。

③ Hughes, Edward Wakefield, *Hughes' American Parliamentary Guide*, Columbus: F. J. Heer Printing Co., revised 1926, Sec. 764.

④ Hughes, Edward Wakefield, *Hughes' American Parliamentary Guide*, Columbus: F. J. Heer Printing Co., revised 1926, Sec. 780.

⑤ Hughes, Edward Wakefield, *Hughes' American Parliamentary Guide*, Columbus: F. J. Heer Printing Co., revised 1926, Sec. 878.

中,将行动搁置在委员会以阻止行动的通过,已成为惯例。①

第十节 委员会的类型

特别、临时或特选委员会:行动委员会负责执行已决定的特定任务。行动委员会一般是规模较小,只由那些赞成行动的人组成。如果一个反对行动的人员被任命,应该立即解除对该人员的任命。审议委员会或调查委员会应代表机构中的主要派别,以便使委员会的意见得到尽可能多的重视。如果针对议题存在明显的意见分歧,那么审议委员会或调查委员会应该由正反双方的代表组成。因为如果主要意见派别未出席,那么委员会就有可能被指责是存有偏见的。② 对一个特别委员会的指导意见可以在表决前达成或陈述,也可以在后期提交。在选出特别委员会后,也可以提出动议要求解除事务命令,并随即任命新委员会。③ 主席或大多数委员可以随时召开特别会议。如果特别委员会休会,并定于另一个时间开会,那么一般建议通知未出席的委员。如果特别委员会休会,且未确定下次开会时间,那么等待主席传召时再开会。

特别委员会的有关重要事务的程序,与常设委员会是相同的。大部分法案的常规审议是由常设委员会完成的,而需要特殊审议的事项则通常由特别委员会或特选委员会完成。因此,特别委员会的选择与常设委员会不

---

① Jefferson, Thomas, *Jefferson's Manual*, 1781, available as a document of the U. S. Congress; e.g., House Document No. 416, 93rd Congress, 2nd Session, published by the U. S. Government Printing Office, 1975, Sec. XXVI.

② Sturgis, Alice Fleenor, *Standard Code of Parliamentary Practice*, New York: McGraw-Hill, 1950, and 3rd edition revised, New York: McGraw-Hill, 1988, p.168; Reed, Thomas B., *A Manual of General Parliamentary Law* (Reed's Rules), 1898; reprinted: State Printing Plant, Olympia, Washington, 1937, Sec. 69.

③ Hughes, Edward Wakefield, *Hughes' American Parliamentary Guide*, Columbus: F. J. Heer Printing Co., revised 1926, Sec. 752; Cushing, Luther Stearns, *Elements of the Law and Practice of Legislative Assemblies in the United States of America—Lex Parliamentaria Americana*, Boston: Little, Brown & Co., 1856 (usually available in the printing of 1847), Secs. 2161-2166.

同,他们无须定期召开会议,且当特别工作完成时,他们就会解散。专门委员会的报告可能需要特别审议。当议院收到报告并提交给机构后,就需要适当处理报告。处理方式很大程度上取决于报告的紧迫性。如果不太紧迫,报告可以安排在日程表上按常规程序处理。除非被提前解散,否则特别委员会存续至目的实现之日。当众议院收到特别或特选委员会的最终完整报告后,委员会就解散。如果只收到部分报告,那么委员会仍然存续至收到全部报告。特别或特选委员会可以因委员会卸任或动议撤销而解散。过期的特别或特选委员会可以因为投票或新事务提交而重新生效。[①] 特别委员会在议院会议结束时到期,除非决议同意其存续。当委员会解散时,委员会主席应向首席立法官提交所有委员会收到的文件。向尚未任命的委员会提交事务,也是符合程序的。当一个向特别委员会提交事务的动议被采纳后,应及时任命委员会。

小组委员会:除全体委员会外,任何委员会均可设立分支委员会。[②] 分支委员会可以进行调查或行使委员会授予的其他权力。委员会可以通过投票或由主席将议题提交给分支委员会。在需要特殊调查或询问时,委员会是需要委任一个分支委员会的,以便由分支委员会进行特殊审议。特别调

① Jefferson, Thomas, *Jefferson's Manual*, 1781, available as a document of the U. S. Congress; e.g., House Document No. 416, 93rd Congress, 2nd Session, published by the U. S. Government Printing Office, 1975, Sec. XXVI; Hughes, Edward Wakefield, *Hughes' American Parliamentary Guide*, Columbus: F. J. Heer Printing Co., revised 1926, Secs. 759, 760; Cushing, Luther Stearns, *Manual of Parliamentary Practice*, new edition by Albert S. Bolles, Philadelphia: The John C. Winston Company, 1928 (text unchanged in editions from 1907 to 1947, inclusive), Sec. 290.

② 分支委员会是委员会的一个分支,其建立的目的在于分化和管理委员会的工作。和众议院不同的是,参议院在委员会设立分支委员会数量方面并无直接的限制,也没有规定设立分支委员会的其他条件。然而无论是参议院规则,还是党务会议规则都限制了分支委员会参议员的数量分配。根据参议院规则第 25 条的规定,一个参议员在一个 A 类委员会中只能兼任不超过 3 个分支委员会的职务,在一个 B 类委员会中只能兼任不超过 2 个分支委员会的职务。参议院议事规则也支持委员会为分支委员会成员分配所制定的规则。不少委员会制定规则,禁止参议员被分配到第二个分支委员会,除非所有委员会成员论资排辈之后就正好轮到他。在遵守全体委员会限制的前提下,分支委员会可以不再进行分配限制。

查委员会不得将权力委托给委员个人,除非众议院有此授权。[1] 分支委员会只能由设立它的委员会的委员组成。委员会会议规则也适用于分支委员会会议。分支委员会向委员会提交报告,而非向众议院提交报告。不过,立法机构有权将委员会分解为分支委员会,并将权力直接授予分支委员会。[2] 当分支委员会提出修改建议时,委员会应首先考虑分支委员会所提修改,再考虑其他的修改。委员会可接受也可拒绝分支委员会的建议。分支委员会审议的议题,委员会不得审议,除非委员会已有效排除分支委员会的审议权。

联合委员会是一个由各议院任命委员共同组成的委员会。[3] 两院联合委员会则依照两院联合规则或特定的法案授权设立。联合委员会可以由两院各自的常设委员会联合而成。在有些情况下,联合委员会也可以由参议院和众议院担任某些特定职务的议员组成。有些联合委员会的成员还包括不是议员的人员。在委任机关没有指定的情况下,联合委员会有权自行选定主席。若无相反规定,联合委员会的法定人数是其委员总数的大多数,当法定人数出席会议时,法定人数的多数票就能够处理事务。委员会的会议法定人数是每个议院委员会的法定人数。联合委员会可由一个议院单独指挥,也可由两个议院共同指挥。[4] 联合委员会的报告应由委员提交给每个议院。

一直以来,在联合委员会(会议委员会除外)中,委员单独投票,而不是由众议院代为投票。联合委员会的现代投票方式则是,议员通过议院投票。

---

① In re Leach (1922), 232 N.Y. 600, 19 N.Y. S.135, 134 N.E. 588.

② Hughes, Edward Wakefield, *Hughes' American Parliamentary Guide*, Columbus: F. J. Heer Printing Co., revised 1926, Secs. 813, 841.

③ Cushing, Luther Stearns, *Elements of the Law and Practice of Legislative Assemblies in the United States of America—Lex Parliamentaria Americana*, Boston: Little, Brown & Co., 1856 (usually available in the printing of 1847), Sec. 2043; Hughes, Edward Wakefield, *Hughes' American Parliamentary Guide*, Columbus: F. J. Heer Printing Co., revised 1926, Sec. 747; Reed, Thomas B., *A Manual of General Parliamentary Law* (Reed's Rules), 1898; reprinted: State Printing Plant, Olympia, Washington, 1937, Secs. 62, 238.

④ Hughes, Edward Wakefield, *Hughes' American Parliamentary Guide*, Columbus: F. J. Heer Printing Co., revised 1926, Sec. 864.

当法定人数出席会议时，这种投票只记录赞成的票数。会议委员会实际上是由各委员会组成的联席会议，因此，在会议委员会中，每个议院的委员会分别投票，每个委员会采取任何行动都需要获得每一个委员会的多数票支持。[①] 如果参议院不接受众议院的观点（抑或相反），一院将通过成立会议委员会的形式进行谈判以解决两院的议题分歧。通常情况下，参议院会在会议上针对众议院提出标准动议："尊敬的主席，我提出参议院坚持修正案的动议，要求众议院会议就此分歧进行投票，请授权主持人这样做。"这种坚持、要求和授权于一身的三重动议通常以一致同意的方式通过。主持人则正式任命参议院与会人员。与会人员多是委员会成员，但代表委员会利益的参议员也可以被任命。没有正式规则表明应如何组织会议。通常，在正式会议举行前，议院各机构的负责人或工作人员通过准备前置会议的形式进行协商。非正式会议也决定了会议的主持人（每个议院都在会议中产生领袖）。[②]

两院之间的主持关系通常在会议进行期间进行轮换。常设委员会委员很少出现在会议上，谁将会被选择成为会议主持人，由每一院的领袖来确定。决定何时何地开会，以及提供给主持人多少特权，通常需要与对方进行磋商。一旦两院参加会议，两院与会者往往会对分歧事项进行。磋商结果体现在会议报告中，由参众两院的大多数与会者签字。会议报告必须获得两院通过，以方便总统审阅。总统对国会送来签署的法案文本有四种处理方法：一是签署。总统在接到国会递交的法案后 10 个工作日内，将其签署生效。二是否决退回。总统对案文不满意，将法案退回国会并附上简短声明，陈述否决原因。国会要想推翻总统的否决，需要两院分别以 2/3 的多数票支持，法案才能"起死回生"。三是自动生效。总统必须在 10 个工作日内对法案作出反应，要么签署，要么退回，否则视为总统同意，法案自动生效。四是搁置否决。在国会休会期间或者一届国会休会后，总统在 10 个工作日内既不签署，也不退回，法案将不能成为法律。在参议院，会议报告通常由党派领袖和议事领袖在特定时间内一致同意通过。因为，会议报告有特权，

---

① Hughes, Edward Wakefield, *Hughes' American Parliamentary Guide*, Columbus: F. J. Heer Printing Co., revised 1926, Sec. 747.

② 《当代美国参议院立法程序》，李店标译，载《人大研究》2015 年第 7 期（总第 283 期）。

如果参议员反对一致同意请求，任何不经辩论的动议将不得写入会议报告。通过会议报告本身是为了扩展辩论，但会议报告不允许公开修正。几乎大部分法案都被送到会议委员会，每年仅有极少部分法案能够在两院一致通过。议院可以授权或指挥两个常设委员会作为一个委员会来审议特定法案或主题。

第十一节　委员会报告

只有取得委员会授权的人才能为委员会作报告。委员会主席通常会准备一份报告法案，再将法案提交给全体委员会，以获批准。在没有得到委员会批准前，主席不能作出正式报告。① 委员会报告的每一法案必须附有书面报告。法案应连同报告一并退回。委员会只能报告在法定人数出席的会议上获得多数票支持的建议。委员会主席无权持有或延迟提交报告。委员会报告应对每一个法案或问题给出不同的建议。当委员会无法就法案达成一致时，可以不提建议而将法案退回。当提交给委员会的法案附带修改时，委员会也应针对修改提出建议。然而，当无限期推迟审议的议案未处理完毕时，可能会被法案提交影响进程，甚至被忽略。当委员会要求通过决议案执行委员会建议时，委员会应准备决议并与报告一并提交。委员会报告不一定要包含建议，可以只简单地报告事实。不过委员会的报告最好应附有相关建议，这样当报告作出后，除了接受决议案外就无须另提动议了。② 委员会的报告须经委员会法定人数会议的多数派授权，但没有必要经所有议

---

① Hughes, Edward Wakefield, *Hughes' American Parliamentary Guide*, Columbus: F. J. Heer Printing Co., revised 1926, Secs. 764-770; Sturgis, Alice Fleenor, *Standard Code of Parliamentary Practice*, New York: McGraw-Hill, 1950, and 3rd edition revised, New York: McGraw-Hill, 1988, p.175; Reed, Thomas B., *A Manual of General Parliamentary Law* (Reed's Rules), 1898; reprinted: State Printing Plant, Olympia, Washington, 1937, Sec. 74.

② Hughes, Edward Wakefield, *Hughes' American Parliamentary Guide*, Columbus: F. J. Heer Printing Co., revised 1926, Secs. 772, 773, 820, 825-833; Reed, Thomas B., *A Manual of General Parliamentary Law* (Reed's Rules), 1898; reprinted: State Printing Plant, Olympia, Washington, 1937, Sec. 76.

员同意。如果规则要求委员会多数派签署报告，那么反对报告的少数派就可以不必签名。[①] 议员不得从委员会报告中撤回签字，因为签署报告是委员会的行为，而不是委员会同意的议员个人行为。

在一般情况下，负责登记入会、撰写文件、制定日程表或规则的委员会，以及会议委员会，均可在无其他待决事务时进行报告。其他委员会应按业务顺序在适当地点进行报告。目前，在大多数州，委员会报告都提交给首席立法官，然后按照适当的事务顺序阅读或出版。当议长提出传召时，委员会根据事务顺序进行报告。当被传召时，除非另一名委员正在作报告，否则委员会主席应起立，向议长朗读报告然后将报告交到议事桌上，并在必要时，提议采纳或通过。如果希望比规则规定的时间更早收到报告，那么可以通过取得全体同意或暂停适用规则来实现。[②] 负责登记入会、撰写文件、日程表或规则的委员会，以及会议委员会，可在无其他待决事务时进行报告，而机构则有权在听取报告时审议议题。委员会报告有时会经由一致同意或通过暂停适用规则来破例接收。当一个法案以这种方式报告时，就无须另提动议而可获立即审议。[③]

委员会的定期报告，尤其是有关提交法案的常设委员会的报告，通常遵循一个简单的程序。一份报告，在收到委员会的法案后，按适当的事务顺序宣读。如果委员会针对法案提出的修改有待审议，那么法案需要宣读第二遍。在第二次宣读过程中，可以提出其他修改意见。通过第二遍宣读，法案会被正式缮写并进行第三次宣读。针对委员会的报告，并没有特别或独立的审议程序，但委员会的修订建议一般是放在第二次宣读时来审议的。有

---

① Hughes, Edward Wakefield, *Hughes' American Parliamentary Guide*, Columbus: F. J. Heer Printing Co., revised 1926, Sec. 771; Reed, Thomas B., *A Manual of General Parliamentary Law* (Reed's Rules), 1898; reprinted: State Printing Plant, Olympia, Washington, 1937, Sec.79.

② Hughes, Edward Wakefield, *Hughes' American Parliamentary Guide*, Columbus: F. J. Heer Printing Co., revised 1926, Sec. 800.

③ Cushing, Luther Stearns, *Manual of Parliamentary Practice*, new edition by Albert S. Bolles, Philadelphia: The John C. Winston Company, 1928 (text unchanged in editions from 1907 to 1947, inclusive), Secs. 287, 289; Reed, Thomas B., *A Manual of General Parliamentary Law* (Reed's Rules), 1898; reprinted: State Printing Plant, Olympia, Washington, 1937, Secs. 63, 80.

关法案的通过问题，则是在第三次宣读时进行审议的。委员会提出的修订只是建议，对立法机构无约束力。机构可采纳或拒绝任何修订建议，并可加入其他修订或采取其他可供选择的行动。委员会修正案被陈述后，可以针对其提出修订。不过，委员会提出的修正案会被优先审议。① 先前议题可在委员会提交的修正案中进行处理，进而避免提交新的修正案和辩论。

当委员会针对先前提交的法案进行反馈报告并进行修正后，委员会提出的修正意见，可视同议席提出的修正一样处理。第一个议题应该是委员会修正案的通过问题，其次是议席的修正意见，最后的议题是法案或决议案的通过。当然，采纳了一个先前议题，就杜绝了后续修改。有关委员会修正案的问题，可以一次性提出，除非针对某些修正案的投票指令已经下达。②委员会报告只是建议，在取得众议院同意之前是没有法律效力的。当委员会报告被同意后，委员会的建议就成为众议院的行动。当委员会报告被同意时，如有执行报告所需的任何动议，应立即提交。当众议院需要更多的时间审议委员会的报告时，可将进一步审议推迟到晚些时候。按照通常程序，当机构审议委员会报告时不审议法案，而是将法案进行第二次宣读。法案及委员会建议是在法案进行第二次宣读或第三次宣读时才审议的。议院审议委员会建议的行动总是针对法案或决议的，也就是说，采纳修订或通过法案。议院行动不涉及接受或批准委员会报告，除非需要采纳的是会议委员会的报告。③

委员会报告应将建议总结于文后，以便进行特殊或单独的审议。委员

---

① Hughes, Edward Wakefield, *Hughes' American Parliamentary Guide*, Columbus: F. J. Heer Printing Co., revised 1926, Sec. 795; Reed, Thomas B., *A Manual of General Parliamentary Law* (Reed's Rules), 1898; reprinted: State Printing Plant, Olympia, Washington, 1937, Sec. 84.

② Sturgis, Alice Fleenor, *Standard Code of Parliamentary Practice*, New York: McGraw-Hill, 1950, and 3rd edition revised, New York: McGraw-Hill, 1988, p.177,178.

③ Jefferson, Thomas, *Jefferson's Manual*, 1781, available as a document of the U. S. Congress; e.g., House Document No. 416, 93rd Congress, 2nd Session, published by the U. S. Government Printing Office, 1975, Sec. XI; Hughes, Edward Wakefield, *Hughes' American Parliamentary Guide*, Columbus: F. J. Heer Printing Co., revised 1926, Secs. 795-799; State of New York Legislature, *New York Manual* (Clerk's Manual), editions of 1936 and 1948-1949, p.421,488.

会建议立法机构采取某种行动时，应准备适当的决议案，并提交相关报告。如果机构想采纳建议，那么正确的动议应该是要求采纳建议。[①] 当报告只包含事实陈述或对机构信息的陈述时，不需要采取任何行动。在这种情况下，报告通常已被收到，议长会要求将它提交或打印在日志上，而无须提出一个专门的议案。如果只收到部分报告，且报告不包含建议，那么报告仅作为信息报告处理。提名委员会的报告不需要机构的任何行动或审议，但在报告被接受后，提名被视为由议席议员作出。当报告作出机构希望批准该报告时，正确的处理方法是“采纳”或“批准”该报告。如果团体希望对报告不采取任何行动时，动议不应“接受”该报告，否则就是表示赞同或接受建议。议长在审议委员会的报告或建议时，在具体审议后，可提出是否采纳报告的问题，无须等待议席提出动议。委员会通过报告向机构提出建议事项。[②]

接受一份委员会的少数派报告仅仅是一种礼貌，因为报告必须由委员会作出，少数派意见是得不到官方认可的。习惯上允许少数派在定期委员会报告提交后另行提交报告。[③] 委员会少数派可以集体或个别地提出意见。但是，除非意见与报告一并提交，否则只有得到机构全体同意才能得以陈述。对报告持有异议的议员可拒绝签署多数派报告或对报告作出保留。对报告持有异议的议员，可在报告提交后陈述自己的观点。少数派经批准，可以提交反对多数派建议的报告，也可以针对多数派报告未涵盖的事项提

---

① Sturgis, Alice Fleenor, *Standard Code of Parliamentary Practice*, New York: McGraw-Hill, 1950, and 3rd edition revised, New York: McGraw-Hill, 1988, p.179, 180; Cushing, Luther Stearns, *Manual of Parliamentary Practice*, new edition by Albert S. Bolles, Philadelphia: The John C. Winston Company, 1928 (text unchanged in editions from 1907 to 1947, inclusive), Secs. 294-296.

② Sturgis, Alice Fleenor, *Standard Code of Parliamentary Practice*, New York: McGraw-Hill, 1950, and 3rd edition revised, New York: McGraw-Hill, 1988, p.177, 179, 180; Hughes, Edward Wakefield, *Hughes' American Parliamentary Guide*, Columbus: F. J. Heer Printing Co., revised 1926, Secs. 134, 676.

③ Hughes, Edward Wakefield, *Hughes' American Parliamentary Guide*, Columbus: F. J. Heer Printing Co., revised 1926, Secs. 787-789; State of New York Legislature, *New York Manual* (Clerk's Manual), editions of 1936 and 1948-1949, p.428, 485; Reed, Thomas B., *A Manual of General Parliamentary Law* (Reed's Rules), 1898; reprinted: State Printing Plant, Olympia, Washington, 1937, Sec. 75.

出建议。定期委员会报告或少数派报告可以被搁置,而不受其他报告的影响。委员会不应报告未由委员会会议审议的法案或事项。在大多数州,如果议长知道报告涉及未由委员会会议审议的问题,那么议长有责任排除该报告。委员会由法定人数委员组成。由委员会多数派传阅并签署的文件,得到规则授权后,方能生效。[①] 未经委员会正确报告的法案,不能被列上日程表,而应被交回委员会。议院审议法案或其他事项后,委员会审议和报告法案的权利,可以被质疑。如有人质疑委员会报告不充分或未取得适当授权,那么须向该机构提出质疑,待机构作出决定。如果关于法案的报告已经提交或已经不属于委员会控制,那么委员会无权提交补充报告。如果委员会建议一项替代措施,那么应当向提交委员会提出该措施时,应将措施放在待定修正案中。在委员会提出替代问题之前,应提供修改原措施和替代措施的机会,因为如果采用了替代措施,那么不再接受进一步修改。[②]

第十二节　全体审议委员会和非正式审议

全体委员会针对议题进行更多的非正式讨论,比审议机构的普通议事规则更自由。当众议院向全体委员会作出决定时,议长可以任命委员会主席,而自己可以离开席位。如果议长同时也身为议员,那么此时议长就可以融于议员中。议长对全体委员会主席的任命通常会被接受。如果一个议院消息在全体委员会得到宣布,议长重回席位并接收消息,全体委员会主席可以非正式地重新主持会议。[③] 议长不记录全体委员会的会议程序,但保留委员会使用程序的记录。在全体委员会混乱无序的情况下,众议院议长可以无条件地恢复主持,在无序状态结束后,议长可将主持权交还全体委员会

---

① Hughes, Edward Wakefield, *Hughes' American Parliamentary Guide*, Columbus: F. J. Heer Printing Co., revised 1926, Secs. 741, 742.

② Hughes, Edward Wakefield, *Hughes' American Parliamentary Guide*, Columbus: F. J. Heer Printing Co., revised 1926, Secs. 134, 795.

③ Jefferson, Thomas, *Jefferson's Manual*, 1781, available as a document of the U. S. Congress; e.g., House Document No. 416, 93rd Congress, 2nd Session, published by the U. S. Government Printing Office, 1975, Sec. XII.

主席。如果想使动议得到全体委员会的审议，那么动议应写明“参议院（或议院）现在作为一个全体委员会进行审议”[①]。有关形成全体委员会的动议，等同于委托动议，并享有与委托动议相同的位阶。[②]

全体委员会的法定人数与议院的法定人数相同，若出席人数未达到法定人数或出现了其他瑕疵，委员会除了表示反对不能采取其他任何行动。[③]反对的动议可由少于全体委员会法定人数的议员提出。[④] 除非为了给辩论和讨论留有更大的余地，否则全体委员会的程序遵守众议院规则。在全体委员会审议后，可提出动议将辩论限制在一定的时间内开始，在一定时间内结束，以及其他方面的限制。除非辩论受到限制，否则在规则允许的情况下，任何议员只要获得席位就可以发言。如果另一名未发言的议员希望在席位发言，那么已发言的议员就不能进行第二次发言。针对前一个议题的议案不得在全体委员会中提出，全体委员会的表决不得针对超过全体委员会管辖的提案。全体委员会允许审议的动议将被严格审议，为数不多的定期动议包括：限制辩论动议、提出修改动议、建议动议和起立动议。同样，全

① 一州两名参议员的模式也意味着一开始参议院的规模就比众议院要小。1789 年 3 月参议院成立时仅有 22 名参议员（此后北卡罗来纳州和罗得岛加入，使参议员总数增至 26 人）。由于不断加入新州，目前参议院的规模已扩大至 100 人。由于参议院本来规则就比较少，于是在较小而紧密的参议院中，强势的领袖往往作用大于规则。较少的规则，同时也给予少数人权利最大的尊重，所有参议员在当日问题的讨论过程中都享有足够的发言机会。相较于众议院复杂的规则和大量的先例，参议院的规则往往是简单的，有时甚至并不使用。参议员对感兴趣的议题进行非正式谈判也是常见的事情，气氛类似于俱乐部。

② Cushing，Luther Stearns，*Manual of Parliamentary Practice*，new edition by Albert S. Bolles，Philadelphia：The John C. Winston Company，1928（text unchanged in editions from 1907 to 1947，inclusive），Sec. 297.

③ 委员会的重要任务在于为参议员提供立法、代表和其他目的服务，也有助于组织和塑造委员会成员的政党领袖。参议院规则针对各委员会的规模都进行了规定。委员会的政党比例通常能够反映出议院政党的力量对比。调整委员会的规模和比例往往需要国会各党派进行谈判。参议院规则明确规定了委员会分配的程序，为委员会分配规定了更加具体的标准。参议院有关委员会分类规则的目的是将委员会席位分配给参议员。一般而言，每位参议员可以作为两个 A 类委员会的成员和一个 B 类委员会的成员，而对 C 类委员会的分配不受限制。政党规则也限制参议员服务于所谓 A＋类委员会。如果参议院认为有必要，此类规则可部分或全部失效。

④ Hughes，Edward Wakefield，*Hughes' American Parliamentary Guide*，Columbus：F. J. Heer Printing Co.，revised 1926，Sec. 651.

体委员会不能采取任何终局行动,全体委员会仅向众议院提出建议,这一点上与其他委员会是相同的。针对主席的决定可以上诉。如果众议院确定了全体委员会的期限,那么即使全体议员同意,也不能延长期限;不过,如果在规定的时间内委员会工作尚未完成,那么全体委员会主席可以要求再次组建委员会。[①]

全体委员会,像其他委员会一样,权力的唯一来源是议院,并受限于所赋予的权限。作为一个委员会,在很多事情上是受到限制的,[②]包括:不能就任何事项唱名表决;不能受理先决问题;不能受理特权事项;不能搁置议题;不能延迟审议议题;不能复议超出管辖范围的表决;无权设立分支委员会;不能惩罚议员的无序行为(但必须向机构报告议员的不当行为);未达到法定人数出席就解散,但可在恢复法定人数出席后继续存续。早在立法机构全面废除附议制度之前,全体委员会就已不要求针对动议提出附议了。[③]如果想让动议返回机构,正确的表达形式是“委员会反对并报告”,或“委员会现在反对”。这种动议相当于机构的休会动议,随时可以提出(除非正在投票或议员正在席位发言)。此类动议是不能辩论,不可更改的,亦不适用其附属动议。在全体委员会中,不能提出休会动议。正确的程序是采纳反对动议,当可以提出休会动议时再休会。全体委员会的反对动议,必须由不少于法定人数的委员提出。[④] 反对动议得以通过后,议长恢复席位,委员会主席提交全体委员会的报告。一个全体委员会的报告通常是向机构提交的。全体委员会的建议,可按与其他委员会报告相同的方式处理。为方便立法机构的审议活动,议长可能会放宽规则以给予更大的讨论空间,代替全体委员会的审议。在这种情况下,议院一般会一致同意给予更大的自由。

---

① Cushing, Luther Stearns, *Elements of the Law and Practice of Legislative Assemblies in the United States of America—Lex Parliamentaria Americana*, Boston: Little, Brown & Co., 1856 (usually available in the printing of 1847), Secs. 1987-2020.

② State of New York Legislature, *New York Manual* (Clerk's Manual), editions of 1936 and 1948-1949, p.434.

③ Cushing, Luther Stearns, *Elements of the Law and Practice of Legislative Assemblies in the United States of America—Lex Parliamentaria Americana*, Boston: Little, Brown & Co., 1856 (usually available in the printing of 1847), Sec. 2000.

④ Hughes, Edward Wakefield, *Hughes' American Parliamentary Guide*, Columbus: F. J. Heer Printing Co., revised 1926, Sec. 651.

议员可随时要求遵守议事规则。① 州宪法、法规、规章要求各议院在会议期间向公众开放。这种要求也适用于全体委员会的会议。

第十三节 日志和记录

议院必须保存并出版议事程序日志。在许多情况下,根据一定人数议员或一定比例议员的要求,众议院会被要求采取"赞成/反对"的表决方式,并在杂志上如实记录。宪法并不要求议院的日志或法案记录通过法案或修正案的每一步。在宪法无此要求的情况下,日志无须载明修订案的采纳情况。② 如果宪法授权议院确定其议事规则并保留日志,那么日志必须载有宪法所要求的内容。③ 如果法规未要求将法案退回的事实载入日志,那么关于退回日期的宣称不是终局的。未经州长批准而退回一项法案,不符合两院宪制要求的程序,因为宪法要求议院备有程序日志。宪法规定众议院有义务保管日志,该义务并非强加给议长的。将保管日志的义务强加给议长的规定,不是日志控制权的委托。日志是立法机构行为的官方记录。日志应该是按时间顺序排列的真实程序记录。日志应该记录所做的事情,而不是所说的话语。④ 日志应清晰、简洁,包含所有的建议和行动,应符合宪法、法规中有关内容和方式的要求。它还应该像其他法案或主动议一样,记录所有程序动议,如:休会、搁置、延迟,以及采取的相关行动。当一个动议被替换时,原动议和替代

---

① Reed, Thomas B., *A Manual of General Parliamentary Law* (Reed's Rules), 1898; reprinted: State Printing Plant, Olympia, Washington, 1937, Sec. 219.

② Perry v. State of Arkansas (1919), 139 Ark. 227, 214 S.W. 2; State of Nebraska v. Cox (1920), 105 Neb. 175, 178 N.W. 913.

③ Jefferson, Thomas, *Jefferson's Manual*, 1781, available as a document of the U. S. Congress; e.g., House Document No. 416, 93rd Congress, 2nd Session, published by the U. S. Government Printing Office, 1975, Secs. XVIII, XLIX.

④ Cushing, Luther Stearns, *Elements of the Law and Practice of Legislative Assemblies in the United States of America—Lex Parliamentaria Americana*, Boston: Little, Brown & Co., 1856 (usually available in the printing of 1847), Sec. 415; Jefferson, Thomas, *Jefferson's Manual*, 1781, available as a document of the U. S. Congress; e.g., House Document No. 416, 93rd Congress, 2nd Session, published by the U. S. Government Printing Office, 1975, Sec. XLIX.

动议都应该被记录。虽然立法日志印刷和出版是为了便于公众获取信息，但是官方日志是原始副本。如果官方日志与印刷出版日志不一致，那么应以官方日志为准。手稿又比印刷日志更可靠。每一个议员都有权查阅或摘抄会议记录。经批准的日志是公开记录，任何人都可以查阅。在根据日志判断议院的行为时，日志应当被视为一个整体来考虑。[①]

根据宪法，日志可以记录议院审议中的任何事项，包括与立法或众议院的宪法职责无关的事项。议院可在其日志中表明，已在最后休会日前处理完毕所有事务。立法日志中有关法案经会议宣读通过的记录，被认为是真实的，虽然实际上不可能所有法案都在会议上宣读通过。当议长宣布表决后，表决结果视为已被接受，议员不得再次表决或更改表决意见。但是，议员可以在得到许可后，在日志中发表有关投票的声明。当议员在日志中反对已通过的法案时，议员只是在行使个人权利，反对行为不会影响日志的终局效力。[②] 州议院只能通过日志发表观点。为确认州长的委任生效，必须在刊物上发表该委任。关于通过法案的宪法规定都必须遵守，而关于表明法院将要接受的证据符合宪法强制性规定的证据，却有若干不同的规定。[③] 经两院官员和州长签署的注册法案，是有关法案及其通过事实的确切证据。这种证据不受救济手段或外来证据的影响。[④] 如果日志没有证据证明法案未通过，那么注册法案就被推定为已正式生效。[⑤] 日志和其他记录必须显示法案通过所需的步骤。[⑥]

当法定人数出席会议时，需在宣读日志后，才能处理业务，除非禁止宣读动议和休会动议得到批准。除非没有法定人数出席，或免除进一步宣读日志的动议得到批准，否则不得打断日志的宣读。议长在指导日志宣读前，应先

---

① State of South Carolina v. Tollison (1915), 100 S.C. 165, 84 S.E. 819.

② Cushing, Luther Stearns, *Manual of Parliamentary Practice*, new edition by Albert S. Bolles, Philadelphia: The John C. Winston Company, 1928 (text unchanged in editions from 1907 to 1947, inclusive), Sec. 32; State of New York Legislature, *New York Manual* (Clerk's Manual), editions of 1936 and 1948-1949, p.504.

③ Ricarte v. State of Arkansas (1986), 290 Ark. 100, 717 S.W.2d 488.

④ State of South Carolina ex rel. Coleman v. Lewis (1936), 181 S.C. 10, 186 S.E. 625.

⑤ Ewing v. McGehee (1925), 169 Ark. 448, 275 S.W. 766.

⑥ Volusia County v. State of Florida (1929), 98 Fla. 1166, 125 So. 375.

确定出席人员是否达到法定人数。[①] 如果没有达到法定人数，在该日志被宣读之前，可以进行众议院的传召。日志的更正通常是非正式的，议长在获得推荐后进行更正。但是，如有异议，则须进行正式投票，以批准该修正案。在批准日志时，通常是由议长询问是否需要更正。如果有更正建议，就提出来。若没有进一步更正，议长可以说："没有更正（或没有进一步更正），日志被批准。"批准的日志不要求任何特定形式。更常见的方式是，每隔一段时间提出动议，要求委员会或书记员或其他负责纠错的人员修改并批准某一时段的日志，经修改的日志应同时提交到机构，以便检查和进一步修正。

立法机构修改日志的权利，是自身固有的权利，不依赖于宪法或成文法。[②] 议院有权在最后休庭前更正日志。如果首席立法官未能按宪法要求载明法案的选票情况，那么立法机构可以在一个专门会议上更正日志，并表明出席人员已达法定人数且所有议员都已投票。当如此修正后，法案和日志就符合了宪法的要求。立法机构甚至可以在后续会议上，通过修正案补充被忽略的事实。立法机构可以修改日志规则，修改后的日志如同修改前日志一样适用，特别是在不涉及善意第三人的情况下。众议院是唯一有权更正立法日志错误的机构。当发现日志中存在错误或遗漏时，一个委员会可被授权审核及更正，并向众议院报告。如果首席立法官被授权更正日志，那么日志就由首席立法官更正。如果无法确定首席立法官更正的时间，那么就推定时间为认证当天或前一天。立法机构的日志所载记录具有法律约束力。[③] 议院批准更正的日志是当日唯一获授权的日志。立法机构的定期印刷日志是其内容的充分证据，其证据效力不因记录中的笔误或遗漏而被破坏。在事实可以确定的情况下，日记中的笔误不会导致法案失效。已注册的法案是已经校对完毕的法案版本，格式也已经校对。已注册法案经由

---

① Cushing, Luther Stearns, *Elements of the Law and Practice of Legislative Assemblies in the United States of America—Lex Parliamentaria Americana*, Boston: Little, Brown & Co., 1856 (usually available in the printing of 1847), Secs. 369, 371; Hughes, Edward Wakefield, *Hughes' American Parliamentary Guide*, Columbus: F. J. Heer Printing Co., revised 1926, Secs. 663, 668, 673.

② People ex rel, Stewart v. Chicago M & St. P. Railway Co. (1927), 326 III, 179, 145 N.E. 200.

③ Dowling v. W.R. Hodges & Son(1938),131 Fla. 672, 179 So. 702.

两院通过，在首席立法官的指示下修改完毕。已注册法案需留有空白，供州长签署确认通过。法案由两院议长及首席立法官确认，经由两院通过，再由信使送至州长办公室等待审议及批准。根据《注册条例》，经州长批准并已登记的法案，就是符合注册常规要求的。一般来说，法院不会审查注册法案的有效性。最高法院只审查注册法案的表决过程和日志记载是否符合宪法。[①] 即使立法日志未载明某些行为是在各议院充分宣读并正确签署的，也不会导致根据法案规则而为的行为失效。[②] 州宪法中有针对法案、记录、注册的规定。可见，一个州的法律在实施过程中，还需要考虑宪法、法院决定和该州的规则。

如果立法机构的会议地点是由法律规定的，那么可以依照法定权限进行变更。在法定地点以外召开的会议，是无效的。如果立法机构在休会之前未下达命令或决议，那么下次会议就在下一个立法日的常规钟点于常规地点召开。立法机构对会议厅有绝对控制权，并可以禁止非议员的人员进入，即使他们是政府协调部门或其他机构议员也不例外。[③] 议员应将办公室的门敞开，并由指定的人员看护。立法机构是向公众开放的，通常是为参观者提供一个参观长廊。除非规则或众议院准许，否则除本院议员及官员履行职务外，任何人在议院会议期间不得进入走廊内。规则通常允许前任议员、特定州的官员和派驻新闻代表进入走廊。[④] 未经众议院同意，委员会不得占用议院办公室开会。非会员的人员需与议员协商并得到允许后，才可进入会议厅。[⑤]

---

① Thompson v. Saunders (1947). 52 N.M. 1, 189 P.2d 87.

② Thompson v. Saunders (1947). 52 N.M. 1, 189 P.2d 87.

③ Cushing, Luther Stearns, *Elements of the Law and Practice of Legislative Assemblies in the United States of America—Lex Parliamentaria Americana*, Boston: Little, Brown & Co., 1856 (usually available in the printing of 1847), Sec. 343.

④ Cushing, Luther Stearns, *Elements of the Law and Practice of Legislative Assemblies in the United States of America—Lex Parliamentaria Americana*, Boston: Little, Brown & Co., 1856 (usually available in the printing of 1847), Sec. 346; National Assn. of Social Workers v. Harwood (1st Cir. 1995) 69 F. 3d 622.

⑤ Hughes, Edward Wakefield, *Hughes' American Parliamentary Guide*, Columbus: F. J. Heer Printing Co., revised 1926, Sec.858; State of Michigan v. Iron Cliffs County (1884), 54 Mich. 350, 20 N.W. 493.

第七章　事务处理

第一节　事务处理的一般顺序

每个议院都习惯于在规则中规定日常业务顺序。不同立法机构的业务顺序会有所不同。不过若无相反规定，实践中一般按照如下顺序：(a)命令召唤，(b)点名，(c)宣誓(近年来，一些州已经改变了业务处理顺序，把命令召唤和点名安排在宣誓之前，以避免教会和州之间的冲突，允许那些不希望出现在祈祷者面前的人即时回应点名)，(d)前一日的日志的宣读和批准，(e)提交请愿书及文件，(f)州长发出的消息，(g)来自另一个议院的消息，(h)常设委员会的报告，(i)专门委员会或特选委员会的报告，(j)特别命令，(k)未完成的业务，(l)简介及法案的首次宣读，(m)日程表的审议，(n)委员会会议的公告，(o)休会。[①] 如果报告是按照正确的业务顺序提交的，那么除非遭到异议，否则就不必再提出接受报告、宣读报告或已被采纳报告的动议。[②] 重启动议的业务排序与待处理的事项是一样的。有关复议否定表决结果的重启议案，可以按"第三读法案"的顺序进行处理。排除委员会进一步审议的动议，须在委员会审议报告的基础上进行处理。影响法案第三读的动议，需按日程表处理。暂停适用规则的动议，可根据动议及决议案的顺

① Reed, Thomas B., *A Manual of General Parliamentary Law* (Reed's Rules), 1898; reprinted: State Printing Plant, Olympia, Washington, 1937. Secs. 260-264; Sturgis, Alice Fleenor, *Standard Code of Parliamentary Practice*, New York: McGraw-Hill, 1950, and 3rd edition revised, New York: McGraw-Hill, 1988, p.107; Marsh v. Chambers (1983), 463 U.S. 783, 103 S. Ct. 3330, 77L. Ed. 2d 1019.

② Hughes, Edward Wakefield, *Hughes' American Parliamentary Guide*, Columbus: F. J. Heer Printing Co., revised 1926, Secs. 134, 676.

序，或根据拟提出的事项的业务顺序，进行处理。[①]

破格处理议题的动议会使规则被暂停适用，因此，必须获得与暂停规则相同的赞成票才能通过。此类动议可在干扰业务处理完毕后进行更新，但不可辩论、修正、搁置、延期或委托。当主动议符合处理顺序时，可以提出破格处理议题的动议。每日秩序可以随时被撤销，然后另行确定其他时间或日期。[②] 如果休会中断了按日程表审议的议题，议题并不会被当作未完成的业务处理，而是会按照日程表规定的适当时间得以处理。一个未被处理的与业务顺序有关的动议，不会在第二天作为未完成的业务继续处理，因为这种动议会随着他们所涉业务的完成而失效。[③]

第二节　法案的必要宣读

根据旧时议院惯例和大多数州宪法，在最终通过法案之前，需于三个不同日子中的三个不同时间在众议院的立法机构进行宣读。议案需在三个不同时间进行宣读，是宪法、法律规则或法规的要求，目的在于防止草率通过、意外结果、欺诈行为，也便于将法案内容告知议员和公众。[④] 在不同的日子宣读法案是强制性要求，必须遵守。[⑤] 除非宪法特别要求宣读完整法案或法案中较多内容，否则宣读法案标题即被视为宣读法案。法案可以于某一日期在一个议院进行一读，而于当日在另一议院进行三读并得以通过。[⑥] 法案也可以在星期日宣读。

---

① State of New York Legislature, *New York Manual* (Clerk's Manual), editions of 1936 and 1948-1949, p.419, 425, 453, 459, 462.

② Jefferson, Thomas, *Jefferson's Manual*, 1781, available as a document of the U. S. Congress; e.g., House Document No. 416, 93rd Congress, 2nd Session, published by the U. S. Government Printing Office, 1975, Sec. XVIII.

③ U.S. Congress: provisions of the U.S. Constitution and rules of the House of Representatives are cited from the *Manual of the U.S. House of Representatives*, Sec. 886.

④ State of Florida ex rel. Buford v. Carley (1925), 89 Fla. 361, 104 So. 577.

⑤ ComTech Systems, Inc v. Limbach (Ohio 1991), 570 N.E. 2d 1089, 59 Ohio St. 3d 96.

⑥ Skipper v. Street Improvement Dist. No. 1 (1920), 144 Ark. 38, 221 S.W. 866.

许多州宪法规定，在紧急情况下，分三天宣读法案的要求可以经过会议2/3的票数支持而被暂停适用。立法机构有权判定是否存在紧急情况。暂停可通过对法案进行命名并经2/3投票来实现，而无其他形式要求。①

宪制有关法案须读三遍的要求一般不适用于修正案。修正案需以规定的次数进行宣读，但在某些司法管辖区内，实质性修正不适用这一规定。如果有规定要求宣读修正案，那么这一要求和其他宣读规定一样可以被暂停适用。当一个议案，由一个议院制定，送交至另一个议院审议时，也必须进行二读和三读。该另一个议院可以修改议案发起院送来审议的议案。如果第二院对该议案作出了修改，该议案必须送回议案发起院，由议案发起院对第二院的修改进行审议。如果第二院未对议案进行修改，第二院就会表示赞同发起院的议案并且通过该议案。② 如果议案由另一个议院进行了重大修改并通过，那么法案在发起院就不必宣读三次。这一做法同样适用于重新召回法案、重新审议法案、再次通过法案的情形。如果替代法案被视为一个修正案，替换后的法案不需要再宣读三次。一个议院以其自己的法案替代其他议院的法案时，不必重新宣读替代法案。③ 一个已经读了一到两次的法案不需要因为标题的变化而重读。一个法案，经会议委员会修改后并不成为一个新法案。

如果宪法或法律没有明文要求日志载明法案的三次宣读，或者在最后通过前详细宣读，或者由一个特定票数或紧急情况而暂停适用规则，那么就推定立法机构的行为符合宪法要求。④ 一般认为，除非另有明确的说明，否则日志无须记载法案的三次宣读。如果宪法或法律要求日志载明三次宣读或投票结果，那么这些要求必须遵守，否则法案无效。⑤ 只要遵循了注册规则，那么即使日志没有载明某一事情的完成证据，也不代表该事情尚未完成。当一个法案的标题经过宣读并得以通过，而日志未表明暂停适用规则，宪法也未要求日志载明规则的暂停适用，那么法院会推定规则已被暂停适

① State of Minnesota ex rel. Kohlman v. Wagner (1915), 130 Minn. 424, 153 N.W. 749.

② 刘建兰、张文麒：《美国州议会立法程序》，中国法制出版社2005年版，第108页。

③ State of Nebraska v. Cox (1920), 105 Neb. 175, 178 N.W. 913.

④ Clifton v. State of Alabama (1928), 22 Ala. App.559, 118 So. 235.

⑤ County Commissioners of Washington v. Baker (1922), 141 Md. 623, 119 A. 461.

用。如果法案已经详细宣读了足够次数，但其中某些修改未经宣读，那么基于法案的整体性，应认为法案已经整体宣读了。只要日志表明法案已经依法宣读，且标题记录准确，那么即使法案编号在第三次宣读时被记录错误了，也不导致法案无效。因为这种错误只是书写错误。① 是否存在需要暂停适用规则的紧急情况，由议院决定，不一定需要记载在日志中。②

第三节 立法程序

介绍法案和其他行动的常规方式是，按照业务顺序，议员从席位起立以获确认，再陈述行动。任何按照业务顺序出现的业务都无须另经专门同意。在许多立法机构中，如果业务是提出法案或其他措施，那么就可以优于事务顺序来提交文件。首席立法官有义务保管文件，使其不被转移。当某事务按顺序应当得到处理时，无须经提交人的申请，即可提交法案或其他文件，并得到审议。③ 在法案被提交给首席立法官，并被给予编号并宣读前，法案不会被视为已经提交。④ 法案需按照法律颁布的形式来宣读。在两个议院里可以存在相同的法案介绍。当法案在起草的任何阶段被发起院拒绝时，都不得将其重新介绍到发起院。可以向发起院介绍虽经修改但实质上议题相同的新法案。⑤ 当法案在一个议院内通过并发现瑕疵时，常见的做法是

---

① Marshall v. Baugh (1918), 133 Ark. 64, 201 S.W. 808.

② Weyand v. Stover (1886), 35 Kan. 545, 11P. 355.

③ Cushing, Luther Stearns, *Elements of the Law and Practice of Legislative Assemblies in the United States of America—Lex Parliamentaria Americana*, Boston: Little, Brown & Co., 1856 (usually available in the printing of 1847), Sec. 2120; Hughes, Edward Wakefield, *Hughes' American Parliamentary Guide*, Columbus: F. J. Heer Printing Co., revised 1926, Sec. 134.

④ Jefferson, Thomas, *Jefferson's Manual*, 1781, available as a document of the U. S. Congress; e.g., House Document No. 416, 93rd Congress, 2nd Session, published by the U. S. Government Printing Office, 1975, Secs. XXIII, XXXIII.

⑤ Cushing, Luther Stearns, *Elements of the Law and Practice of Legislative Assemblies in the United States of America—Lex Parliamentaria Americana*, Boston: Little, Brown & Co., 1856 (usually available in the printing of 1847), Sec. 2323.

允许再向该议院介绍修改后的新法案。有的州宪法规定，除经众议院同意或经全体同意外，不得在规定期限后介绍法案。许多立法机构在某个日期后，都会对法案的介绍实行严格的限制。这些限制与审议异议的一般规则是不同的。[①] 当一个法案于规定时间内在议院被介绍时，符合法案初衷的修改可以在期限后作出，法案可以在该日期之后被合并。可以只添加新章节到法案中，而无须重新制定整个法案。

法案在介绍前可以撤回，所谓介绍包括授予编号及宣读标题。在没有特别规定的情况下，未经机构同意，不得撤回已经被介绍的法案。许多立法机构规定，在决定或修正前，无须同意即可撤回法案。根据该规定，在议案提出或修正后但通过前，可撤回该法案。只要没有违反规定，征得机构同意后，法案在通过前的任何时间均可撤回。[②] 当法案撤回时，情况等同于该法案从来没有在众议院出现过一样，与之相同或类似的法案可以再次被介绍。[③] 法案编号不是法案的组成部分，而是立法程序中的法案识别方法。[④] 当法案编号与标题不一致时，以标题为准。如果一个法案仅由编号标记，而编号却指向另一个法案，那么并不能据此认为存在编号使用错误。要求每个行动需要有一个主题目的规定，是为了防止立法机构和公众被误导。[⑤]

---

① Jefferson，Thomas，*Jefferson's Manual*，1781，available as a document of the U. S. Congress；e.g.，House Document No. 416，9th Congress，2nd Session，published by the U. S. Government Printing Office，1975，Sec. XVIII.

② Cushing，Luther Stearns，*Elements of the Law and Practice of Legislative Assemblies in the United States of America—Lex Parliamentaria Americana*，Boston：Little，Brown & Co.，1856 (usually available in the printing of 1847)，Secs. 1235，1240，1241，1477；Hughes，Edward Wakefield，*Hughes' American Parliamentary Guide*，Columbus：F. J. Heer Printing Co.，revised 1926，Secs. 205，206.

③ State of Nebraska v. Ryan (1912)，92 Neb. 636，139 N.W. 235.

④ Volusia County v. State of Florida (1929)，98 Fla. 1166，125 So. 375.

⑤ Liffeau v. Metropolitan Sports Facilities Commission (1977)，270 N.W. 2d 749；Cleve Benedict，et al v. Charles M. Polan，et al (1991).

只要法规内容可以确定，且已正确登记，①那么即使日志中出现法规标题的矛盾和不规则，也不会导致法规无效。② 如果法规的标题明确说明了法规的主题，那么介绍时和立法过程中的形式，并不重要。一个法案不必在两院各个阶段保持同一个标题。法规以其被采纳时的标题为准，而不以介绍时或报告时的标题为准。

因为立法立即生效，所以法院通常不会质疑紧急情况是否存在，也不会质疑紧急情况下投票通过的法条。③ 如果众议院在第一次投票中未能获得所需的多数票数，也并不表示所涉法条应该被删除。如果法案在一个议院通过，但没有获得足够票数已适用紧急条款而被移交到其他议院，在其他议院通过修改并经投票表决得以适用紧急条款，然后又被移送回之前的议院，那么两个议院需通过符合宪法的投票来使紧急条款生效。④ 当法案第一次通过时，就法案进行了投票的议院应使法案立即生效。如果另一个议院在修改法案后，以类似的投票结果通过了该法案，那么法案立即生效，即使第一个议院又出现修正案，且没有再次投票让法案立即生效。如果法案在一个众议院通过，而另一个议院忽略了紧急条款，日志也没有显示所作修改，那么法令被视为无效，法案被视为未经两个议院通过。宪法规定休会后 90 天内任何法案不得生效(传召选举的行为、征税法案、紧急措施除外)。传召选举的行为、征税法案、紧急措施都须获得 2/3 的票数支持。此外，虽然销售税法案只需大多数票支持，但宪法的这一规定，不妨碍销售税法案立即生效。⑤

---

① 在法案登记和递交总统签署之前，参、众两院必须解决关于法案的分歧或进行联合磋商。当两院最终达成一致意见时，所有原始文件记录应递交到发起院的登记秘书手中。秘书将法案印刷在羊皮纸上，由发起院的主要官员认证、众议院议长和参议院议长(或副议长)签署。经登记后的法案随后送交总统签署。法案并不是立即递交给总统的，由于一些因素可能会延迟。如总统出国期间，白宫和国会领袖达成一致意见后，登记过的法案要等总统返回后递交，有时法案也会递交到身在国外的总统手中。有时国会领袖考虑为法案签署时组织公共仪式而留有时间，选择特定的日期递交。在其他情况下，决定于总统是否希望签署法案、国会领袖是否希望避免给总统带来巨大政治压力。

② Volusia County v. State of Florida (1929), 98 Fla. 1166, 125 So. 375.

③ Hill v. Taylor (1936), 264, 264 Ky. 708, 95 S.W.2d 566.

④ State of North Dakota ex rel. Sorlie v. Steen (1927), 55 N.D. 239, 212 N.W.843.

⑤ Roth Drugs v. Johnson (1936), 13 Cal. App.2d 720, 57 P. 2d 1022.

只要法案的事务没有发生实质性改变，那么在最后一次通过之前，立法机构就仍然可以修改法案。法案在二读后可以进行修正。法案的修正经常在委员会中被提出，但只能在第二次和第三次会议或会议报告通过后才能通过。[①] 一个法案，在一个议院得到通过后，可在另一个议院进行实质修改并通过。在普通立法程序中也是如此。修正方式可能是用一个主旨不变的全新法案替代原法案。如果宪法未加限制，那么除作出法案的原议院之外，其他各议院享有平等的修改权。除非机构依权下令，否则议员或官员不得更改立法建议。除非规则允许，否则不得于立法介绍后纠正错误，不过可以提出修正案来达到纠错目的。宪法强制要求印刷法案。宪法规定，一项经修改后的法案需于通过前进行印刷。如果宪法要求法案在众议院投票通过前必须印刷，那么法案必须以所要求的形式印刷。如果规则要求修订案以特定方式印刷，那么修订案必须按此特定方式印刷。[②] 宪法规定法案并不需要在宣读前就印刷，只需要在辩论或修改前印刷就可以了。除非宪法要求，否则日志无须载明法案在审议或通过前已经印刷。[③] 如果宪法条文要求印刷法案的实质性修改内容，那么何为实质性修改就成为一个法律问题。法案的印刷要求是为了防止欺诈、草率、审议不当等问题。

法案通过的常见程序，是为法案提供一个编号，根据标题进行第一次宣读，并由议长转交适当的委员会。除非法案无须提交给委员会，否则不得在第一次宣读或提交委员会之前提出修正案。[④] 除非众议院规则禁止，否则

---

① Cushing, Luther Stearns, *Elements of the Law and Practice of Legislative Assemblies in the United States of America—Lex Parliamentaria Americana*, Boston: Little, Brown & Co., 1856 (usually available in the printing of 1847), Sec. 2328; State of New York Legislature, *New York Manual* (Clerk's Manual), editions of 1936 and 1948-1949, p.405; Hughes, Edward Wakefield, *Hughes' American Parliamentary Guide*, Columbus: F. J. Heer Printing Co., revised 1926, Sec. 795.

② State of New York Legislature, *New York Manual* (Clerk's Manual), editions of 1936 and 1948-1949, p.405, 454.

③ Ex parte Seward (1923), 299 Mo. 385, 253 S.W. 356, error dismissed sub nom.

④ Hughes, Edward Wakefield, *Hughes' American Parliamentary Guide*, Columbus: F. J. Heer Printing Co., revised 1926, Sec. 203; Jefferson, Thomas, *Jefferson's Manual*, 1781, available as a document of the U. S. Congress; e.g., House Document No. 416, 93rd Congress, 2nd Session, published by the U. S. Government Printing Office, 1975, Sec. XXIV.

可以在法案第一次宣读时就提出反对意见。如果规则要求所有的法案提交委员会，那么只有在规则被中止适用时才能质疑法案。如果法案需在三日内进行宣读，第二次宣读当然必须在法案第一次宣读后的第二天进行，除非该规则被暂停适用。法案二读后，可予修正。[①] 在委员会提交了法案修正案后，委员会修正案需优先于其他修正案得到处理。当委员会修正案得以处理后，首席执行官应暂停后续程序，以便留有就修正案提出意见的时间。这和法案没有修正案而直接报告时的情形是一样的。当法案进行二读并且修改都已处理后，就可以开始誊抄、第三读，或者是打印、誊抄第三读。[②] 许多立法规定，当法案由一个委员会报告，而另一个议院正在第三读相同议案时，为了使委员会已经二读的报告法案代替正在进行第三读的法案，可以提出一个表明此意图的动议。如果动议落实，那么就会无限期延迟日程表里已有的法案处理。

所有法案需在第三读前进行誊抄，而当法案经第三读修正时，可以在复议前再次誊抄。誊抄是一种校对和验证的方式，以确保提交给众议院的法案就是经过介绍及修订的法案版本。通常由首席立法官或负责誊抄注册的委员会指导完成。誊抄的法案也经常被再次印刷，再次印刷时通常不再标记出所作的修正。经委员会报告并誊抄后的法案版本，将取代原始版本。[③] 在第三读时，法案面临审议和通过的问题。第三读时，允许但不鼓励提出修正案。议案正式写成准备进行三读时，议院多数党领袖可以请求全体议员一致同意暂时中止一项议案不得在同一天进行两读的规则，在二读结束的

---

① Hughes, Edward Wakefield, *Hughes' American Parliamentary Guide*, Columbus: F. J. Heer Printing Co., revised 1926, Sec. 795; Cushing, Luther Stearns, *Elements of the Law and Practice of Legislative Assemblies in the United States of America—Lex Parliamentaria Americana*, Boston: Little, Brown & Co., 1856 (usually available in the printing of 1847), Sec. 2328; State of New York Legislature, *New York Manual* (Clerk's Manual), editions of 1936 and 1948-1949, p.405.

② Jefferson, Thomas, *Jefferson's Manual*, 1781, available as a document of the U. S. Congress; e.g., House Document No. 416, 93rd Congress, 2nd Session, published by the U. S. Government Printing Office, 1975, Sec. XXIX.

③ Cushing, Luther Stearns, *Elements of the Law and Practice of Legislative Assemblies in the United States of America—Lex Parliamentaria Americana*, Boston: Little, Brown & Co., 1856 (usually available in the printing of 1847), Sec. 2284.

同一天对议案进行三读。议员也可以提出与之相同的动议,但需要进行投票表决并获得 2/3 的议员多数的赞成。在实践中,许多议案都是在二读结束的同一天进行三读的。法案通过后,其标题可以修改,以符合有关团体的规定,但事务内容非经复议不得修改。① 在点名后,不得提出为获取会员信息而宣读法案的动议。

"通过"一词用于立法中时,是指遵守了所需的一切形式要求后被赋予法律效力。当法案的最终版本在两院的投票中得到肯定之后,法案即可正式颁布。② 在美国的政府体制下,众议院和参议院是相互独立的机构,他们的选票也是分开统计的③。议院间存在就法案内容达成的协议,是具有证据效力的。不过,如果可以清楚地从记录中看出法案作为一个整体在两院得到通过,也已足够。如果一个议院通过了一项法案,且该法案已不受该议院控制,(比如法案被退回另一个议院,而该另一个议院拒绝返还),那么该议院就失去对该法案的管辖权,该法案就视为已最终通过。如果一项法案在两院投票中得到支持,但议院仍有一个针对该法案的待决复议动议,那么该法案就仍未在两院通过。法案可以在星期日得以通过。④ 从立法的角度来看,已注册法案是由两院通过的同一法案的版本或复制本。通过后的法案由两院议长及首席立法官签署注册,再交给州长签署。已注册并呈交州

① Jefferson, Thomas, *Jefferson's Manual*, 1781, available as a document of the U. S. Congress; e.g., House Document No. 416, 93rd Congress, 2nd Session, published by the U. S. Government Printing Office, 1975, Sec. XL.

② Wilson v. Young County Hardware & Furniture Co. (Tex. Civ. App.1924), 262 S. W. 873.

③ 为了发挥参议院的审议、反思、持续和稳定的价值,制宪者制定了诸多重要规则。第一,他们确定了参议员任期为 6 年,而国会任期只有 2 两年。美国《宪法》第 1 条第 3 款规定:"参议员在第一次选举后集会时,就应分为人数尽可能相同的三个组。"第二,参议员需要具备一定的资格。参议员需年满 30 周岁,具备美国国籍 9 年以上,而众议员任职只需年满 25 周岁,具备美国国籍 7 年以上。一言以蔽之,参议员应比众议员具有更丰富的经验。第三,州立法机关对参议员的间接选举,有助于审查可能发生在众议院直接选举中的草率决定,利于州与联邦相抗衡。参议员的间接选举规定在 1913 年通过的宪法第 17 条修正案中。作为美国"进步运动"的副产品,间接选举设计的目的在于消除各州立法机关的腐败(包括购买参议院席位)、挫伤政党和企业领导人、打破参议员选举的僵局,使参议员的行为和决定直接向人民负责。

④ Cox v. Stults Eagle Drug Co. (1933), 42 Ariz.1, 21 P. 2d 914.

长的法案,需与两院通过的法案效果相同。如果呈交给州长的法案和通过的法案存在实质性区别,那么即使州长签署了,法案也不会生效。当然,修改单纯的打印错误或拼写错误不会导致法案无效。[①]

经两院通过并注明的法案,先经发起院的议长和首席立法官签署,再由另一议院的议长和首席立法官签署。宪法或者其他权威机构规定的立法程序必须遵守。正式通过的法案需由议长签署。如果针对法案通过没有明文要求,那么就由议长决定法案是否通过。针对议长的决定,议员可以提出上诉,并最终服从机构的决定。如果州宪法指定某些官员负责签署法案,那么这些官员的助理可代为签名。议长签署法案的行为,是一个立法行为,而非行政行为。法院的命令或禁令均不能强迫或禁止议长签署法案。若议长拒绝签署已通过的法例,则可强迫议长签署或将其免职,另选一位议长履行签署义务。经过认证后,注册法案必须由注册委员会或负责的官员向州长提交,且这一事实需报告给议院。[②] 宪法和规则通常会详细规定向执行官提交法案的程序。在向执行官提交法案时,必须严格遵循宪法或其他有关规定。如果法案已在立法机构的两个分支机构获得通过,并已由官员签署并经州长批准,那么除非两院共同采取行动,否则不能废除。[③]

如果提交州长的法案未包含立法机构采纳的修订,那么即使州长已经签署,法案也是无效的。法令从生效之日起施行。除宪法规定禁止外,同一法规的不同部分可以在不同时期实施。法令生效的时间可由议院通过另一项法令来修正。[④]

---

① Gwynn v. Hardee (1926), 92 Fla. 543, 110 So. 343.

② Campaign for Fiscal Equity, Inc. v. Marino (1995), 661 N.E. 2d 1372, 638 N.Y.S. 2d 591, 87 N.Y. 2d 235; King v. Cuomo (1993), 613 N. E. 2d 950, 597 N.Y.S 2d 918, 81 N.Y. 2d 247.

③ King v. Cuomo (1993), 613 N. E. 2d 950, 597 N.Y.S 2d 918, 81 N.Y. 2d 247.

④ State of Missouri ex rel. Otto v. Kansas City (1925), 310 Mo. 542, 276 S.W. 389.

第八章　议院与执行部门及其他议院的关系

第一节　与行政机构的关系

州长发出的有关一个议院的法案或行动的讯息只需寄往该议院，但有关一般事项的讯息则须与两院联络。若该讯息所涉事务的性质要求其被传达给立法机构的两院，则应在同一天或几乎同一时间将该消息传达给两个议院。① 议长不可置疑州长任命的合法性，也不应由议院确认。② 在将行动通知议院并转交州长后，不得就州长委任一事提出复议动议。在原投票结果批准任命的情况下，复议投票具有反对任命的效果。在辩论中不得提及执行官员的姓名，以避免影响议员的投票倾向。③ 议院应当将议院组织形式通知州长。此通知通常由委员会发出，而在某些州，通知是通过邮件发送的。宪法规定要求州长提供立即通过法案的必要性证明，此种证明可仅基于一个众议院提供的信息。如果任一议院希望修改已颁布的法案，那么两院应该共同提出动议，该动议应该提供两院请求州长退还法案的信息。在一些州，一个议院要求退还法案时，无须另一个议院配合。④

---

① Jefferson, Thomas, *Jefferson's Manual*, 1781, available as a document of the U. S. Congress; e.g., House Document No. 416, 93rd Congress, 2nd Session, published by the U. S. Government Printing Office, 1975, Sec. XLVII.

② State of New York Legislature, *New York Manual* (Clerk's Manual), editions of 1936 and 1948-1949, p.454; State of Minnesota ex rel. Todd v. Essling (1964), 128 N.W. 2d 307.

③ Cushing, Luther Stearns, *Elements of the Law and Practice of Legislative Assemblies in the United States of America—Lex Parliamentaria Americana*, Boston: Little, Brown & Co., 1856 (usually available in the printing of 1847), Sec. 738.

④ King v. Cuomo (1993), 613 N. E. 2d 950, 597 N.Y.S 2d 918, 81 N.Y. 2d 247.

法案可以通过三种方式转化为法律：(a)经议院通过并由州长签署，(b)州长根据条例规定，在规定期限内或在特定时间后按宪法规定保留法案，(c)越过州长的否决权，通过法案。执行机构对立法的批准必须采取书面形式。州长批准立法后，需签署法案并将其转交给本州秘书。州长无须通知立法机构，法律即可生效。不过，在大多数州，州长与立法机构通常会沟通法案批准的事宜。[①] 如果立法日志载明法案没有在宪法规定的时限内经州长否决并退回，那么该法案就成为一部立法。宪法规定，如果州长想否决法案，就必须在规定时限内进行。行使否决权的时限和方式的规定，都是强制性的。[②] 宪法可以要求州长在否决了一项法案后，必须将法案退回给作出法案的议院，如果该议院无视州长的否决意见，那么就需要将法案提交到其他议院进行审议。如果作出法案的议院未能通过该法案，那么该法案不得转交其他机构。在大多数州，如果州长未批准法案且将法案交给任一议院，州长的反对意见会被载入程序日志。但是，除非宪法明文要求，否则接受退回法案的议院日志不必载明法案退还的时间。如果会议中法案通过得太晚，以致会议结束时即将超过时限，那么州长有权停止法案的有关行动，并通过不予承认的方式来否决法案。这就是所谓的“口袋否决权”虽然立法机构可能已经休会，但是执行机构仍然可以在允许时间内签署法案。[③] 州长审议已在两院通过的法案，行使的是立法权，而非行政权。

即使前一个投票在宪法中被描述为对法案的复议，仍然可以复议基于执行否决权否决法案的投票。未经执行机构批准的法案，由执行机构在允许时间内审议并采取立法行动，而后交还给作出该法案的议院。议院进行第一次审议，如果赢得所需票数而得以确认，那么就再发送到另一个议院进行再次审议。如果经第二个议院批准，那么即使遭到执行官反对，仍然可以获得通过。因执行官异议而被退回的法案通常会得到及时审议，但也可能

---

① U.S. Constitution, Art. I, Sec. 7.

② State of South Carolina ex rel. Coleman v. Lewis (1936), 181 S.C. 10, 186 S.E. 625.

③ Edwards v. U.S. (1931), 286 U.S. 482.

提交委员会审议或被搁置。[①] 未正确注册的法案,可由执行官召回并更正。法案有时也会由执行官召回并复议。法案常常以决议案形式召回,但有时也会给执行官派出一个委员会。[②] 就州长召回的法案进行的最后投票,可在法案被退回后且仍属议院控制的任何时间进行复议。立法机构负责监督执行部门的运作情况,确保州政府计划的有效实施和运作。立法机构运用多种监督机制,包括:计划项目评估和绩效审计、审查和分析预算、审查行政法规等。为了更好地监督和维持对本州支出的控制,即使不在会议期间,若干立法机构也被授权确定委员会的拨款比例。[③] 立法委员会可以在职权范围内调查任何事务。立法机构可以在会议间隙继续进行调查。立法机构可能会需要政府其他部门提供的资料,才能完成委员会的工作。[④] 立法机构设立了审查行政规章制度的程序。一般情况下,审查包括:机构是否有权颁布法规,以及法规是否符合立法机构的意图。一些立法机构规定了否决法规的程序。州法院裁定,通过未经两院批注且未提交州长的方式来否决行政法规,是违宪的行为。在四个州,立法否决法案的方式由州宪法规定。[⑤]

第二节 与其他议院的关系

任一议院都不能对另一个议院的议员或官员行使任何职权,但当显然应当采取行动的时候,一个议院可以向另一个议院抱怨有关议员或官员的

---

① U.S. Constitution, Art. I, Sec. 7, Par. 2, notes 108 and 109 in House Manual, p. 596; State of New York Legislature, *New York Manua*l (Clerk's Manual), editions of 1936 and 1948-1949, p.453.

② King v. Cuomo (1993), 613 N. E. 2d 950, 597 N.Y.S 2d 918, 81 N.Y. 2d 247.

③ State of Montana ex rel. Judge v. Legislative Finance Committee and Its Members (1975), 168 Mont. 470, 543 P. 2d 1317; State of Kansas ex rel. Schneider v. Bennett (1976), 547 P. 2d 786.

④ State of Montana ex rel. Judge v. Legislative Finance Committee and Its Members (1975), 168 Mont. 470, 543 P.2d 1317.

⑤ State of Kansas ex rel. Stephan v. Kansas House of Representatives (1984), 236 Kan. 45, 687 P.2d 622.

不当行为，并留待该另一个议院进行处罚。[①] 一个议院的议员或官员无权直接指挥另一个议院的议员或官员，但任一议院都可以要求其他议院向议员或官员进行适当的指示。如果另一个议院的议员只是言语不逊且未留书面记录，那么就很难进行惩罚，因为规则要求书面记录以确保议员的权益。因此，众议院尤其是议长，有责任及时干预，使不当言语得以记录以确保提出的控诉能顺利到达另一议院，并能有效介绍两院之间的程序和意见。[②] 不得重复另一个议院在同一主题上已经说过的话，因为每个众议院的意见应该是独立而不受其他程序影响的，引用它们可能会导致两院之间的误解。一个议院日志中的投票记录构成对另一个议院的正式通知。一个议院不得质疑任何其他议院的行动程序或裁决。[③]

议院之间的交流可以通过委员会信息或委员会会议进行，通常是书面形式。[④] 信息可能与法案通过、法案修改、先决问题、召回事项或议院之间的其他业务有关。关于立法机构的议院组织形式，应当通知机构的其他议院。有关组织通知可由委员会发布或通过书面信息发布。[⑤] 法案在一个议院得以通过后，需按照规则或惯例要求的方式将通过的事实记载下来，并由

---

① Jefferson, Thomas, *Jefferson's Manual*, 1781, available as a document of the U. S. Congress; e.g., House Document No. 416, 93rd Congress, 2nd Session, published by the U. S. Government Printing Office, 1975, Sec. XVII; Hughes, Edward Wakefield, *Hughes' American Parliamentary Guide*, Columbus: F. J. Heer Printing Co., revised 1926, Secs. 83, 84, 694.

② Jefferson, Thomas, *Jefferson's Manual*, 1781, available as a document of the U. S. Congress; e.g., House Document No. 416, 93rd Congress, 2nd Session, published by the U. S. Government Printing Office, 1975, Sec. XVII; Hughes, Edward Wakefield, *Hughes' American Parliamentary Guide*, Columbus: F. J. Heer Printing Co., revised 1926, Sec. 694.

③ State of Massachusetts, Legislature, *Manual of the General Court of Massachusetts*, 1947-1948, p.697.

④ Cushing, Luther Stearns, *Elements of the Law and Practice of Legislative Assemblies in the United States of America—Lex Parliamentaria Americana*, Boston: Little, Brown & Co., 1856 (usually available in the printing of 1847), Sec. 804.

⑤ Cushing, Luther Stearns, *Elements of the Law and Practice of Legislative Assemblies in the United States of America—Lex Parliamentaria Americana*, Boston: Little, Brown & Co., 1856 (usually available in the printing of 1847), Sec. 277.

秘书或秘书长签字。[①] 通常美国立法机构规定，从一个议院发送到另一个议院的法案应载明所采取的行动，并由众议院的书记员或秘书签字。如果无此类规则，那么法案通过的事实足以证明法案所传达的信息。如果一个议院以符合规则要求的形式将事务传递给另一议院，那么后者有义务接收该事务。在一些立法机构的实践中，每个议院都会将法案通过的事实通知其他议院。遵循此惯例，法案退回时，需与通过通知一并退回。当如果一个议院拒绝接收另一个议院的法案时，那么应该通知作出法案的议院。[②] 如果法案经修订后被退回，那么通过通知需与所作修正一并退回。[③] 立法机构或委员会不得审议超出其管辖范围的法案。

如果法案被误寄到一个议院，或者作出法案的议院出于复议目的希望法案被退回，或法案被送到另一个议院后发现内容有误，法案均可通过信息请求方式得以退回。在收到请求信息后，另一议院可作出动议以退回法案。如果法案由一个议院寄至另一个议院，且该法案的通过未经秘书或书记员签署，那么该法案可在收到退回请求后被退回，或者秘书或书记员得到允许后进行补签。[④] 如果法案附带信息出现错误，错误可以由作出法案的议院或建议更改的议院进行修改。在一些立法机构中，议院只在会议期间传递信息。在其他立法机构中，若未向众议院正式传递信息，则可能会向众议院派出一名信使。当信息没有被正式提交给众议院时，收到信息的众议院需

---

① 参议院和众议院各自从议员之外挑选秘书长，处理议院内部的行政事务。

② Jefferson, Thomas, *Jefferson's Manual*, 1781, available as a document of the U. S. Congress; e.g., House Document No. 416, 93rd Congress, 2nd Session, published by the U. S. Government Printing Office, 1975, Sec. XLVII; Reed, Thomas B., *A Manual of General Parliamentary Law* (Reed's Rules), 1898; reprinted: State Printing Plant, Olympia, Washington, 1937, Sec. 237; Cushing, Luther Stearns, *Elements of the Law and Practice of Legislative Assemblies in the United States of America—Lex Parliamentaria Americana*, Boston: Little, Brown & Co., 1856 (usually available in the printing of 1847), Sec. 2292.

③ Cushing, Luther Stearns, *Elements of the Law and Practice of Legislative Assemblies in the United States of America—Lex Parliamentaria Americana*, Boston: Little, Brown & Co., 1856 (usually available in the printing of 1847), Secs. 2233, 2287.

④ Cushing, Luther Stearns, *Elements of the Law and Practice of Legislative Assemblies in the United States of America—Lex Parliamentaria Americana*, Boston: Little, Brown & Co., 1856 (usually available in the printing of 1847), Sec. 2393.

派一名官员签收信息。[①]

在实践中,众议院一般应该接收信息,不过下列情况除外:(a)一个问题刚被提出,(b)正在点名,(c)正在计算选票。如果在辩论时收到信息,那么可能会暂停辩论以便接收信息,之后再由发言人继续发言。[②] 如果当议院正处于委员会状态时收到信息,那么议院业务可以被中断,议长负责接收信息。委员会事务无须另提动议即可恢复。来自另一个议院的信使可由持械警官向议长介绍,信使可口头说明信息,也可书面说明信息。[③] 议院可与其他议院就任何有争议的事情开会讨论。会议的主题应始终得到陈述。针对议员的罪行或违规行为,议院可要求召开会议进行处理。当存在程序问题时,或所发送信息违反议会法时,应在回复之前先召开会议。当两个议院之间有程序问题时,应组建会议委员会来讨论;如果一个议院向另一个议院正式提出议题,那么应通过会议委员会提交议题。[④] 会议委员会的作用是为了更机密地、更直接地讨论议院之间的事务。在一般情况下,此类会议是非正式的,且议长或议员无须被正式任命为委员,但在特别重要的情况下,可能组建委员会或任命现有委员会进行处理。两个部门之间的意见分歧可提交会议委员会处理。[⑤] 当议院有组织委员会、规则委员会或担任其他重要

---

① Jefferson, Thomas, *Jefferson's Manual*, 1781, available as a document of the U. S. Congress; e.g., House Document No. 416, 93rd Congress, 2nd Session, published by the U. S. Government Printing Office, 1975, Sec. XXVIII.

② Jefferson, Thomas, *Jefferson's Manual*, 1781, available as a document of the U. S. Congress; e.g., House Document No. 416, 93rd Congress, 2nd Session, published by the U. S. Government Printing Office, 1975, Sec. XLVII; Reed, Thomas B., *A Manual of General Parliamentary Law* (Reed's Rules), 1898; reprinted: State Printing Plant, Olympia, Washington, 1937, Sec. 237.

③ Reed, Thomas B., *A Manual of General Parliamentary Law* (Reed's Rules), 1898; reprinted: State Printing Plant, Olympia, Washington, 1937, Sec. 237.

④ Jefferson, Thomas, *Jefferson's Manual*, 1781, available as a document of the U. S. Congress; e.g., House Document No. 416, 93rd Congress, 2nd Session, published by the U. S. Government Printing Office, 1975, Secs. XLVI, XLVII; Reed, Thomas B., *A Manual of General Parliamentary Law* (Reed's Rules), 1898; reprinted: State Printing Plant, Olympia, Washington, 1937, Sec. 241.

⑤ State of Massachusetts, Legislature, *Manual of the General Court of Massachusetts*, 1947-1948, p.682.

职责的委员会时，这些委员会可召开联席会议或成立联合委员会，来促进两院之间的沟通和合作。①

第三节　关于修订的会议

当法案在第二个议院修订并通过后，第二个议院需将法案返还发起院，并说明事实及要求发起院认可修订内容。发起院收到要求认可修订的信息后，可立即审议，也可在其他更合适的时间审议。② 发起院收到要求认可修改的信息后，可将信息和法案提交委员会审议，待委员会作出相关报告。当发起院认可了修改后，应发布信息告知第二个议院。法案不必退回第二个议院，不过法案可以进行注册。当发起院通过法案，且将法案交至另一个议院后，修改程序存在如下可能：(1)另一机构修订及通过该法案，并将其交回发起院，(2)发起院修正另一议院所采纳的修正案，并将该法案交回该另一议院，(3)另一议院就修订内容进行再次修订，并将法案退回发起院，(4)发起院同意修正并通过法案或拒绝修正并要求召开会议。在上述过程中的任何阶段，任何议院都可以同意修正并通过法案或拒绝修正并召开会议。一个议院审议其他议院的修订内容时，可对该修订内容进行再次修订。法案中已由两院同意的内容，不得修改。③

当一个议院拒绝认可另一个议院的修正案时，法案不会因此被否决，因

① 参议院和众议院的组织委员会的主要职能是处理本院内部事务和为各委员会处理内部事务提供服务。参议院和众议院的组织委员会确定本院雇员人数并为各类雇员规定职责；在特别会议和临时会议上推荐议案供会议审议；为各自的议院规定内部管理政策；监管印刷；征求首席检察官的意见；审查本议院拟颁发的褒奖令是否适当。

② Cushing, Luther Stearns, *Elements of the Law and Practice of Legislative Assemblies in the United States of America—Lex Parliamentaria Americana*, Boston: Little, Brown & Co., 1856 (usually available in the printing of 1847), Secs. 2233, 2234, 2237.

③ Loomis v. Callahan (1928), 196 Wis. 518, 220, N.W. 816.

为作出修正的议院可能撤回修正案。[①] 如果议院通过表决同意撤回修正案，那么修正前的法案版本得以通过。[②] 当一个议院拒绝撤回其修订，法案并不会因此被否决，因为该议院可能通过表决坚持修正案。坚持修正案的信息和召开会议的要求，通常一并发送至另一个议院。如果一个众议院坚持修正案，那么其他议院可以坚持拒绝修正案并召开会议，也可以转而赞成修正案。当两院都坚持己见且未要求召开会议时，可提出附议动议。附议动议代表议院坚定的态度。坚持修正案的议院不得要求召开会议，只有拒绝修正案的议院可以要求召开会议。坚持修正案的议院可以改变态度而召开会议。撤回动议级别高于附议动议，附议动议级别高于坚持动议。所有修正均可辩论。

当议院拒绝撤回修正案时，一般会要求召开会议。要求召开会议的程序是，由请求召开会议的众议院任命委员会，将消息发送到其他要求会议的议院，并通知参加会议的其他议院。接到要求召开会议的消息后，众议院可以任命会议委员会，并将委员会任命和议员姓名通知另一议院。[③] 惯例是，每一个议院任命一个由三名议员组成的会议委员会，但如果规则未作规定，那么议院可以在会议上自行确定委员会的规模。会议委员会的规则没有规定的，按照其他委员会的规则任命。当众议院针对法案存在分歧时，既定做法是，多数委员从优势一方选出，少数委员从弱势一方选出。在三人组委员

---

① Cushing, Luther Stearns, *Elements of the Law and Practice of Legislative Assemblies in the United States of America—Lex Parliamentaria Americana*, Boston: Little, Brown & Co., 1856 (usually available in the printing of 1847), Sec. 2239.

② Cushing, Luther Stearns, *Elements of the Law and Practice of Legislative Assemblies in the United States of America—Lex Parliamentaria Americana*, Boston: Little, Brown & Co., 1856 (usually available in the printing of 1847), Secs. 2240, 2241.

③ Jefferson, *Thomas*, *Jefferson's Manual*, 1781, available as a document of the U. S. Congress; e.g., House Document No. 416, 93rd Congress, 2nd Session, published by the U. S. Government Printing Office, 1975, Sec. XLVI; Cushing, Luther Stearns, *Elements of the Law and Practice of Legislative Assemblies in the United States of America—Lex Parliamentaria Americana*, Boston: Little, Brown & Co., 1856 (usually available in the printing of 1847), Sec. 2243.

会中，两名即为多数，一名即为少数。① 修正案存在争议的法案，应被提交给产生该法案的众议院的会议委员会。

会议委员会通常由每个议院派出的人数相同的代表组成。在某些立法机构中，常常指定行动的发起人进入委员会。两院联席会议的委员会不是联合委员会，而是一种联席会议。委员会会议的法定人数就是每个委员会议员的大多数。在会议委员会中，各议院的委员会分别表决。各议院的会议委员会将报告提交给发起院。各议院的报告与其他报告级别相同，但会议委员会的报告通常享有更高级别。在任何情况下，包括暂停规则的情况下，都不得修改委员会的报告，只能同意或拒绝采用提交的报告。② 因为两院具有同等权威，所以不应单由其中一个议院来决定开会的时间和地点。通常的做法是，由各委员会在惯常或方便的时间地点召开会议。通常由发起院的会议委员会主席主要负责安排会议。当会议委员会作出报告后，就向议院提交报告。该报告需经议事厅指定的多数议员签署确认。如果委员会报告的内容超出两院之间的意见分歧范畴，那么报告可以被质疑。对表格的异议必须在报告被介绍时提出，如果当时未提出，那么在此后就不得再提。会议委员会的报告享有非常高的级别，可以在除日志宣读和表决之外

---

① Jefferson, Thomas, *Jefferson's Manual*, 1781, available as a document of the U. S. Congress; e.g., House Document No. 416, 93rd Congress, 2nd Session, published by the U. S. Government Printing Office, 1975, Sec. XLVI; Cushing, Luther Stearns, *Elements of the Law and Practice of Legislative Assemblies in the United States of America—Lex Parliamentaria Americana*, Boston: Little, Brown & Co., 1856 (usually available in the printing of 1847), Sec. 2267.

② Jefferson, Thomas, *Jefferson's Manual*, 1781, available as a document of the U. S. Congress; e.g., House Document No. 416, 93rd Congress, 2nd Session, published by the U. S. Government Printing Office, 1975, Sec. XLVI; Hughes, Edward Wakefield, *Hughes' American Parliamentary Guide*, Columbus: F. J. Heer Printing Co., revised 1926, Sec. 754; Reed, Thomas B., *A Manual of General Parliamentary Law* (Reed's Rules), 1898; reprinted: State Printing Plant, Olympia, Washington, 1937, Secs. 63, 243, 245-246; Cushing, Luther Stearns, *Elements of the Law and Practice of Legislative Assemblies in the United States of America—Lex Parliamentaria Americana*, Boston: Little, Brown & Co., 1856 (usually available in the printing of 1847), Sec. 2267.

任何时候作出。①

一个会议委员会的报告可以被采纳、搁置或退回委员会。当会议委员会的报告被任何一个议院采纳时，通知应被发送到另一个议院。当两所议院都通过了报告，他们就都批准了最终版本的法案，并进行了法案注册。当会议委员会作出报告时，应向众议院报告这一事实。委员会随后将被解散，新的会议委员会可以按照原委员会的方式任命。此外，如果一个议院拒绝采纳委员会报告（无论出于何种原因），那么委员会应被解散，并任命一个新的会议委员会或召开自由会议。② 在会议过程中，对法案享有管辖权的议院应复议先前采取的行动。议院可以无限期推迟审议会议委员会的报告。如果第二个议院采纳修正案且将法案退回原议院征得了发起院的同意，那么发起院的书记员应立即将修正意见插入修正案。当会议委员会的修正案被采纳时，所作修订也以相同的方式插入法案。

一个法案的最终表决通过“赞成”和“反对”的投票方式来完成。宪法规定，以“赞成”和“反对”的投票方式不适用于通过另一个议院的修正案。③ 某些类型的法案需要多数票支持才能通过，但会议委员会报告的修正案，只要不涉及需要超过多数票支持的议题，就只需要多数票支持即可通过。如

---

① Jefferson, Thomas, *Jefferson's Manual*, 1781, available as a document of the U. S. Congress; e.g., House Document No. 416, 93rd Congress, 2nd Session, published by the U. S. Government Printing Office, 1975, Sec. XLVI; Reed, Thomas B., *A Manual of General Parliamentary Law* (Reed's Rules), 1898; reprinted: State Printing Plant, Olympia, Washington, 1937, Sec. 246; Cushing, Luther Stearns, *Elements of the Law and Practice of Legislative Assemblies in the United States of America—Lex Parliamentaria Americana*, Boston: Little, Brown & Co., 1856 (usually available in the printing of 1847), Sec. 2270.

② Jefferson, Thomas, *Jefferson's Manual*, 1781, available as a document of the U. S. Congress; e.g., House Document No. 416, 93rd Congress, 2nd Session, published by the U. S. Government Printing Office, 1975, Sec. XLVI; Reed, Thomas B., *A Manual of General Parliamentary Law* (Reed's Rules), 1898; reprinted: State Printing Plant, Olympia, Washington, 1937, Sec. 246; Cushing, Luther Stearns, *Elements of the Law and Practice of Legislative Assemblies in the United States of America—Lex Parliamentaria Americana*, Boston: Little, Brown & Co., 1856 (usually available in the printing of 1847), Sec. 2244.

③ Ewing v. McGehee (1925), 169 Ark. 448, 275 S.W. 766.

果会议委员会不能达成协议，或任一议院拒绝批准会议报告时，那么可以将法案提交自由会议。自由会议可就议院间事务提出修改意见。当自由会议委员会不能达成协议或任一议院拒绝采纳自由会议委员会的建议时，法案可被交给第二个自由会议委员会。[①] 自由会议委员会的程序和其他会议委员会一样，不过自由会议委员会有权提出修正案，也有权建议一个议院同意另一个议院的修正案，以及说服反对修正案的议院撤回反对意见。自由会议委员会可就两间议院之间的特别法案的争议点提出建议。[②] 议院之间的会议程序通常适用联合规则。一些立法机构缩短会议议程，简化会议步骤，在拒绝同意或拒绝撤回的情况下，直接向自由会议提交法案。一般而言，有关日志和表决的规则适用于会议程序。当“注册法案规则”无效时，日志必须载明会议的重要步骤。[③] 程序有明显的简化趋势，现代实践证明许多旧的步骤已经没有必要了。除非宪法要求，否则议院可以制定自身认可的程序。例如，汇票可以直接发送给会议委员会，会议委员会享有广泛的权力，可以在发起院拒绝同意修改后提出建议等。

---

① Cushing, Luther Stearns, *Elements of the Law and Practice of Legislative Assemblies in the United States of America—Lex Parliamentaria Americana*, Boston: Little, Brown & Co., 1856 (usually available in the printing of 1847), Secs. 2246, 2247.

② Cushing, Luther Stearns, *Elements of the Law and Practice of Legislative Assemblies in the United States of America—Lex Parliamentaria Americana*, Boston: Little, Brown & Co., 1856 (usually available in the printing of 1847), Secs. 2246, 2245, 2269.

③ Ewing v. McGehee (1925), 169 Ark. 448, 275 S.W. 766.

第九章　会议主题

第一节　会　议

宪法规定，除州长特别宣布外，否则不得在特别会议上制定法律条文。在发出特别会议的传召时，州长可以将立法行为限制在州长公告中指明的范围内。州长可将特别会议的审议限制为特定主题，但不能限制从主题衍生出的审议细节。[①] 立法机构不能超出额外会议传召中规定的事务范围，但在该范围内可以自由行动。[②] 州长无须专门向立法机构发出特别信息，如果要向议院发出讯息，那么应该是发出宪法意义上的信息。州长可在任何时间以任何形式提出建议。在确定某一行为是否切合主题时，应当充分审议整个法案，并合理解释法案的宗旨。州长宣布成立立法机构后，除公告中指明的事项外，也可以发出特别信息。[③] 州长就特别会议宣布的公告，可由州长的继任者撤销。撤销后，立法机构就无权采取相关行动了。如果宪法禁止通过未经州长传召的法案，那么即使州长后来签署了法案，该法案仍是无效。[④]

州长有权要求传召额外会议或特别会议。事实上，在行使这种权力时，立法机构和司法部门均无权要求州长陈述详情。额外会议或特别会议上通过的法案，法院会尽量认定为属于州长传召范围。只有两个议院依法组合，

① State of Oklahoma ex rel. Swirczynski v. Key (1926), 121 Okla. 64, 247 p.656.

② Hagaman v. Andrews (1970), 232 So. 2d 1.

③ Jaksha v. State of Nebraska (1986), 222 Neb. 690, 385 N.W. 2d 925.

④ Jaksha v. State of Nebraska (1986), 222 Neb. 690, 385 N.W. 2d 925.

才能构成立法机构。[①] 州长有权召开特别会议，但立法活动在一般会议上进行。[②] 如果宪法要求州长在召集特别会议时指定立法机构所要采取的行动，那么过于宽泛的目标可能会导致传召无效。某些州宪法或法规规定，立法机构可以自行召开特别会议。会议期间，除法律规定的方式外，不得延期、终止或解散立法机构，并且只能出于核实法定出席人数的目的而休会。[③] 由其日志列明的休会日期，不因短期内大量的事务记录证据而变动。如果立法机构的日志清楚明确地显示休会时间，那么不得基于任何外来证据而确定另外的休会时间。立法机构可在日志中载明该业务已在宪法规定的休会时间前处理完毕。[④]

休会时间一到，立法机构就不能继续开会。立法机构有权自行决定休会时间，并在日志中真实准确地记载休会时间。[⑤] 在立法会议期间，立法机构每天都开会。委员会会议也是立法会议的一部分，在会议期间也几乎每天都召开。委员会举行会议的日子在许多州也被视为议院会议日。有些州为了召开委员会会议或进行其他立法活动，而使日常会议休会。虽然立法权是持续享有的，但是立法会议在无限期休会或定期解散后停止。在立法机构的官员任期届满后，该机构将休会。立法机构的特别会议在定期会议召开之日停止。[⑥] 两院有权出于某些目的参加联席会议，但这属于有限的

---

① In re Hague (1929), 105 N.J.Eq. 134, 147 A 220.

② State of Wisconsin ex rel. Groppi v. Leslie (1969), 44 Wis. 2d 282, 171 N.W.2d 192.

③ Cushing, Luther Stearns, *Elements of the Law and Practice of Legislative Assemblies in the United States of America—Lex Parliamentaria Americana*, Boston: Little, Brown & Co., 1856 (usually available in the printing of 1847), Sec. 254.

④ Earnest v. Sargent (1915), 20 N.M. 427, 150 p.1018.

⑤ Davis v. Thompson (Okla. 1986), 721 P. 2d 789.

⑥ Opinion of the Justices (1965), 54 Del. 222, 210 A.2d 852.

宪法权利，立法机构不得扩大该权利。① 一旦参议院和众议院联合召开会议，与会议员便成为一个整体，两院议员的大多数构成法定人数，其中所有议员享有平等的投票权。当两个议院组成联席会议时，他们实际上是合并成一个议院的。两院议员的大多数构成法定人数，议员的选票有相同的权重。② 根据宪法的规定，任何一个议院在未经另一个议院同意的情况下，不得休会超过规定天数。至于同意的具体方式，无须特别规定。当两院同意休会超过规定天数时，那些既不开会也不举行委员会会议的日子不算作立法日。当参议院或众议院在某一天举行合法会议时，那么不论另一议院是否开会，那一天也算作立法日。③ 大多数州宪法、法规或规章都规定，除非有保密要求，否则每间议院的大门应向公众敞开。

第二节　立法机构的调查

为了协助立法机构制定明智而且及时的法律，需要赋予立法机构进行调查的权利，作为行使立法权的辅助手段。这在美国的立法史上，早已得到践行，而在英国的法学发展中则更早得到确认。④ 立法机构有权就任何主

---

① 尽管参、众两院共享立法权，包括最重要的总统否决权，但制宪者还另赋予了参议院特权。根据美国《宪法》第 2 条第 2 款的规定，总统在缔订条约时，只有征得参议院的意见和同意(须出席的参议员中 2/3 的人支持)后，总统才能任命大使、公使及领事、内阁成员(所有这些都需要多数表决)。众议院拥有宪法所赋予的通过多数表决对行政和司法提出异议的权利，参议院则可以 2/3 多数决定是否弹劾官员。该规定的目的在于督促参议员以负责任的态度来处理事情。亚历山大·汉密尔顿在联邦党人第 76 号公报上写道："在总统任职程序中，参议院的角色在于选择一个优秀的总统，能够极大程度上防止因来自国家偏见、家庭关系、个人崇拜、公众视角等因素而任命不适当的人物。"美国《宪法》第 1 条第 3 款也授予了参议院"独自拥有审判一切弹劾案的权力"。亚历山大·汉密尔顿在联邦党人第 76 号公报上写道："还有什么地方能比参议院更具有尊严和独立性？还有什么其他组织有足够的信心能够在个人和代表之间保持不受影响的公正性？"

② Anderson v. Krupsak (1976), 386, N.Y.S.2d 859, 353 N.E.2d 822; Abood v. Gorsuch (Alaska 1985), 703 P.2d 1158.

③ Opinion of the Justice (1972), 288 Ala. 89, 257 So. 2d 336.

④ Goldman v. Olson (Wis. 1968), 268 F. Supp.35; Murphy v. Collins (1974), 20 Ill. App.3d 181, 312 N.E. 2d 772.

题进行调查。在履职范围内，立法机构可制定、修正、废除章程，或者实施宪法允许的任何其他行为。权力与责任同时被赋予参众两院，每一名议员均应志在制定良好而且必要的法律。在制定良好法律的过程中，必须进行一定形式的调查，这是一个不可或缺的步骤。立法机构，和负责立法解释的法院一样，必须记住以前的法律、需要修补的错误或缺陷、所需救济的本质和程度。立法机构在实践操作中，还需熟知政府各分支机构的权力。固有的辅助权利被赋予了立法机构，以支持立法机构进行议院调查。这种权利包括在适当的情况下强制证人出庭和提交文件证据。立法机构有权进行一定程度的惩罚。这些活动可由立法机构或其分支机构直接实施或通过其适当的委员会来进行。[①]

立法机构有权调查和寻求对立法有用的信息，调查不可带有不可告人的目的，对信息亦不得进行不当使用。[②] 立法机构或立法机构的委员会不得就法院正在调查的问题进行调查。[③] 确定立法基础的有关事实，属于立法机构的权力范围。立法机构为了正确行使立法功能，必须进行广泛的议题研究。立法机构有权针对州各机构和州政府各部门的管理工作进行调查。对任何事项进行依法调查的权利是一个独立且明确的权利，并可通过一个委员会来行使。获取相关立法信息的权利，也可以被授予非立法性质的机构。在运用权力进行调查的过程中，立法机构可能产生的合理的、必要的费用，应从公共基金中扣除支付。立法机构及其每一个议院都有内在且默示的权力，以任命委员会进行调查和获取有关立法的资料，并将其结果报告给指定机构。

立法机构的任何一个议院都有权调查涉嫌贿赂议员或前议员的情况。在进行这种调查时，议院必须有权强制证人在委员会面前出席，并强迫他们在调查中作证。[④] 立法机构有权在议员的选举过程中，在机构或委员会内部进行调查，并强制证人出庭作证。从证人处获悉的信息，即使是根据检察官的指导在针对立法议员贿赂的指控中使用，也不能成为依法传唤的证人

① In re Battelle (1929), 207 Cal. 227, 277 p. 725.

② Robertson v. Peeples (1919), 120 S.C. 176, 115 S.E. 300.

③ Robertson v. Peeples (1919), 120 S.C. 176, 115 S.E. 300.

④ In re Falvey (1856), 7Wis. 528; Briggs v. MacKellar (N.Y. 1855), 2 Abb. Pr. 30.

拒绝回答问题的理由。[①] 当一所议院正在调查议员的行为，且有人公开指证议员有贿赂行为时，如果证人拒绝提供信息来源者的姓名和信息性质，那么这种指证就会被视为蔑视众议院的权威。当一个委员会负责调查某一事件，且调查期间发现两院皆有人员涉事，那么委员会不可自行对相关人员采取行动，而应该向议院提交一份特殊报告。涉事人员应被就地审讯或公开审问，或者委员会获得特殊授权后进行询问。

立法机构没有权力通过自身或任何委员会或任何办事处来探究公民的私人事情，除非为了完成某一使命而获授权。[②] 立法机构无权进行以奠定刑事诉讼程序基础为目的的调查，不得进行有助于检控过程中大陪审团起诉的调查，不得进行以故意伤害有关人员为目的的调查，不得进行具有不可告人目的的调查。国家立法机构在进行任何调查时，必须遵守有关保护生命、自由和财产的宪法规定。为政治目的而进行的，且不与预期的立法活动或某一议院所应采取的任何事项相关的调查，是一个不适当的调查程序，超出了众议院或立法机构的权限。当委员会通过决议案获得授权进行调查，且根据该决议案，调查对象不是一个适当的立法对象，而该调查对象需要建立一个特殊法庭并配有官员时，委员会的职责被严格限制为司法性质，与立法无关，且不具有法律地位。如果政府对私营公司的文件进行调查，就有可能披露犯罪证据，而这与第一个公正原则不符。赋予此种权力的意图必须通过语言明确表述出来。一个立法机构的调查权仅限于获得在适当的立法行动范围内的信息。

政府的立法方法不限于由司法或准司法性质的事实搜集和流程调查。政府的立法机构是否得到了授权，或者宪法规定了什么样的政府司法功能限制，都是无关紧要的。通过雇佣方式设立的立法机构，不得从事司法职能，也不得涉及州政府立法部门的专属管辖区域。当立法机构有进行调查的宪法授权时，运用何种调查方式取决于立法机构的合理裁量权。在议院中，委员会对公共事务的调查，无论是为立法做准备还是为给委任委员会的议院提出建议，均属于议院功能。两院强制证人出庭在委员会作证，并惩罚

① Sullivan v. Hill (1913)，73 W.Va. 49，79 S.E. 670.

② Attorney General v. Brissenden (1930)，271 Mass. 172，171 N.E. 82；In re Hague (1929)，105 N.J. Eq. 134，147 A. 220.

不予配合的证人，也是经常被采用的做法。立法机构可在其授权范围内，由一个议院或两个议院的授权委员会进行调查。这些议院可以共同指定一个委员会，或者任何一个议院都可以单独行动。一个国家的立法权属于立法机构的两个议院，这些机构可以通过决议来设立委员会，并可以授予他们宪法未明文禁止的权力。立法机构或任何一个议院以简单的决议授权给委员会的权力会随着议院的终止而停止。不过，议院可在会议休会后，赋予委员会权力以使其继续运作。成立一个委员会，并在休会后继续运作，是每一所议院可以单独采取的行动，无须两院联合行动。未经委员会决议授权，立法调查委员会不得将调查权委托给其中一名议员。在委员会所作的证词应被记录在众议院的资料上。一个立法委员为依法成立的临时委员会提供的服务，包括调查和向下一届立法机构作报告，不会与宪法就其他立法职位、信任或就业的禁止性规定相冲突。[①]

根据一般议会法，立法机构可就有权采取行动的事项，强制任何人作为证人出席，并进行调查。国家立法机构强制证人作证以协助调查的权力，是立法的一项基本权力。当证人被带到立法机构的任何一个分支机构时，如果他们无合理理由而拒绝作证，那么就会被视为藐视法庭。在立法机构或委员会，除非有法律规定或宪法的要求，否则证人不需要宣誓。但他们可能会因证词被判蔑视之罪，或因作伪证而受到惩罚。当某人在委员会或众议院的任何一个议员面前接受审查时，想向该人提问的议员都必须先向主持会议的人陈述，然后再向该人提出问题。如果想对该问题的适当性提出异议，那么主持会议的官员应示意证人、律师和当事人离场，因为当他们在场时，任何问题都不能提出、搁置或辩论。有些情况下，在证人进场之前，这些问题就已经通过书面形式解决了。一个议员，在适当的位置，可以将其在听审席上听到的任何信息告知议院。任何一个议院都可以请求，但不能命令其他议院的议员出席会议。如果一名议员拒绝出席或者作证，希望该议员作证的那一所议院可以通过向另一所议院发出请求，表达其希望该议员出席的意愿。如果任何一个议院羁押了另一个议院的人员，它可以要求转由该另一个议院来羁押该人员。

---

① Petition of the Special Assembly Interim Committee on Public Morals of California Legislature (1939), 13 Cal. 2d 497, 90 P. 2d 304.

立法机构的每一个议院，均可惩罚破坏其权威的人，并且可以就蔑视议院的行为惩罚证人，包括证人拒绝在已获适当授权的委员会出庭作证或出示有关书籍和文件。如果一个国家立法机构的议院要惩罚一个人的藐视行为，就必须严格遵守州立法的程序规则。法规授权议院拘禁一个不服从的证人，这并没有超越立法权。如果证人拒绝如实回答调查委员会提出的问题，就会被认定为藐视法庭罪。只有当所调查的事项属于立法机构管辖范围时，证人才可能因藐视法庭而受到惩罚。在法庭或其他纠问式机构中，证人未能或拒绝回答任何问题或出示任何记录，并不构成藐视罪，除非造成证人藐视行为的指令包含明确的事实，不仅明确描述了证人拒绝回答的问题，以及证人拒绝提供的文件书籍，而且详细阐述了能够体现这两种形式证据的重要性和关联性的事实。如果证人在调查中拒绝向立法委员会出示其所拥有的文件，那么可在证明了所要求提供的文件对调查的重要性后，根据相关法令定证人不法行为之罪。是否有权强制证人向立法委员会出示书籍和文件，取决于这些书籍和文件证据针对正在进行的调查是否必要。对调查至关重要的材料不能仅仅因为它们是私人的就拒绝提供。

立法机构或委员会，在其进行调查的职权范围内，可以传唤和询问证人，并要求证人提供书籍、记录和文件。如果证人拒绝出席立法委员会会议，可被依法定为刑事犯罪。该罪可以由立法委员会授权的主席判定，可以明示也可以通过议院形式，针对特殊情况也许还会有特殊授权。委员会授权传唤证人时，委员会主席应与其律师一起，确定出席每届会议的证人的姓名和人数，主席可为每位证人签署传票。传票不能为空白。委员会必须按照指定的程序进行认证，才能发出要求证人在两个议院的联合委员会面前出庭的传票。文件提交要求的不合法性，并不影响证人出庭传票的必要性。若传票已由法定的权威发布，并且调查目的属于授权范围之内，则法院不能取消传票也不能发布下一步的传票。如果被依法传唤的证人拒绝出庭，那么可以对其签发逮捕令，强制其出庭。针对藐视行为的指控无须口头宣誓，即可由议院授权签发担保，以逮捕拒绝向委员会作证的人员。委员会的书面报告足以要求签发此类担保。不服从立法委员会传唤的人员，可能被逮捕并在签发担保后由治安官带至委员会面前，以不服从依法传唤的罪名而受到控诉，或以藐视立法机构的罪名而受到惩罚，但该人员不会因藐视行为而受司法处罚。禁止令不可用于阻止行政或立法机构进行调查。送达传票或执行要求出席委员会会议的担保，均不属于“逮捕”的范畴。在休会期间签发担保和传票等，均需要特别授权。

立法委员会可根据法规或联合签发的决议来设立，并授权在各届会议之间临时举行目的正当的会议；有权举行听证；[①]强制证人出席和惩罚藐视行为；并将调查结果报告给下一届会议。为了获得有关拟议立法的资料，并报告调查结果，委员会有权在议院届会期间或在休会期间举行会议。[②] 此权利可以通过单个议院决议授予，也可以通过联合决议授予。除非经宪法授权，否则任何一个立法机构不得以单一议院决议的方式授权委员会在议院无限期休会后召开会议。在常规会议期间，一个由单一议院指定的负责收集证据的委员会，在立法机构无限期休会后不得继续存在。临时委员会由单一议院指定，即使未受异议而已开始履责，也不能决定单一议院解决模式中的立法机构是否能够在无限期休会后设立事实调查委员会。

第三节　公共秩序

负责管理公共机构的官员有裁量权或默示的权力来维护秩序和权威。议院维护自身权威以及惩罚蔑视委员会行为的权利，源自议院固有的立法功能。[③] 针对发言者的有序认证，以及维持秩序的最佳方式，公共机构的议长均享有自由裁量权。[④] 国家立法机构享有自我保护的固有权力，包括设

---

① 听证记录由证人言词编辑而成，但往往在听证结束后好几个月时间都不出版。听证记录可在委员会办公室获取，也经常在网上发布。

② 在上世纪 60 年代，有 17 个州没有明确规定议会会期长短，另有 10 个州间接限定会期，而科罗拉多、佐治亚、堪萨斯、明尼苏达、南达科他等几个州则是延长了会期。从 70 年代开始，不少州议会陆续开始对会期作出限制。80 年代末期以来，先后有科罗拉多、路易斯安那、内华达、阿拉斯加等州缩短了议会会期。但到目前为止，美国仍有 11 个州没有明确规定议会会期长短。由于各州之间的差异，因此，很难用“是”或“否”回答“州议会议员到底是全职还是兼职”这个问题。作为一名州议员不仅要参加会议和投票，还要花大量的时间联系选区、调查研究及参加竞选，而这些都应算在他的工作范畴之内。（戚鲁江：《美国州议会组织结构及立法程序》，载《泛读看世界》2010 年 12 月。）

③ Commissioner ex rel. Carcari v. Brandamore (1974)，459 Pa.48，327 A. 2d 1.

④ Arrington v. Moore (1976)，31 Md. App.448，358 A. 2d 909.

定议员的资格和规定开除议员的条件。[1] 立法机构有权管理自己的会堂。宪法规定,每个议院均可以惩罚蔑视行为和无序行为。这种规定,并不是赋予机构某种新的权利,而是承认和肯定立法机构的一种悠久且固有的权利。立法机构处理藐视行为的法律条文,不是权利的授予,而是权利的确认。立法机构发现抗议者的违规行为后,可惩罚其藐视行为,而据此作出的决议案,不是剥夺公民权利议案,也不是惩罚议案。[2] "剥夺公民权利议案"和"惩罚议案"在本质上是相同的,是一种立法机构处罚在司法诉讼过程中犯了严重罪行的人,并将其定罪的特殊行动。在藐视法庭的案件中,不是为了惩罚而惩罚,惩罚本身也不是监禁的目的。立法机构的监禁本身并不是最终目的,而是一种达到目的的手段,只有在会议期间监禁入侵者才能确保公务履行不受妨害。秩序问题优先于其他问题,可以在其他问题的审议过程中提出,不需要附议,可以修改,必须由议长处理,只在可疑情况下才会被提交议院。[3]

---

① Bond v. Floyd (Ga. 1966), 251 F. Supp.333.

② State of Wisconsin ex rel. Groppi v. Leslie (1969), 44 Wis. 2d 282, 171 N.W. 2d 192.

③ Ryan v. Grimm (1964), 22 App.Div. 2d 171, 254 N.Y. S. 2d 171, 254 N.Y. S. 2d 462.

第十章　案例研究

案例一：以北卡罗来纳州（以下简称北卡州）为例，说明美国州议会的组织结构、权限及立法程序

北卡州议会分参议院和众议院，一共有50名州参议员和120名州众议员，每名议员各代表一个参议院/众议院选区。州议会众议长由众议员投票选出，参议长则由副州长兼任。一般情况下，参议长不会参与投票，但如果一项法案投票出现了僵局（如30∶30），参议长就会投关键的一票。因为参议长兼任行政职务，参议院的日常工作由“临时参议长”主持。北卡州议会在每次会期前，由临时参议长和众议长指定成员组成两院的联合委员会。由于每项提出的议案都至少要经过一个委员会审议才能通过，因此委员会在立法进程中发挥着至关重要的作用。此外，州议会还设有“立法服务工作委员会”，其成员由参、众两院各7名议员组成。工作委员会通过其下属工作人员承担以下职责：起草议案、法律服务、财政分析、监管立法会预算、议案校对、日常研究工作以及图书馆管理、议会大厦维修等后勤保障。北卡州议会制定的法律内容主要分为五个方面：一是规范个人行为的法律，也就是禁止或要求公民个人采取某种行动以维护社会的总体利益。如果公民违反该类法律，轻则招至罚款，重则有牢狱之灾。二是规定州所提供服务的法律，包括教育、医疗、工农业研究、公共娱乐设施等多个方面。三是授权或指导地方政府采取行动的法律。市、县及更低层级的地方政府都要服从州的管理，而这种管理正是通过立法会以法律的形式指导地方政府按照州的意愿来行事而实现的。四是规定州如何征税及开支的法律。在立法会制定有关征税或拨款法时需要考虑两个方面的问题：一方面，需要征收多少民资用于政府目的；另一方面，哪个政府部门具有资金使用优先权。五是对州宪法进行修改。美国每个州都有自己的州宪法，但州宪法不能与美国联邦宪法相冲突。无论是联邦还是州宪法都是相应一级的法律和政治组织的基础。

在北卡州，如果某一院有 3/5 的议员提出宪法修改动议，那么该院会将修改动议付诸全州进行表决。表决通过后，修改内容就成为新宪法的一部分。

北卡州议会立法程序议案起草主要由两个部门负责：一是议会立法服务工作委员会议案起草处根据议员的要求起草议案；二是大法官办公室为州政府部门（包括州议会）起草议案。议案提出后，只能由议员将议案提交议会审议。议员提前一天将议案交议会秘书长备案并取得议案号，第二天由会议主持人进行一读，也就是在全会上朗读提案人、议案名称和议案号。委员会审议一般情况下，提交参议院的议案由规划委员会主席决定由哪个委员会审议，而提交众议院的议案由众议长决定议案由哪个委员会审议。若议案在委员会获得通过，则交由全院审议。任何议员都可以针对议案提出修正案。当议案交一院全会审议时，提案人或建议通过该议案的所在委员会主席应该进行二读，也就是向全会作说明。任何议员都有权表达赞成或者反对的意见，在遇到有争议的问题时，往往辩论时间会很长。议员在辩论结束后进行投票。如果赞成票居多，那么应该对该议案进行三读，在三读期间，往往辩论更为激烈。议案在一院通过三读之后，需被提交至另一院审议并经过同样的程序，即先提交给委员会，然后再经过二读和三读的辩论和投票。

如果一院对已经获另一院通过的议案作出修改，那么发起院必须向另一院征求意见。如果另一院同意所作的修改，那么该议案将经过签署而成为法律。如果另一院不同意所作的修改，那么由议会领导层分别指定参议员和众议员联合组成两院协商委员会解决分歧。协商委员会成员是由参议院和众议院两院各自的议长任命的，同时参议院参加协商委员会的成员还必须得到参议院的同意。按照有关的规定，协商委员会的成员并不一定非得是两党成员。协商委员会是否由两党成员组成，则需要视针对该案的审议情况来决定。如果该议案得到了两党的支持，那么通常就会任命一名少数派议员代表本院参加协商委员会。比如，1991 届议会总共任命了 7 个协商委员会，其中 4 个委员会是由参议院和众议院两院的两党议员组成的，3 个委员会是由多数派议员组成的。协商委员会在达成一致意见后，分别向两院报告，然后两院分别对经该委员会修改后的文本进行表决。如果任何一院否决了新文本，那么议会领导层需重新指定议员组成新的协商委员会，再进行一次审议。如果第二次努力失败，那么该议案就被彻底否决。北卡州于1996年修改州宪法，将议案否决权赋予州长。这就意味着议案在经过州议会两院议长签署后，还需要提交州长签署。如果州长随即签署或者在收到议案后10天内没有采取任何行动，那么议案即成为法律。如果州长否决议案，那么议案就会被送回议会两院重新表决。如果两院各3/5的议员投票赞成通过了议案，那么可以据此推翻州长的决定，使该议案成为法律。[①]

案例二：通过美国环境法的听证环节，窥见美国的立法听证在立法程序中的重要作用

美国环境法在很大程度上可以说是公开听证会的产物。在环境法规被通过之前，美国参议院污染委员会小组委员会在美国各地召开了一系列听证会。召开这些听证会是为了获取和形成公众观点，以收集空气和水体污染的科学技术数据。一些受害的公民说明了污染所造成的损害后果，而一些大学教授则分析了这些影响和不良工厂管理之间的关系。听证会上，发明家和规制者们提供信息，渔民和银行家们提供意见，每一个参加者都被允许发言，每一种观点都得到了表达。他们的证言被记录并存档，都成为随后出版的听证记录的一部分，从而也成为特别环境法或者法规系列历史的一部分，作为以供日后的立法者、项目执行人以及法院理解那些随后通过的法律。这些听证会在几十个城市举行，美国参议员出席了这些听证会。当这些听证会确定了需要制定公共政策的污染问题的类型之后，委员会工作人员起草立法草案建议稿。1967年，该小组委员会召开了为期18天的听证会，讨论当年空气质量法案的相关事宜。3年之后，同一个小组委员会又召开了为期30天的听证会，讨论有关联邦清洁空气法案的相关事宜。听证会当中一半时间是在各州召开的，用以收集信息，另一半则是在首都华盛顿举行的。华盛顿的听证重点集中在由委员会主席及工作人员起草的法律草案以及由其他参议员提出的法律草案。可见，充分体现公众意见是一个非常辛劳的过程，这要求议员和工作人员投入大量的时间和精力。

组织听证会、联系证人、准备会议、设计问题以及随后起草立法都是由工作人员来完成的。参议员们负责亲自询问证人，考虑法律草案，投票表决

① 戚鲁江：《美国州议会组织结构及立法程序》，载《泛读看世界》2010年12月。

各项条款并使之最后通过。在1972年最具里程碑意义的清洁水法案中，参议院小组委员会举行了为期长达44天的听证会，并且联合众议院的各委员会召开了45次会议，最终起草了最后的法律文本。环境立法经过了起草前听证、起草法案、立法听证三个步骤，确保了该法案真正体现民众利益。正是这一动员了公众广泛参与和议员全面关注的过程，保证了清洁空气法案和清洁水法案的出台质量。在此后的30年间，这两个基本法律促成了美国环境质量的恢复，并且保护了那些尚未被污染地区的空气和水资源的状况。另外，正是由于这一程序相当公开和操作相当完善，执法部门才感到更有义务来执行这些法律。甚至，那些法律还在很大程度上影响了私人管理的决定。早前，几乎没有什么企业设立环境主管，后来连小公司都有了自己的环境经理，大批科学家和技术员负责保证工厂排放的污染控制，以使排放量满足政府制定的标准。此外，环境咨询公司得到普遍雇用以避免违反会导致数百万美元巨额罚款的法规。这些变化在很大程度上都是因为在公开听证过程中，污染的潜在影响引起了极大的关注。

案例三：通过对1991届威斯康星州议会审议655号健康保险议案的研究，考察一项议案从最初作为立法设想到最终成为法律的过程

健康保险成为1991届威斯康星州议会的重要议题，原因在于保险费用不断增长，越来越多的人缺乏支付能力不能享受健康保险。1991年10月24日，众议员克拉隆巴赫在众议院提出了编号为众议院655号的议案。议案的支持者们希望该议案能尽快得到议会的批准。众议员克拉隆巴赫称该议案进入了“快车道”，并希望该议案在1991年11月8日之前获得州长的批准和签署。此后，议案被送交税收减免联合调查委员会进行审查。10月30日，联合委员会提出报告，认为众议院655号议案提出的政策是一项良策，所提税收减免符合法律规定。随后，众议院655号议案被送交众议员克拉隆巴赫领导的众议院健康保险改革特别委员会进行审查。在财政上可能受到众议院655号影响的州行政机构向州议会提交了对该议案的财政评估报告。在议案未提交议院之前，特别委员会就已经在麦迪逊和其他地方召开了若干次听证会。10月28日，在众议院655号议案被送交特别委员会审查的前两天，特别委员会还召开了一次针对该议案提出的替代修正案的听证会。在10月28日的听证会上，一些工商企业组成的利益集团批评该议案不够公平。为了回应此种批评，参议院保健和保健保险承受能力特别委员会的两位主席，参议员杰罗姆·万·西丝蒂内和罗德内伊·莫恩，决心采取行动延缓针对众议院655号议案的审议。这一行动意味着，在议会的秋季会议结束之前，参议院不会对众议院655号议案进行表决，这也表明该议案离开了议会审议的“快车道”。

10月30日，在众议院655号议案被提交众议院特别委员会审议的当日，众议院特别委员会召开了秘密会议。委员会通过表决，建议本院大会通过众议院1号替代修正案。该修正案与众议院655号议案文本的内容不同。10月31日，特别委员会向众议院大会报告众议院1号替代修正案后，该修正案被立即送交联合财政委员会进行审查。在随后的一周内，该修正案被从联合财政委员会撤出又送至特别委员会。联合财政委员会没有针对修正案召开听证会，也没有提出正式的报告。众议院特别委员会在召开第二次秘密会议之后，于11月5日进行表决，建议本院大会对众议院1号替代案提出众议院1号修正案。此后，议案再一次被送交至联合财政委员会进行审查。同时送交的还有众议院1号替代修正案、对1号替代修正案提出的修正案、对1号修正案提出修正的众议院1号修正案，以及4件较小的技术方面的修正案。1991年11月7日，联合财政委员会向大会报告了由委员会修改的议案。当该议案被送到规则委员会后，立即被从该委员会撤出并提交至议院大会讨论。众议员克拉隆巴赫、罗森茨维格提出了众议院2号替代修正案。

接着，议案进行二读。大会首先审议众议院2号替代修正案。一些议员对2号替代修正案提出5项修正案，不过这些修正案都被搁置了。众议院通过了2号替代修正案，从而排除了对1号替代修正案和针对该修正案提出的修正案的审议。之后经过表决，暂停规则的适用，议案当天安排进行三读。众议院以86票对16票的结果通过了议案。众议院再次暂停规则的适用，将议案送交至参议院。12月13日，议案被送交至参议院保健和保健保险支付能力特别委员会审查。在1月至2月之间，参议院特别委员会在本州召开了多次听证会。参议员西斯提内提出了对众议院655号议案进行重大修改的方案。2月27日，特别委员会提出参议院1号替代修正案，并向参议院提交了推荐报告。当日，该修正案就被列入了议案议程表中。该修正案在很多方面与众议院 655 号议案是不同的。在参议院大会上，议员们对参议院 1 号替代案提出了一系列简单修正案，其中有 7 项被大会采纳了。在众议院 655 号议案被安排了三读之后，参议院在对该议案进行修改之后，表示同意该议案。之后参议院向众议院发出通报。与此同时，众议院正在安排将议案写成正式的法律文件。

事实上，两院对议案的分歧之大，以至于无法通过修正案的形式予以解决。3 月 3 日，众议院拒绝赞同已经正式写成法案的参议院 1 号替代修正案，并请求成立了两院协商委员会，还任命了 3 名众议员为协商委员会委员。3 月 5 日，参议院也任命了 3 名参议员为协商委员会委员。3 月 16 日、19 日、20 日和 24 日，联合协商委员会开会。由于联合规则第 3 条规定两院不能修改协商委员会的报告，所以两院在将议案送交州长签署前必须认可协商委员会提交的报告。3 月 25 日，联合协商委员会向两院呈送了经由协商委员会一致同意的报告。该报告包括了协商委员会 1 号替代修正案。当天，参议院以 26 票对 5 票的压倒性多数支持通过了协商委员会的报告，并且将投票结果通知了众议院。次日，众议员以 66 票对 32 票的投票结果同意了协商委员会的报告。4 月 24 日是议会向州长呈交议案的最后截止日。当日，众议员 655 号议案连同另外 60 份议案一并被送交至州长办公室。州长于是有将近一个月的时间考虑议案的最后文本。在这一个月的时间中，不少利益集团游说州长批准或者否决该议案。州长的助手说，签署还是否决该议案是州长在数周内最为棘手的一项决定。1992 年 4 月 27 日，州长汤姆逊签署了众议员 655 号议案。该议案成为威斯康星州 1991 届 250 号法案。1992 年 5 月 11 日，州务卿公布了该法案。1992 年 5 月 12 日，该法案正式产生法律效力。

结　　论

美国议会的职责是多方面的，而且处于不断变化中。议会回应民众需要，并对民众负责。在代表民众处理政务的过程中，议会有助于解释冲突和解决冲突，促成共识的达成。议会还听取民众的不满，负责处理公共事务，探寻解决问题的可行途径，维护或改善过去的决定或政策，完成民众自己无法做到的事情。为了做好本职工作，议会也考虑如何改善行事方式。议会的改革主要针对委员会制度。这方面的改革采取了两种形式。第一种改革形式是在19世纪早期，当时议会不再把精力放在创建更多的特别委员会上，而转而关注如何建立更加有序的常设委员会制度。第二种改革形式包括撤销那些不再发挥作用的委员会以便不断简化结构。

州议会的改革在20世纪的最后20年间，取得了实质性进步。州议会致力于提升议会能力，并将努力集中于委员会系统、议会会议、议员薪水、议会助理、信息披露系统、规则和程序方面。另外，在简化委员会系统方面，也成果显著。关于议会会议的改革也备受关注，1950年只有8个州议会每年开会，如今43个州每年都开会了。州议会的会期也比二三十年前的会期长了很多。当然，20世纪州议会改革最重要的贡献是创立并发展了为议员提供信息和帮助的服务机构和专业助理队伍。少数州议会还授权他们的立法委员会筛选行政机关的提案，以及向与提案有利益关系的公民取证。虽然美国议会作出了诸多改革，以提高立法效率和立法质量，但是仍然存在许多令人不满和恼怒的问题。这些问题涉及政治权力、议会代表、议员职业生涯和选民的期望等。这些问题既不能通过议会改革直接解决，也很难采取协调一致的方式逐步解决。还有一个值得一提的问题就是，议会经常因为决策结构危及多数裁定原则而遭到批评。尽管现在的参议院是民主机构，但它远远不能够算得上是一个坚持多数裁定原则的机构。少数人统治因而成为一个持久存在的问题。委员会和小组委员在议院会阻碍通过多数议员支持的法案。不过，现在少数党议员完全控制议程的机会不如以前那么多了。

而且,由于国会普遍公开议事过程,少数派阻挠的情况更容易被国会和公众发现,这也在一定程度上减少了少数阻挠情况的发生。

一般认为,议会不能处理重要问题主要是因为其不具代表性。议会中多年以来存在着议员名额分配不公的情况,不过议员名额分配不公问题在今天已经基本没有太大影响了,而影响最大的是联邦最高法院关于议员名额重新分配的相关裁定。委员会本身的代表性也值得商榷。还需要指出的是,议会经常因为不能充分照顾各部分人群的利益而备受谴责。美国议会的另外一个弱点是由于几乎没有议员注重那些具有公共优先权的工作,整个议会往往会被一些琐事、拉选票和自我保护的政治手腕所阻碍。议员的许多时间和精力都浪费在一些小节上。同时,每次选举时,议员都担心失去他们的职位。为了构建自己的政治支持基础,议员还会去迎合选民。筹措竞选资金也会消耗议员的时间和精力。狭隘的选区观念也是一个问题,因为它会使议员将精力分散到范围有限的人或者特殊的利益团体的政治中。美国议会改革虽然在一定程度上取得了一些成果和进步,提高了州议会的效能,但是有些方面的改革不尽理想,甚至未能进行到底,还有很多可以改进的空间。